JN013063

筑摩選書

金正恩の革命思想

北朝鮮における指導理念の変遷

金正恩の革命思想

北朝鮮における指導理念の変遷

目次

はじめに　010
宿命として課せられる指導理念／先行研究と本研究の方法について

第1章　金正日総書記の死と金正恩時代のスタート　015
「遺訓貫徹」と「一心団結」／「自主、先軍、社会主義」

第2章　金日成・金正日主義　027
「処女作がその作家を規定する」／金正恩の「四・六談話」／「金日成・金正日主義」は金正日時代にすでにスローガン化／「金日成・金正日主義」を党の指導思想として定式化／朝鮮労働党は「以民為天」の党／「先軍の堅持」と「人民生活の向上」の並進路線／「金日成・金正日主義」を党規約に反映、憲法は「金日成・金正日憲法」と規定／「金日成・金正日主義」とは何かという問い／「わが人民が二度とベルトを締め上げずに済むように」／「金正日愛国主義」

第3章　独自的な指導理念の模索　051
「自分の地に足をつけ、目は世界を見よ！」／李英鎬軍総参謀長粛清／「七〇年代の時代精神」／「七〇年代」の「忠誠心」と「経済成長」、そして「郷愁」／金正恩の国家安全保衛部訪問／「新雪の道をかき分ける精神」／二〇一三年「新年の辞」／「強盛大国」から「白頭山大国」へ

第4章　人民大衆第一主義の芽生え　071
「種子」としての「人民大衆第一主義」の登場／「厳幹愛民」／金正日同志の生涯の理念は「人民大衆第一主

義」／経済建設と核武力建設の「並進路線」

第5章　「十大原則」の改編　083
「党の唯一的領導体系確立の十大原則」／「革命発展の要求に合わせ党の唯一的領導体系をより徹底して打ち立てることについて」／張成沢党行政部長粛清

第6章　第七回党大会　103
第七回党大会で「先軍」を評価し、今後も「先軍の旗印」掲げる／自らの時代のイデオロギーとしての「金日成・金正日主義」／金正恩は「主体革命を最終勝利に導く偉大な領導者」

第7章　人民大衆第一主義　113
「人民大衆第一主義」の登場／「人民大衆第一主義」の定式化／金日成・金正日時代との違い

第8章　わが国家第一主義　121
「わが民族第一主義」から「わが国家第一主義」へ／わが国家第一主義の本質／「戦略国家」という自己評価の登場／「わが国家第一主義」と「わが民族第一主義」の異同／「わが国家第一主義」は「わが民族第一主義」を昇華発展と「上書き」

第9章　米朝首脳会談決裂と「正面突破戦」　135
平昌冬季五輪参加／史上初の米朝首脳会談／「非核化へ進むのは私の確固たる意志」／ハノイ会談の決裂

と金正恩の挫折／「自力更生」が政治路線化／国務委員長は「国家を代表する最高領導者」／消えた「先軍思想」、残った「先軍政治」／「年末まで米国の勇断を待つ」／朴奉珠首相の退場／ロ朝首脳会談行うが、足並みそろわず／習近平党総書記が訪朝／板門店で米朝首脳が対面／わずか四カ月で再び憲法改正／「白頭の血統」／「正面突破戦」を宣言／「正面突破」の基本戦線は「経済部門」／「公約に縛られる根拠喪失」／「正面突破戦」へ、大規模な人事刷新

第10章　コロナ禍と「自力更生」——社会主義への回帰　171

北朝鮮という国自体を世界から「隔離」／「経済制裁」に加えて「コロナによる中朝貿易の激減」／コロナは「自力更生の絶好の好機」／北朝鮮憲法と「共産主義」／ハノイ決裂後の社会主義への回帰

第11章　第八回党大会と党規約改正　189

第八回党大会で金正恩は「党総書記」に／党規約改正／「民族解放」路線の削除／「党中央」の登場／「党第一書記」ポストの設置／「先軍」から「人民大衆第一主義」へ／党大会の「五年ごと開催」と「党機関決定主義」／「並進路線」から「自力更生」へ／「五大教養」を修正／「社会主義文化の全面発展」と「社会主義完全勝利」

第12章　「人民的首領」への道と「金正恩革命思想」の登場　207

「首領」呼称の登場／第八回党大会で「人民的首領」として党総書記推戴／二〇二一年五月から「首領」キャンペーン／首領へ「報恩」しろという統治イデオロギー／人民の「偉大なオボイ（慈父）」／「首領」とは／「首領」の条件としての「革命思想の創始、深化発展」／「金正恩同志の革命思想」／「金日成・金正日主義」と「金正恩同志の革命思想」／「全党、全社会を金正恩同志の革命思想で一色化しよう」／「人民大衆第一主義」の

ジレンマ

第13章 「農村革命綱領」=「新農村テーゼ」の提唱 237

農業重視の新政策方針／「新農村テーゼ」という位置づけ／農村の「思想革命」を優先、「三大革命」の推進／食糧問題解決へ今後一〇年の目標設定／「一二の重要高地」のトップは穀物生産／各地方で進められた農村住宅の建設／「新農村テーゼ」を「農村革命綱領」と表現／二〇二一年八月ごろ、北朝鮮から「協同農場」が消えた？／「糧穀販売所」の設置で食糧流通に支障か／北朝鮮の食糧事情／個人の穀物取引を取り締まり／最初は住民にも人気だった「糧穀販売所」／「農場法」と「糧政法」を修正、補充／党中央委で農村問題を討議するが、生産向上の具体策なし／金正恩政権初期の市場経済的な改革志向の後退

第14章 「わが国家第一主義」の統治理論化 269

「わが国家第一主義」の変容／「わが国家第一主義」=「わが首領第一主義」／「金正恩党総書記への忠誠」への転化／「国家」=「金正恩同志」

第15章 「金日成・金正日主義」の継承・深化・発展 281

革命思想による党・社会の一色化／「偉大な金正恩同志の革命思想で徹底的に武装しよう！」／「金正恩同志の革命思想で一色化」を信念のスローガンに／「人民の卓越した首領」／新時代の党「五大建設方向」提示、「領導芸術」を削除／「金正恩同志の革命思想」は「金日成・金正日主義」の「継承、深化、発展」である／金正恩の「モザイク壁画」が登場／「金正恩同志の革命思想」の体系化／「共産主義へ行こう」

終　章　金正恩の指導理念を振り返る　313
金日成・金正日主義の矛盾／人民大衆第一主義へ／唯一的領導体系の確立を目指して／わが国家第一主義と米朝首脳会談決裂／「人民的首領」のもつ意味／「わが国家第一主義」の統治理論化／指導理念の変遷にまつわる三つの問題／二つの「第一主義」間での揺らぎと、革命思想／「南北はもはや同胞ではなく、敵対的二国間関係」／人民生活の向上という見果てぬ夢

あとがき　337
参考文献・資料　340
北朝鮮の主な歩み　343

金正恩の革命思想

北朝鮮における指導理念の変遷

はじめに

宿命として課せられる指導理念

北朝鮮は「思想（ササン）の国家」である。これほど特異な国家が七〇年以上続いている理由の一つは、明確にその「思想」による統制にある。

韓国には「卵で岩を割る」ということわざがある。出来もしないことをやるという意味で、愚かな行為という意味で使われることが多い。しかし、北朝鮮には「卵に思想を注入すれば、岩を割ることができる」という言葉が党機関紙などでよく引用される。北朝鮮では、「卵に思想を注入すれば、岩を割ることができる」という言葉は「チュチェ（主体）の思想論」を代表する言葉である。北朝鮮では思想の力があれば「卵でも岩を割ることができる」のである。そういう発想は外部社会から見れば愚かなものと見える。しかし、北朝鮮内部では、そういう思想の力が重視されているという現実がある。私たちが、北朝鮮のあり方を考える上で、北朝鮮社会を規律し、統制し、そこに住む人々の思考すらも規制している「思想」のあり方を注視せざるを得ない理由の一つがここにある。

金日成（キムイルソン）主席が創始したとされる「主体思想（チュチェ）」もある日、突然、登場したわけではない。一九四五年の日本の植民地支配からの解放後、朝鮮戦争を経て、満州抗日パルチザン勢力が延安派、ソ連派、国内共産主義派などとの党内闘争を展開するためには「主体思想」が必要であった。国際共産主義運動の中で、中ソ対立が表面化すると、北朝鮮は建国を主導したソ連、朝鮮戦争を共に闘った中国の間で揺れた。その中で、北朝鮮という小国が生きていく指導理念として「主体思想」が必要であった。「主体思想」は北朝鮮という国が国内的、国際的な複雑な環境の中で生きていく指導理念として様々な変遷をたどりながら形成された。

後継者の金正日（キムジョンイル）総書記は、自身の後継体制をつくるために「主体思想」の解釈者としての地位を独占、それを活用し、「革命的首領観」や「社会政治的生命体論」などを通じて「主体思想」を統治イデオロギーとして改変、転化していった。

さらに金日成主席が亡くなり、冷戦構造が終わりを告げ、社会主義ブロックが崩壊のプロセスを経る中で、金正日は新しい指導理念を必要とした。金正日は当初は党を中心にした「赤い旗（ブルグンキ）思想」によって難局を乗り越えようとしたが、経済危機の中でもはや党は機能せず、かろうじて組織として機能していた軍に依拠した「先軍（ソングン）思想」で、政治的、経済的な危機を乗り越えようとした。金正日総書記は体制維持には成功したが、経済的な成果を得ることはできなかった。その代わり、核・ミサイル開発の基盤をつくった。

二〇〇八年夏の金正日総書記の健康悪化により、その時代が終わりを告げる日が近いという予感はあったが、それがいつなのかは誰も分からなかった。二〇一一年一二月、金正日は死亡し、金正恩（キムジョンウン）は二七歳の若さで後継者の地位に就いた。

金正恩は二〇〇九年一月に後継者に決定した瞬間から、自身の時代の指導理念の確立を迫られていたが、自分の時代がいつ始まるのか明確でない状況で、自身の時代のイデオロギーが十分に準備されていたとはいえない。

金正恩は明確に自身の指導理念を持つ必要性に迫られていた。それは北朝鮮という国家の最高指導者が持つ宿命であり、指導理念、思想的な基盤のない最高指導者はあり得ないからだ。しかし、それは祖父の主体思想、父の先軍思想を見ても、ある日、突然生まれてくるものではない。その時代の試練、困難を乗り越える思想、次の展望を切り開く思想を創出するのは一定の時間とプロセスを必要とする。金正恩は、父、金正日総書記が亡くなった瞬間から、新たな指導理念の創出に向けた課題を背負ったと言ってよいだろう。それは北朝鮮という特異な国家の最高指導者が必然的に負わねばならない課題であった。

金正恩は二〇一二年七月には李英鎬(リヨンホ)軍総参謀長、二〇一三年一二月には張成沢(チャンソンテク)党行政部長を粛清し、予想を超えるスピードで唯一的領導体系という名の個人独裁体制を確立していった。そして二〇一六年五月には三六年ぶりの党大会となる第七回党大会を開催し、新たな指導体制と国家経済発展五カ年戦略を発表した。その後の最高人民会議では先軍時代の最高統治機関であった国防委員会を国務委員会に改編し、先軍政治を過去のものにした。そして、二〇二一年一月には第八回党大会を開催し、「永遠の欠番」であった父や祖父と同じ「党総書記」の座に就いた。そして党規約を改正し、父や祖父の固有名詞、業績を削除し、金正恩時代の党規約に改めた。

さらに北朝鮮では二〇二〇年一〇月の『労働新聞』と『勤労者』の共同論説が、金正恩を「首(スリ)

領（ヨン）」と呼称し、二〇二一年一月の第八回党大会でもそうした位置づけがされた。そして二〇二一年五月ごろから『労働新聞』などで金正恩を頻繁に「首領」とする表現が出て、金正恩は生きながら父、祖父と同じ「首領」の座に就いた。

金正恩は政権をスタートさせた直後から「金日成・金正日主義」を指導理念としたが、そこには「思想の核」はなく、初期の段階ではその中身は父、祖父の歩んだ「自主・先軍・社会主義」でしかなかった。しかし、第八回党大会での党規約改正では党の基本政治方式を「先軍」から「人民大衆第一主義」に変えた。

本稿では金正恩政権の一〇年余の歩みの中で、北朝鮮の指導理念がどのように変化し、どこへ行こうとしているかを検証したい。

先行研究と本研究の方法について

日本や韓国で、金正恩時代に入って展開された「金日成・金正日主義」や「人民大衆第一主義」、「わが国家第一主義」といった個別の理念についての研究は数多くあるが、金正恩時代一〇年余を通じて、金正恩時代の指導理念を通史的に考察し、北朝鮮の置かれた国内情勢、国際情勢とリンクさせながら検証する研究はあまり多くないように思える。

日本では首領制の研究においては鐸木（すずき）昌之氏の『北朝鮮――社会主義と伝統の共鳴』（東京大学出版会、一九九二年）やそれを補筆した『北朝鮮　首領制の形成と変容――金日成、金正恩から金正恩へ』（明石書店、二〇一四年）という秀れた研究実績があるが、金正恩時代の理念的な変遷を扱った研究はあまり多くないようにみられる。

本書の目的は金正恩時代が始まった二〇一一年末から二〇二三年に至るまでの一〇年余における北朝鮮の指導理念の変遷を通史的に考察し、その変化が先代、先々代の指導理念とどう交錯し、どう関連し、金正恩時代の指導理念がどのような方向に向かおうとしているのかを考えることにある。

研究の手法としては主に、北朝鮮の公式刊行物である党機関紙『労働新聞』や最高人民会議常任委員会と内閣の機関紙『民主朝鮮』、『朝鮮中央テレビ』報道など公的刊行物やメディアで発表された公式文献の分析を通じて、その変化や意味を考えたい。

第1章
金正日総書記の死と金正恩時代のスタート

「遺訓貫徹」と「一心団結」

金正日（キムジョンイル）総書記は二〇一一年一二月一七日に亡くなった。金正日総書記の死は二日後の同一九日に発表されたが、金正恩（キムジョンウン）の名前が国家葬儀委員会のトップにあり、朝鮮労働党中央委員会、党中央軍事委員会、国防委員会、最高人民会議常任委員会、内閣の五機関が発表した「偉大な領導者、金正日同志の逝去について　全党員と人民軍将兵と人民に告げる」と題した訃告（プゴ）で「わが革命の陣頭には主体革命偉業の偉大な継承者であり、わが党と軍隊と人民の卓越した領導者である金正恩同志が立っている」とされたことで金正恩時代が始まった。訃告では、金正日総書記の業績を称えるとともに、「金正恩同志の領導」に従うことが強調された(1)。

訃告は「わが軍隊と人民は、絶対不変の信念と崇高な道徳・義理心を持って偉大な領導者金正日同志を永遠に高く仰ぎ奉じ、金正日同志の遺訓を守り、主体革命、先軍革命の道で一寸の譲歩も、一寸の揺らぎもないであろうし、将軍の不滅の革命業績を断固として擁護、固守して千秋万代にわたって輝かせていくであろう」と金正日総書記の「遺訓（ユフン）」を守り、「主体革命（チュチェヒョンミョン）」「先軍（ソングン）

革命」を堅持することを明確にした。これは明確に「権力の継承」であると同時に「思想の継承」作業であった。混乱を避け、新政権を安定的にスタートさせるためには先代、先々代の業績を「継承」することは避けがたいものであったとも言えた。

そして「全ての党員と人民軍将兵、人民は、尊敬する金正恩同志の領導を忠実に奉じ、党と軍隊と人民の一心団結をしっかりと守護して一層鉄桶のように固めていくべきである。われわれは、先軍の旗をさらに高く掲げて国の軍事的威力をあらゆる方面から強化し、われわれの社会主義制度と革命の獲得物をしっかりと守り、新世紀の産業革命の炎、咸南の炎を全国に力強く燃え上がらせて経済強国建設と人民生活向上で決定的転換を成し遂げるべきである」と、党員、軍、人民に「一心団結」を訴え、「先軍」の旗を強化し、「社会主義制度と革命の獲得物」を守り、「経済強国建設と人民生活向上」を訴えた。

党機関紙『労働新聞』は一二月二二日付の「偉大な金正日同志はわが軍隊、人民の心臓の中で永生されるだろう」と題した社説で「私たちは、偉大な将軍さまが見通されたとおり、経済大国建設と人民生活の向上に決定的転換を起こし、強盛復興の日を一日も早く繰り上げなければならない。偉大な将軍さまがつけてくれた新世紀の産業革命の炎、咸鏡南道の炎が全国に激しく広がるようにし、人民経済のすべての部門で革命が起きるようにしなければならない。私たちは、偉大な将軍さまの遺訓を堅持し、この地、この空の下、必ず、世界が仰ぎ見る主体の強盛国家を打ち立てるだろう」と訴えた。(2)

ここでは、金正日総書記の「遺訓」は「経済大国建設と人民生活の向上に決定的転換」とされている。金正日総書記が二〇一二年に「強盛大国の大門を開く」と繰り返し強調してきたことを反映させた訴えであった。

北朝鮮は首領制国家である。最高指導者が死亡した時に真っ先に求められるのは亡くなった最高指導者の遺志を継承することであり、後継者を中心に団結することである。最高指導者の死亡という求心点の喪失が、混乱を招いてはならない。

そこで問題になるのは金正日総書記の「遺訓」とは何かということである。金正日総書記の指導理念であった「先軍思想」や、二〇一二年に「強盛大国の大門を開く」という目標が「遺訓」だと考えることも可能だ。

この当時の北朝鮮の主張を整理すれば、「遺訓」の中心的な課題は「先軍」を固守し、「社会主義」を守り、「経済強国建設と人民生活向上」を実現することであった。そのために「一心団結」しなければならないという論理だ。

ここで抱く疑問は「遺書」に近い意味での特別な「遺訓」が存在したのだろうかという問題であった。

朝鮮労働党中央委政治局は二〇一一年一二月三〇日に金正恩を最高司令官に「高く奉じた」時の報道で「政治局会議で偉大な領導者、金正日同志の主体一〇〇（二〇一一）年一〇月八日の遺訓により、朝鮮労働党中央軍事委副委員長であられる敬愛する金正恩同志を朝鮮人民軍最高司令官に高く奉じることを宣布した」と報じ、金正恩を最高司令官に奉じたことが金正日総書記の一〇月八日の「遺訓」に基づいたものであることを明らかにし、「一〇月八日遺訓」というものが存在することを明らかにした。[3]

北朝鮮で二〇一六年一月に発刊された『金正日選集増補版二五巻』の四一六ページから四二七ページまでに「白頭山（ペクトウサン）で開拓された主体革命偉業を、代を継いで完成させなければならない。朝鮮労働党中央委員会責任幹部らと行った談話　主体一〇〇（二〇一一）年一〇月八日、一二月一五日」という談話が収録された。北朝鮮が公式に「遺訓」の存在とその中身を具体的に明らかにしたと言える。これによると、談話は一〇月八日と、亡くなる二日前の一二月一五日の二度にわたって語られたことになる。[4]

この談話は、金正恩がいかに素晴らしい人物であるかを強調し、主体革命偉業は代を継いで継承されなければならないという文脈で金正恩への権力継承を正当化する内容となっている。金正日総書記が一〇月八日と一二月一五日に行った談話のすべてが、この選集にそのまま収録されているかどうかは不明だ。金正恩への権力継承を正当化するためにそれに関係する部分だけを整理した可能性もある。だが、金正日総書記が具体的な「遺訓」を残したと考えるのが妥当であろう。

談話は「金正恩同志の思想と領導はすなわち、私の思想と領導だ」、「全ての幹部が金正恩同志を心から奉じていかなくてはならない」、「金正恩同志を、主体革命偉業を継承していく領導者として推し立てることはわが党と人民のこの上ない幸運、誇りであり、光栄だ。金正恩同志をしっかりと奉じていくことに全ての勝利の決定的担保がある」と金正恩への権力継承の正当性を主張した。

金正恩は二〇一〇年九月の第三回党代表者会で党中央軍事委の副委員長に選出されたが、談話はこれについて「金正恩同志が党の重要な公職で活動するようになったことにより、わが党と革命の前途を左右する根本問題である領導の継承問題、主体革命偉業の継承問題を輝かしく解決することのできる組織的基礎がしっかりと築かれることになった」と位置づけた。そして「今後、いずれは金正恩同志がわれわれの幹部と人民軍将兵、人民の念願通りに党と国家、軍隊の全般事業を受け持つことになるだろう。われわれは、偉大な首領が開拓してわが党が勝利の一路へと導いてきた主体革命偉業を金正恩同志の領導に従って代を継いで継承し、完成させていかなければならない」と金正恩を最高指導者にして主体革命偉業を継承、完成させようと訴えた。金正日は「いずれは」と述べたが、その日がわずか約二カ月後だとは思わなかっただろう。

この談話で興味深いのは金正恩の母（高ヨンヒ）について言及されていることだ。二〇〇二年ごろ、軍内部で「尊敬するオモニム（お母さま）」として高ヨンヒへの偶像化が行われたことがあったが、その後、その動きは止まった。このため、北朝鮮の公式文献が在日朝鮮人出身の高ヨンヒに言及するのはかなり珍しい。金正日総書記はこの談話で「金正恩同志が抜きん出た資質と風貌を備えた主体革命偉業の継承者、人民の領導者となるようになったことには、彼の母の人一倍の努力と功績が宿っている」と母親の功績を称えた。

さらに「彼の母は金正恩同志を朝鮮革命に責任を持つ主人、わが祖国の未来を担っていく真の革命家として育てるために多くの手間をかけた。彼女は金正恩同志に幼い時から軍服を着せ、銃を撃つ方法も教えて軍事的気質を培い、自分の手で地面を掘って水をやって木を、真心を込めて植えるようにし、愛国の魂を大事にするようにした。金正恩同志が母のことが忘れられず、胸を熱くして思い起こしているのは当然のことだ」と語り、高ヨンヒの育児の方針や、金正恩が母を慕う気持ちに言及した。

この談話も、一貫して「先軍」の重要性を強調している。「先軍革命の旗を高く掲げ、人民軍隊をさらに強化しなければならない。人民軍隊は先軍革命の主力、柱であり、党と首領の第一護衛兵だ。われわれは人民軍隊を強化することを革命の勝敗を左右する最も重要で第一義的な問題と見なし、そこに引き続き大きな力を注がなければならない。人民軍隊を首領の軍隊、党の軍隊、人民の軍隊としてさらに強化し、革命の核心部隊としての自らの使命と役割を全うしていくようにしなければならない」と先軍革命の継承を強調した。

さらに、談話は「一心団結」を強調した。「革命勝利の基本担保は領導者を中心とした団結にある。領導者を中心とした一心団結はわが革命の天下の大本だ。一心団結は代を継いで継承されなければならない。金正恩同志を中心とする党と革命隊伍の一心団結を確固として実現することにわが革命の生命があり勝利があるということを肝に銘じなければならない」とした。

北朝鮮の「一心団結」とは「人民大衆の政治思想的統一」である。すなわち「一つの思想、首領の革命思想に基礎を置き、一心団結した人民大衆の統一、社会主義制度が樹立された後、労働階級の首領の卓越した領導によって実現し、人民大衆を革命の主体とする」ことであるとされる。[5]

ちなみに金日成主席が一九九四年七月に亡くなった後の一九九五年の新年共同社説でも「わが党と人民の偉大な領導者である敬愛する最高司令官、金正日同志の周囲に鉄桶のように団結しているわが革命の隊伍の一心団結の威力を一層強固に固めていくべきである」、「一心団結はわが党の革命哲学であり、わが革命の百戦百勝の旗印である」と「一心団結」が強調された[6]。

一方、金正日総書記の「遺訓」については、韓国紙『中央日報』が二〇一二年四月一三日に、脱北者の李ユンゴル・北韓戦略情報センター所長が「北朝鮮の最高位層と連絡が取れる複数の消息筋から入手した資料」として報じたことがある[7]。

これによれば、国内部分では▽遺言の実行は金慶喜がする▽一年以内に金正恩を最高職責に就ける▽金正恩を党では金慶喜、張成沢、崔龍海、金京玉、軍では金正角、李英鎬、金格植、金明国、玄哲海、経済では崔永林、金チャンリョン、徐ウォンチョル、金ヨンホが責任を持って補佐する▽金正男を十分に配慮する。彼は悪い者ではない。彼の難しさを取り除いてやること▽金松雪を金正恩の協力者として推すこと▽国内の三千里金庫と二・一六号資金を金正恩へ移管。海外の資金は金ジョン、李チョルホと合意して金正恩へ移管——とした。

核・ミサイル問題では▽先軍思想を最後まで固守すること。国防に手抜かりがあれば大国の奴隷になる。▽核、長距離ミサイル、生化学武器を絶えず発展させて十分に保有することが、朝鮮半島の平和を維持する道。▽米国との心理的対決で必ず勝つこと。堂々と合法的な核保有国となり、米国の影響力を弱めること。▽国際制裁を解いて経済発展のための対外的条件を用意する。六カ国協議をうまく利用すること。▽中国は現在、われわれと最も近いが、今後最も警戒すべき国。▽金氏家門による祖国統一が終局的な目標——といった内容だった。

『中央日報』は、二〇一三年一月二九日付でも、韓国政府が四四項目からなる「一〇・八遺訓」を入手して分析をしていると報じた[8]。これはほぼ二〇一二年四月の報道と同じような内容だったが、四四項目すべてを把握したということであった。

極めて興味深い内容が含まれているが、この「遺訓」が本物かどうかは、不明だ。金正恩は異母兄の苦労を取り除くどころか、マレーシアで暗殺してしまった。

「自主、先軍、社会主義」

先述のように、金正恩が最高権力者になって最初の新年、二〇一二年元日に、党機関誌『労働新聞』、人民武力部機関紙『朝鮮人民軍』、金日成社会主義青年同盟中央委機関紙『青年前衛』の三紙「共同社説」が発表された[9]。

ある意味で、二〇一二年新年共同社説は、新たに始まった金正恩時代の方向性を示す文書と言える。もちろん、例年、共同社説の準備は秋から始まっており、一二月一七日の金正日総書記の死亡という新たな事態に直面し、金正恩時代に対応した修正が加えられた共同社説と言えた。

「共同社説」で強調されたのも、金正恩という新たな領導者への忠誠、金正日総書記の「遺訓貫徹」であり、党、軍、人民の「一心団結」であった。「遺訓貫徹」とは金正日時代を「継承」しようということであった。

社説は「新たなチュチェ一〇〇年代の進軍は、白頭で始まった革命的進軍の継続である。金日成同志に従って始め、金正日同志に従って百戦百勝してきた朝鮮革命を、金正恩同志の指導に従って永遠の勝利に導いていこうとするわが軍隊と人民の意志は確固不動のものである」とし、「金正恩同志の領導」を強調した。

社説は「偉大な金正日同志の革命業績と遺訓は、われわれが永遠に堅持していくべき生命線であり、革命の万年の財産である。われわれは、いかなる天地風波が襲っても、偉大な将軍が譲り渡してくれた革命遺産を揺るぎなく固守すべきだ」と「遺訓貫徹」を訴えた。

そして「二〇一二年は、偉大な首領、偉大な党に従って世代を越えて固めてきたわれわれの政治・思想的威力が最大限に発揮される一心団結の年、燃え上がる衷情の年だ」と「一心団結」を強調した。

社説は「敬愛する金正恩同志はすなわち偉大な金正日同志だ」とし、「金正恩＝金正日」という同一化を住民の意識にすり込み、金正恩後継体制への忠誠を誓わせ、団結を強調した。

共同社説の題名にも登場したように、共同社説には「遺訓」という言葉が一〇回登場した。これは金日成主席が死亡した翌年の九五年の四回を大きく上回った。金正恩の権威の脆弱性を金総書記の遺訓でカバーしようとするものだ。さらに「団結」も九回登場し、二〇一一年の四回を大幅に上回った。

また、二〇一二年新年共同社説は「父なる金日成同志が切り開き、金正日同志が導いてきた社会主義の道が最も正しい道であるという確固たる観点、誰がなんと言おうと人民大衆中心のわれわれ式（ウリ式）社会主義をあくまで守るという原則的立場を堅持しなければならない」と強調し、「社会主義」堅持を明確にした。

その上で社説は「新たな一〇〇年代の進軍の希望の道標は白頭山の偉人らの偉大な革命思想であり、必勝の宝剣は白頭山の霊将らの大胆な度胸であり、攻撃方式である。われわれは、偉大な首領金日成同志が開拓した自主（チャジュ）の道、先軍の道、社会主義の道を最後まで進むことにより、首領の革命歴史、将軍の先軍革命領導史が変わることなく流れるようにすべきである」とし、金正日の死後も▽自主▽先軍▽社会主義一の道を進むことを明言した。

共同社説は、金日成主席、金正日総書記、金正恩の三代をつなぐ最高指導者の革命偉業を「自主」「先軍」「社会主義」という三つのアイテムで集約した。金正日総書記は晩年「かつて、首領さま（金日成主席）はいつも、わが人民が白米に肉のスープを食べ、絹の服を着て、瓦葺きの家に住むようにすべきだと言っていたが、われわれはいまだにこの首領さまのこの遺訓を貫徹することができずにいる」と嘆いた[10]。この言葉に込められた「人民生活の向上」は「遺訓」の理念的集約から抜け落ちた。

この後、北朝鮮では「自主、先軍、社会主義」が金日成主席、金正日総書記と金正恩をつなぐ理念的アイテムとして使われる。

二〇一二年一月二七日の『わが民族同士』論評「一心団結は永遠の先軍朝鮮の姿」（趙（チョ）ウォンチョル記者）では「いま、わが人民たちは白頭山天出偉人たちの愛国愛族の生涯が自主の旗印、先軍の旗印、社会主義の旗印を最後まで高く掲げ、敬愛する金正恩同志の周りに一心団結しチュチェ革命偉業を輝かしく完成させ祖国統一偉業を必ず成就する一念で胸を燃えたぎらせている」と「自主」「先軍」「社会主義」の三つのアイテムが金正恩時代の重要概念であるとした[11]。『労働新聞』二〇一二年二月一一日付の董泰官（トンテグアン）記者の「政論」「人民の涙が物語る」は「きょうも汽笛の声高く疾風のように走る金正日朝鮮の機関車は自主の軌道、先軍の軌道、社会主義の軌道に沿ってまっすぐに全速で走り、必ず強盛大国最後の勝利の終着駅に着くであろう」と述べ、「自主の軌道、先軍の軌道、社会主義の軌道」を貫けば「強盛大国」という「最後の終着駅」に着くとした[12]。

同一二日に両江道（リャンガンド）の「白頭山密営（ミリョン）」で開かれた「決意大会」で金己男（キムギナム）党書記は「金正恩同志を決死擁護し、オボイ（父なる）将軍さま（金正日総書記）の高貴な革命遺産である一心団結を鉄桶のように確認し、自主の道、先軍の道、社会主義の道を最後まで歩んでいく」と述べた[13]。

さらに『労働新聞』二月一六日付「社説」は「自主と先軍、社会主義はオボイ将軍さまが一生涯守ってこられた革命の旗印、愛国の旗印だ。今日、われわれにはこの道以外に他の道はあり得ない。われわれは世の中が十回百回変わろうとも、いかなる試練に遭おうとも、自主の原則、先軍の原則、社会主義の原則を変わらず固守していかねばならない」とした[14]。

こうして、北朝鮮は金日成主席、金正日総書記、金正恩を貫く理念的な原則として「自主」、「先軍」、「社会主義」を掲げることになった。

しかし、それは金正恩の指導理念ではなく、正確には、この三つの理念は金日成主席と金正日総書記の指導理念であり、スタートしたばかりの金正恩の指導理念とは言いがたかった。金正恩はとりあえず、先代、先々代の指導理念である「自主、先軍、社会主義」を「遺訓」として「継承」し、自身の時代をスタートさせた。一方、金日成主席も金正日総書記も実現できなかった「人民生活の向上」という「遺訓」はその三つの理念の結果物として、董泰官記者の言葉を借りれば「終着駅」へ、先送りされた。

金正恩にとっては、この当時では当然であった「先軍」という枠組みを継承せざるを得なかった。しかし、「先軍」は北朝鮮が一九九〇年代の「苦難の行軍」を乗り越えるための非常時の指導理念であり、北朝鮮の体制を正常化させるなら、「先軍」の枠組みから、いかに抜け出ることができるかが自らに課せられた課題となったともいえる。

註

（1）『労働新聞』２０１１・12・20「위대한 령도자 김정일동지의 서거에 즈음하여 전체 당원들과 인민군장병들과 인민들에게 고함」
（2）『労働新聞』２０１１・12・22「〈사설〉위대한 김정일동지는 우리 군대와 인민의 심장속에 영생하실것이다」
（3）『労働新聞』２０１１・12・31「조선로동당 중앙위원회 정치국회의에 관한 보도」
（4）『金正日選集増補版25巻』「백두에서 개척된 주체혁명위업을 대를 이어 끝까지 계승 완성 하여야 한다。조선로동당 중앙위원회 책임일군들과 한 담화 주체１００（２０１１）년 10 월 8 일、12 월 15 일」
（5）『朝鮮大百科事典（簡略版）』一二二一頁「일심단결」、一一一三頁「인민대중의 정치사상적통일」
（6）『労働新聞』１９９５・01・01「위대한 당의 령도를 높이 받들고 새해의 진군을 힘잇게 다그쳐나가자」
（7）『中央日報』２０１２・04・13「〝중국 믿지 마라、김정남을…〞김정일 유서 공개」
（8）『中央日報』２０１３・01・29「김정일 〝장녀 김설송은 정은의 방조자 되어…〞」
（9）『労働新聞』２０１２・01・01「공동사설《위대한 김정일동지의 유훈을 받들어 ２０１２년을 강성부흥의 전성기가 펼쳐지는 자랑찬 승리의 해로 빛내이자》」
（10）『労働新聞』２０１０・01・09「새로운 승리에로 부르는 전투적기치」
（11）『わが民族同士』２０１２・01・27「一心団結は永遠の先軍朝鮮の姿」
（12）『労働新聞』２０１２・02・11「〈정론〉인민의 눈물이 말한다」
（13）『聯合ニュース』２０１２・02・13「北 백두산밀영서 〝김정은 결사옹위〞결의대회」
（14）『労働新聞』２０１２・02・16「〈사설〉위대한 김정일동지의 불멸의 혁명업적을 만대에 길이 빛내여나가자」

第2章
金日成・金正日主義

「処女作がその作家を規定する」

よく「処女作がその作家を規定する」という。著名で、多数の著作のある作家でも、その作家の本質は処女作に込められているという意味だ。

金正恩(キムジョンウン)の処女作は二〇一二年四月六日に朝鮮労働党中央委員会の責任活動家に対して行った談話「金正日(キムジョンイル)同志を永遠の総書記に戴いて、チュチェ革命偉業を完成しよう」と、金日成(キムイルソン)主席誕生一〇〇周年の同四月一五日に慶祝閲兵式で行った演説「先軍の旗印をより高く掲げ、最後の勝利をめざして力強くたたかっていこう」の二つだ。幹部への談話が四月六日で演説よりも早かったが、この談話が公表されたのが四月一九日で、演説の後になった。

談話は党幹部に向けたものであり、演説は金正恩が対外的に最初に行った演説であった。この二つの「労作」は金正恩が抱えている課題や向かうべき方向性など多くのものを内包している。

本稿は金正恩政権が発足して一〇年余を経て書いているが、金正恩の一〇年余の紆余曲折のスタート台となった談話と演説であり、その後の理念的な彷徨の源流を見ることができる。

まずは時間の順を追って「四・六談話」からその内容を検討していこう。

金正恩の「四・六談話」

金正恩は、二〇一二年四月六日の朝鮮労働党中央委員会の責任活動家と行った談話「金正日同志を永遠の総書記に戴いて、チュチェ革命偉業を完成しよう」で「朝鮮労働党の指導思想は、偉大な金日成・金正日主義である」とし、指導思想として「金日成・金正日主義」を公式に提示した(1)。

談話は「朝鮮労働党は、金日成・金正日主義を指導思想とし、その実現のためにたたかう栄光に輝く金日成・金正日主義党である」と述べ、朝鮮労働党の指導理念は「金日成・金正日主義」であり、朝鮮労働党は「金日成・金正日主義党」であると定式化した。

そして「金日成・金正日主義は、チュチェの思想、理論、方法の全一的な体系であり、チュチェ時代を代表する偉大な革命思想である。われわれは、金日成・金正日主義を指導指針にして党建設と党活動を行うことで、わが党の革命的性格を固守し、革命と建設を主席と総書記の思想と意図どおりに前進させていかなければならない」とした。

「われわれは、偉大な総書記の賢明な指導のもとに全社会の金日成主義化を党の最高綱領にかかげてたゆみなくたたかってきたように、これからも全社会を金日成・金正日主義化するたたかいを、さらに力強く繰り広げていかなければならない」、「わが党を永遠に金日成同志、金正日同志の党に強化し、発展させていくというのは、金日成・金正日主義を党の指導思想として確実にとらえ、党建設と党活動を徹頭徹尾、主席と総書記の思想と意図どおりに行うということである」などとした。

新たに最高指導者になった金正恩は二〇一二年四月一一日の第四回党代表者会を前に、朝鮮労働党の指導理念を「金日成・金正日主義」と定式化した。

「金日成・金正日主義」は金正日時代にすでにスローガン化

北朝鮮国内で「金日成・金正日主義」という言葉が使われたことを北朝鮮公式メディアが最初に報じたのは二〇一二年三月三一日付『労働新聞』であった。『労働新聞』は一面下段に「わが党とわが人民の偉大な領導者金正日同志におかれて不朽の古典的労作『主体思想について』を発表され、その三〇周年記念中央報告大会が進行」という『朝鮮中央通信』の記事が掲載された[2]。

この記事で興味深いのは中央報告大会の進行過程で「偉大な金日成同志と金正日同志の革命思想で徹底的に武装しよう!」、「全党と全社会を金日成・金正日主義化しよう!」、「敬愛する金正日同志の偉大な革命業績を千万年輝かせよう!」などのスローガンが張られていたと紹介した。

北朝鮮社会で「スローガン」は個人が勝手に作れるものではない。党宣伝扇動部が統括し、頭を絞って作り出すものだ。金正恩が党幹部への談話を出す前に「主体思想について」発表三〇周年の中央報告大会で「全党と全社会を金日成・金正日主義化しよう!」というスローガンが会場に張られていたことは、「四・六談話」発表以前に「金日成・金正日主義」という言葉が北朝鮮社会に定着していたことを意味する。

写真1　金正日総書記が2011年7月13日に朝鮮人民軍963軍部隊指揮部を視察した際に同部隊内にあった「全軍を金日成・金正日主義化しよう」というスローガンが書かれた看板（2012年2月7日放映『朝鮮中央テレビ』映像から）

金正恩も「四・六談話」で「金日成主義を時代と革命の発展の要求に即して発展させ、豊かにした総書記の特出した業績により、すでに以前からわが党員と人民は、主席の革命思想と総書記の革命思想を結び付けて金日成・金正日主義と呼んできたし、金日成・金正日主義をわが党の指導思想と認めてきた。しかし、何より謙虚な総書記は、金正日主義はいくら掘り下げても金日成主義しかないとして、わが党の指導思想を自身の尊名と結び付けるのを極力引き留めた。こんにち、わが党と革命は、金日成・金正日主義を永遠の指導思想として確実にとらえていくことを求めている」と述べている。

この談話では、北朝鮮社会では「金日成・金正日主義」という言葉が党員や人民の間で使われていたが、金正日総書記が「金正日主義はいくら掘り下げても金日成主義でしかない」とし、自身の名前を金日成主席の名前と並べた「思想」や「主義」のスタイルにすることに反対したが、金正恩がこれを「金日成・金正日主義」と定義することにしたということだ。

北朝鮮は二〇一二年二月七日に「偉大な領導者、金正日同志が人民軍隊を強化するための事業

を精力的に指導 主体一〇〇（二〇一一）年」という約五〇分の記録映画を放映した[3]。金正日総書記が二〇一一年に軍部隊を視察した映像を編集したもので、死後に放映されたものだ。

この記録映画には、金正日総書記が二〇一一年七月一三日に朝鮮人民軍九六三軍部隊指揮部を視察する様子が収録されている。この中で同部隊内に「全軍を金日成・金正日主義化しよう」というスローガンを書いた看板が掛けられていた。これは金正日総書記が亡くなる前の二〇一一年七月の段階で「全軍を金日成・金正日主義化しよう」というスローガンが人民軍内部のスローガンとして受け入れられていたことを示すものとみられた。

金正恩自身も「四・六談話」で「すでに以前からわが党員と人民は、主席の革命思想と総書記の革命思想を結び付けて金日成・金正日主義と呼んできた」と述べたが、これは金正日総書記の死後ではなく、金正日時代からこのスローガンが北朝鮮社会に定着していたことを意味するとみられた。

おそらくは、それまでは自身の名前を金日成主席と同列に扱うことを認めなかった金正日総書記が二〇〇八年に健康を悪化させ、二〇〇九年一月に金正恩を後継者に決めたことで、金正恩後継政権を考え、自身の名前を金日成主席と同列に挙げた「金日成・金正日主義」という言葉を容認したとみられた。

「金日成・金正日主義」を党の指導思想として定式化

そして、金正恩は「四・六談話」で「こんにち、わが党と革命は、金日成・金正日主義を永遠の指導思想として確実にとらえていくことを求めている」とし、「金日成・金正日主義は、チュチェの思想、理論、方法の全一的な体系であり、チュチェ時代を代表する偉大な革命思想である。われわれは、金日成・金正日主義を指導指針にして党建設と党活動を行うことで、わが党の革命的性格を固守し、革命と建設を主席と総書記の思想と意図どおりに前進させていかなければならない」として、「金日成・金正日主義」を党の指導思想として定式化した。

そして「全社会の金日成・金正日主義化は、わが党の最高綱領である。全社会の金日成・金正日主義化は、全社会の金日成主義化の革命的継承であり、新たな高い段階への深化、発展である」とし、北朝鮮が全社会を金日成主義化したように、金正恩時代には、全社会を「金日成・金正日主義化」しなければならないと訴えた。

しかし、「四・六談話」は「金日成・金正日主義」を定式化したが、それがいかなる思想なのかについては言及していない。金日成主席や金正日総書記の思想を擁護、発展しなければならないとするが、金日成主席の思想とは何か、金正日総書記の思想とは何かという問題に十分に答えているとは言えない。外部社会から見れば、それは「主体思想」と「先軍思想」だと思うしかないが、それであれば「金日成・金正日主義」という一つの定式化した枠組みで新たな思想が付加されたわけではない。金日成主席の「主体思想」は存在し、金正日総書記の「先軍思想」は存在するが、「金日成・金正日主義」とは一体、いかなる思想かという言及が欠落している。おそらく、この時点ではそれは存在しなかったのであろう。

そして「わが党を永遠に金日成同志、金正日同志の党に強化し、発展させるうえで重要なのは、党の唯一的指導体系をさらに徹底的に立てることである」と述べ、金正恩を最高指導者とした「党の唯一的指導体系」の確立を訴えた。先代と先々代の思想を擁護、発展させるには自身の「唯一的領導体系」の確立が必要だと強調したわけである。

朝鮮労働党は「以民為天」の党

「四・六談話」は「われわれは、人民を限りなく尊重し、人民の利益を絶対視し、人民を真の母の心情で見守らなければならない」とし、「以民為天（イミンウイチョン）を座右の銘とした主席と総書記の崇高な意を体して、人民を天のようにみなして限りなく敬って押し立て、人民の要求と利益を一番にすえてすべての活動を行わなければならない」とした。

金日成主席や金正日総書記が座右の銘にした「以民為天」（民を以て天と為す）を自身も継承するとした。これは後に「人民大衆第一主義」へと発展する金正恩時代の思想的スタート台であった。

談話は「党組織は、母親になった心情でいつも人々を心から大切にして愛し、彼らの政治生命を最後まで責任をもって輝かせなければならない。母親が、出来の悪い子供、手が焼ける子供といえども見捨てずにもっと心配して気遣うように、党組織は、すべての人をみな党の懐に抱いて総書記と情でつながるようにしなければならない」と訴え、朝鮮労働党を「母なる党」にするよう訴えた。

さらに「民心から離れた一心団結などあり得ない。党組織は、大衆の声に耳を傾けて大衆の間で提起される問題を適時に解決すべきであり、民心をないがしろにしたり、背を向けたりする現象と強いたたかいを繰り広げなければならない」とし、後に「人民大衆第一主義」へと発展する人民重視の考え方を説きながら、金正日総書記が進めた国防力強化を継続するとした。

「先軍の堅持」と「人民生活の向上」の並進路線

「四・六談話」は「われわれは、党の先軍革命路線をとらえて、国の軍事的威力をあらゆる面から強化していかなければならない」と金正日総書記の「先軍路線」の継承を確認した。

談話は「先軍はわれわれの自主であり、尊厳であり、生命である」とし、「人民軍を強化するところに引き続き大きな力を入れなければならない。先軍の威力は人民軍の威力であり、軍事力を強化するうえで基本は人民軍を強化することだ」と述べ、朝鮮人民軍の強化の方針を示した。

さらに「われわれは、主席と総書記が国防工業に積み上げた不滅の業績を擁護、固守し、先軍時代の経済建設路線の要求どおりに国防工業の発展に優先的な力を入れて国の軍事力をあらゆる面から強化しなければならない」と、国防力の強化を強調した。

また、金正恩は「われわれは、人民生活の向上と経済強国の建設で決定的転換を起こさなければならない」と「経済建設」と「人民生活の向上」を強調した。その上で「将軍さま（金正日総書記）は、国の経済発展と人民生活の向上にすべての事業を服従させるようにした」とし、「人民の生活をより豊かにし、国の経済を早期に盛り立てる強固な土台を築き上げた。われわれは、金正日同志が労してもたらした貴重な元手が効果をあらわすようにし、常に変わりなくわが党を信頼し従う人民をこの世で最も幸せな人民として押し立てるべきだ。これは、金正日同志の切なる念願であったし、わが党の確固たる決心であり意志である」と訴えた。

金正恩はさらに人民の食の問題の解決、軽工業に力を入れること、住宅、飲料水、燃料など人民生活に密接した問題の解決にも言及した。

経済運営については内閣の統一的な指揮、各級の党委員会が内閣責任制、内閣中心制を強化する上で支障となる現象と闘いを繰り広げるよう求めた。

しかし、北朝鮮の基本的な問題である「国防力の強化」と「人民生活の向上」が同時に推し進められるのかという問題意識はなく、この二つを同時に推進する「並進路線(ピョンジン)」の姿勢を示した。これは後に明確化される「並進路線」の問題点でもあった。経済建設と核・ミサイル開発を「並進」するとしながらも、実態は核・ミサイル開発優先であり、「並進路線」を勝利のうちに終了し、経済建設に専念するとしても、実際には「国防力強化」が優先された。

「金日成・金正日主義」を党規約に反映、憲法は「金日成・金正日憲法」と規定

前章でも述べたが、朝鮮労働党は二〇一二年四月一一日第四回党代表者会で党規約を改正した。この規約改正では「朝鮮労働党は偉大な金日成同志と金正日同志の党である」と宣言した。序文で「朝鮮労働党は偉大な金日成・金正日主義を唯一の指導思想とする金日成・金正日主義党、チュチェ型の革命的な党である。朝鮮労働党は偉大な金日成・金正日主義を党建設と党活動の出発点とし、党の組織思想的堅固化の基礎とし、革命と建設を領導することにおいて指導的指針とす

る」と規定し、「金日成・金正日主義」を「唯一の指導思想」とするとした。
第四回党代表者会での党規約改正をうけて、『労働新聞』二〇一二年四月一三日付社説「敬愛する金正恩同志を首班とする党中央委員会の周囲に固く結集しチュチェ革命の偉大な勝利を成し遂げよう」は「偉大な金日成・金正日主義の旗印高く、全党と全人民の思想的一色化をより高い段階で実現し、党と革命隊伍の一心団結を千百倍確認していかねばならない」と訴えるなどした。[4]
北朝鮮は二〇一二年四月一三日に最高人民会議第一二期第五回会議を開き、憲法を改正したが、全文は公表されなかった。当初は楊亨燮（ヤンヒョンソブ）最高人民会議常任委員会副委員長が、序文の内容について少し説明しただけであった。だが、北朝鮮の運営するサイト「ネナラ（わが国）」は同年五月末に憲法の全文を公開した。[5]
改正された憲法では序文で金日成主席だけでなく、金正日総書記の業績も称え、「朝鮮民主主義人民共和国は、偉大な首領金日成同志と偉大な領導者金正日同志の思想と領導を具現した主体の社会主義祖国である」と規定した。さらに「朝鮮民主主義人民共和国社会主義憲法は、偉大な首領金日成同志と偉大な領導者金正日同志の主体的な国家建設思想と国家建設業績を法文化した金日成・金正日憲法である」とし、改正された憲法を「金日成・金正日憲法」と規定した。
憲法は金日成主席を「永遠の主席」、金正日総書記を「永遠の国防委員長」と規定した。
また、金正日総書記の業績として「金正日同志は、世界の社会主義体系の崩壊と帝国主義連合勢力の悪辣な反共和国圧殺攻勢の中でも、先軍政治によって金日成同志の高貴な遺産である社会主義の獲得物を誉れ高く守護し、わが祖国を不敗の政治・思想強国、核保有国、無敵の軍事強国へと変貌させ、強盛国家建設の明るい大通路を切り開いた」とし、北朝鮮を「核保有国、無敵の軍事強国」にしたことを挙げた。

「金日成・金正日主義」とは何かという問い

金正恩は政権スタートで朝鮮労働党の指導理念を「金日成・金正日主義」と規定した。しかし、「金日成・金正日主義」とは何かという問いの前で、その中身は曖昧だった。この時点で、その中身を問われれば「主体思想」と「先軍思想」と答えるしかない。本来は、先代と先々代の名前をつないだ思想に、新しい「思想的な核」を作らねばならないが、政権スタート時にそれがあったとは思えない。

金正日は一九七四年二月一三日の党中央委第五期第八回総会で後継者として推戴されるが、「金日成主義」という言葉は、その六日後の同年二月一九日に開かれた「全国党思想事業部門活動家講習会」で「全社会の金日成主義化するための党の思想事業の当面のいくつかの課題について」と題された演説で初めて言及したものだ[6]。

金正日は「金日成主義はチュチェ時代の要求を反映して生まれた新しく独創的で偉大な革命思想だ。金日成主義は一言で、チュチェの思想、理論、方法の全一的な体系である。すなわちチュチェ思想とそれによって明らかになった革命と建設に関する理論と方法の全一的な体系である」と説明した。

金正日は「主体思想」を「金日成主義化」することで、自身の後継体制づくりに活用した。

「金日成主義」にはその核心に「主体思想」があった。

また、金正日主義という言葉は一九九二年八月一日付の『労働新聞』に初めて登場した。中央裁判所所長の妻が感謝の手紙を書いた中で使ったものだ。労働党幹部の中では「金正日主義」という言葉が一九八〇年代から使われ出したが、その思想が「主義」というべき理論体系化がなされたものではないため、党機関紙などには登場しなかったとみられた。金日成主席が健在なのに「金正日主義」という言葉を使うことがはばかられたとも見られた。

一九九四年七月に金日成主席が死亡し、北朝鮮が「苦難の行軍」と呼ぶ苦境に入った。そうした中で、一九九六年の「新年共同社説」は「赤い旗（ブルグンキ）を高く掲げて新年の進軍を力強く進めていこう」と題した社説を掲載し、苦難の行軍を乗り越える「赤い旗思想」を前面に押し出した。[7]同年一月九日付の『労働新聞』に掲載された論説「赤い旗は朝鮮革命の百選百勝の旗印だ」は「敬愛する金正日将軍は赤い旗思想で百戦百勝してきた朝鮮革命の歴史を科学的に分析、総括し、革命の遠い未来を見越して赤い旗の盛られた革命哲学を明らかにした。こうして、史上、初めて『赤い旗哲学』という意義深い言葉が誕生した」とした。[8]

しかし、結局、金正日は「赤い旗思想」を捨て「先軍思想」へと乗り換えていく。先軍政治も最初は一九九五年元日にタバクソル哨所を訪れた時から始まったとされたが、後に一九六〇年に金日成主席とともに朝鮮戦争でソウルへ一番乗りした「近衛ソウルリュギョンス第一〇五戦車師団」を訪問した時からと変わる。先軍思想も、金日成主席にそのルーツを求めた。

こうしたことを背景に、先述したように金正日総書記は、生前は金正日主義を金日成主義と並べることに抵抗した。

しかし、金正日総書記が亡くなると、新たな思想を必要とした金正恩は自らの指導理念を「金日成・金正日主義」と定立化した。しかし、それは金正恩の思想ではない。「金日成・金正日主義」という「器」を定式化したが、その器の中身はなかったと言ってよい。敢えて言えば、それは父や祖父の歩んだ「自主、先軍、社会主義」の道であった。自分自身の路線とは言えなかった。

金正恩は政権をスタートさせながら、「金日成・金正日主義」の核となる思想を模索する作業を始めなければならなくなった。

「わが人民が二度とベルトを締め上げずに済むように」

そして、もう一つの処女作が金日成主席の誕生一〇〇周年である二〇一二年四月一五日の慶祝閲兵式を行った際に金正恩が行った「先軍の旗印を高く掲げ、最後の勝利を目指して力強く戦っていこう」と題された演説であった[9]。

これは金正恩が初めて人民の前で行った演説であった。

金正恩は金日成主席が白頭山で朝鮮人民革命軍を創設し「長久な革命活動の全期間、革命武力の強化に優先的な力を入れた金日成同志は、一代で最も暴悪な二つの帝国主義に打ち勝つ二〇世紀の軍事的奇跡を創造したし、人民軍を一騎当千の革命強軍に育て、全民武装化、全国要塞化を実現して国の自主権と民族万代の繁栄のための強力な軍事的保証をもたらした」と金日成主席の軍事的業績を称えた。そして「金正日同志は、わが革命の最も峻厳な時期、必勝不敗の先軍政治で人民軍を最精鋭の戦闘隊伍に強化し、発展させ、前代未聞の社会主義守護戦を連戦連勝へと導いたし、わが国を世界的な軍事強国の地位に引き上げる巨大な歴史的業績をおさめた」と述べ、一九九〇年代の「苦難の行軍」時期を「必勝不敗の先軍政治」で乗り越え、北朝鮮を「世界的な軍事強国」の地位に引き上げたと称えた。

そして「二丁の拳銃から始まって帝国主義侵略者を戦慄させる無敵の強軍に育ったわが軍隊の歴史は、世界の軍建設史に前例のないものである」と述べ、金日成主席が父の金亨稷（キムヒョンジク）の形見として母親の康盤石（カンバンソク）から受け取った二丁の拳銃から始まった北朝鮮の軍が「帝国主義侵略者を戦慄させる無敵の強軍」になったと述べた。

その上で「軍事技術的優位は、もはや帝国主義者の独占物ではなく、敵が原爆でわれわれを威嚇、恐喝していた時代は永遠に過ぎ去った。こんにちの荘厳な武力示威がこれを明白に実証するだろう」と語り、核兵器が帝国主義の独占物ではなくなったと述べた。

閲兵式における演説だけに、演説の前半部分は北朝鮮が核を保有する軍事的強国になったことを強調する内容だった。金正恩は「列強の角逐の場として無残に踏みにじられていた昨日の弱小国が、こんにちは堂々たる政治・軍事強国に変貌したし、わが人民は、誰もあえて手出しできない自主的な人民として尊厳をとどろかしている」と述べた。

しかし、金正恩は北朝鮮の軍は「首領の軍隊、党の軍隊、人民の軍隊として誇り高く、無敵必勝の威容をとどろかす白頭山革命強軍こそ、偉大な大元帥たちが残した最大の愛国遺産」と述べ、軍は「首領の軍隊、党の軍隊、人民の軍隊」であると釘を刺した。先軍を強調しながらも「首領の軍隊、党の軍隊、人民の軍隊」という社会主義国家における軍の位相を確認することを忘れなかった。

そして二〇一二年四月一一日に開かれた第四回党代表者会と四月一三日の最高人民会議第一二期第五回会議で、金正日総書記を「永遠の首領」、「永遠の総書記」、「永遠の国防委員会委員長」に奉じたと強調した。

金正恩は「これは、偉大な金日成・金正日主義の旗印を高く掲げ、白頭山で開拓されたチュチェ革命偉業を寸分のずれも、一歩の譲歩もなく、ひたすら主席式、総書記式に最後まで継承し、完成させようとするわが党と軍隊と人民の確固不動の意志のあらわれである」と述べ、「金日成・金正日主義の旗印」を掲げるとした。

そして「偉大な金日成同志と金正日同志が開いた自主の道、先軍の道、社会主義の道に沿って真っすぐ進む、ここにわが革命の百年大計の戦略があり、終局的勝利がある」と述べ、「自主の道、先軍の道、社会主義の道」が「わが革命の百年大計の戦略」であると理念整理を行った。

こうして、金正恩は金日成主席誕生一〇〇周年の閲兵式演説という公式の場で「金日成・金正日主義」、「自主の道、先軍の道、社会主義の道」を指導理念として闡明した。

一方、金正恩は北朝鮮が「政治・軍事強国」になったとは強調したが、演説は「経済強国を全面的に建設する道に入らなければならない」と述べ、「経済強国」を今後の課題に設定した。

金日成主席の誕生一〇〇周年を慶祝する軍事パレードに際しての演説であったが、北朝鮮人民の経済的な困窮はまったく解決していなかった。

そうした状況の中で、金正恩は「世界で一番良いわが人民、万難の試練を克服して党に忠実に従ってきたわが人民が、二度とベルトを締め上げずに（腹を空かせないように）済むようにし、社会主義の富貴栄華を思う存分享受するようにしようというのがわが党の確固たる決心である」と述べ、北朝鮮人民が大量に餓死した一九九〇年代後半の「苦難の行軍（コナンネヘングン）」時期のように、人民が腹を空かせるようなことがなく「社会主義の富貴栄華を思う存分享受する」ようにすると抱負を語った。

演説は「最後の勝利に向かって前へ！」で終わったが、「最後の勝利」を得るには経済強国になり、人民生活を向上させることが避けられない課題であった。

この演説は金正恩が初めて長時間にわたり肉声で行った演説で内外の注目を集めた。北朝鮮が歩んできた軍事的な成果を強調しながら、今後の指導理念として「金日成・金正日主義」を掲げ、「自主、先軍、社会主義」の道を歩むと宣言した。そして人民に二度とひもじい思いをさせないと約束したのであった。ある意味では、人民にひもじい思いをさせない、社会主義の富貴栄華を思う存分享受するという「人民生活の向上」こそが、祖父も父もなし得なかった北朝鮮の課題であるだけに、それを人民の前で約束した意味は大きかった。しかし、それは、この時点では、理念的な整理からは抜け落ちたと言わざるを得ない。

「金正日愛国主義」

金正恩は二〇一一年一二月に最高司令官に就き、二〇一二年四月に党第一書記、国防委員会第一委員長の座に就き、北朝鮮の最高指導者としての「戴冠式」を行った。

当面は「金日成・金正日主義」を掲げ、「自主、先軍、社会主義の道」を歩むという路線整理をしたが、それはまだ金正恩の固有の思想的な核心ではなかった。祖父と父の路線を整理しただけであった。求められているのは「金日成・金正日主義」とは何かという問いに答えることのできる核心的な思想の創出であった。

党機関紙『労働新聞』は二〇一二年三月三日付で、前日に金正恩が朝鮮人民軍戦略ロケット司令部を視察したことを報じた。

金正恩はこの視察で「祖国山川の木一本、草一草も果てしなく愛された父なる将軍さまの崇高な姿を直接見習い、金正日式愛国主義を高く発揮することにおいて、人民軍隊が当然に前に立たねばならない」と述べ、「金正日式愛国主義」という言葉を使った。(10)

この視察には李英鎬(リヨンホ)総参謀長、朴在京(パクチエギョン)軍総政治局宣伝担当副局長(大将)、李載佾(リジエイル)党宣伝扇動部第一副部長、黄炳瑞(ファンビョンソ)党組織指導部副部長が同行した。李載佾党宣伝扇動部第一副部長と朴在京軍総政治局宣伝担当副局長という党と軍で宣伝扇動部門を担当していた幹部が同行したことは注目すべきだが、この二カ月後の二〇一二年五月から、北朝鮮メディアは「金正日愛国主義」を集中的に取り上げ始めた。

金正恩の現地指導での発言を受ける形で『労働新聞』二〇一二年五月一二日付の「活動家たちは人民に対する献身的な服務精神を深く大切に持とう」と題した社説は「今日、わが党は全体活動家たちと党員たちと勤労者たちが、金正日愛国主義の旗を高く掲げていくことを望んでいる。

金正日愛国主義は最も崇高な後代観、人民観で一貫している。祖国の未来のために、人民の幸福のために、父なる将軍さまが準備された人民生活向上の基地が光を出すのかそうできないかということは全的に活動家たちの責任性と役割に掛かっている。高潔な後世観、人民観で武装できない活動家たちがいるところでは人民の笑い声を探すことが難しい」と「金正日愛国主義」を強調した。[11]

二日後の五月一四日には、『朝鮮中央放送』が社説「みなこぞって金正日愛国主義によって胸を熱くしよう」で、「不世出の偉人の心臓の中で脈打つ愛国の息づかいの中で政治思想強国がそびえ、強力な核抑止力と人工地球衛星製作・打ち上げ国、社会主義文明国の地位にわが国が堂々と上がることになった」と指摘し、「金正日愛国主義は首領に対する絶対不変の忠誠心を核にし、一生涯を愛国に捧げてきた将軍さまの業績と偉大性を特徴とする思想」とし、金正恩党第一書記が「金正日愛国主義の最高体現者」とした。[12]

『労働新聞』は二〇一二年五月一九日付で論説「金正日愛国主義は強盛国家建設の威力ある推進力」を掲載した。この論説は「私たちの強盛国家建設偉業は新しい歴史的進軍の道に入った」としながら、「わが革命の前には厳しい試練と難関が横たわり、膨大な闘争課題が出ているが、偉大な愛国の旗、金正日愛国主義は、私たち軍隊と人民を新たな勝利へと鼓舞推進している。金正日愛国主義で、わが軍隊と人民はチュチェ革命の最後の勝利を確信しており、さらに隆盛繁栄する先軍朝鮮の輝かしい未来を見据えている」と強調し、金正日愛国主義は強盛国家建設、すなわち経済的繁栄と軍事的強化の推進力であるとした。[13]

また、同年五月二一日付社説「金正日愛国主義の教養を強化しよう」は「全人民を金正日愛国主義でしっかりと武装させ、新たな主体一〇〇年代の革命的進軍を偉大な将軍さまの戦士、弟子の衷情の進軍、愛国の総進軍にして、全社会の金日成・金正日主義化偉業を輝かしく実現していこうとするのがわが党の崇高な意図だ」と述べた[14]。『労働新聞』二〇一二年六月二一日付で崔チルナム朝鮮記者同盟委員長による論説「偉大な金正日愛国主義は百戦百勝の旗印だ」を掲載し、「金正日愛国主義」を強調するとともに「わが祖国を圧殺しようとする悪辣に狂奔する米帝とその手先らの銃声のない戦争が繰り広げられているいまこそ、すべての軍民が愛国の一心によってますます鉄桶のように団結すべきである。祖国の富強発展もわれわれ人民自身の団結した愛国の力で達成しなければならない」と訴えた[15]。

この「金正日愛国主義」は、金正恩が現地指導で語った内容がきっかけでスローガン化、論理化、キャンペーンが始まった点で注目される。スタートしたばかりの金正恩政権にとって、金正恩自身の「思想の核」を作ることが求められていたからだ。

だが、この「金正日愛国主義」という言葉は、金正恩によって初めて語られた言葉ではない。実は『労働新聞』の董泰官記者が二〇〇九年四月一三日付の『労働新聞』に「政論・絶世の愛国者」ですでに「金正日愛国主義」に言及していた。「政論」は冷戦崩壊時の状況を「全世界的範囲で労働者階級の団結の歓声が地球を揺さぶった共産主義の英雄的行進時代から、歳月は遠く流れた」とし、「それぞれの国が独自の判断と自主的な力の大きさに応じて、自己の地位と運命が決定される時代に歴史の姿が変わっていた」と指摘した。

その上で「偉大な将軍さま（金正日総書記）は、まさにこの新しい歴史的流れを、非凡な英知で洞察し、強盛大国の建設という、より高い手腕で民族第一主義の旗を、時代の炎で高く掲げた。そして、歴史は偉大な金正日愛国主義の新しいヒーローによる叙事詩を繰り広げることになった」と金正日を称えた。

冷戦体制の崩壊の中で、北朝鮮が生き残りを掛けた選択を、金正日総書記は「強盛大国建設」と「民族第一主義」を掲げるということで切り抜け、それは「金正日愛国主義」の成果であったと称えた[16]。

この「政論」は金正日総書記が健康を悪化させ、二〇〇九年一月に金正恩が後継者に決定した後の過渡期に書かれたものだ。金正恩がこの董泰官記者の「政論」を読んで、後に「金正日式愛国主義」を語ったかどうかは不明だが、その約三年後の二〇一二年三月の現地指導での「一言」が、その約二カ月後から金正恩時代の指導理念の一つである「金正日愛国主義」となって、キャンペーンが張られることになった。

そして、『労働新聞』は二〇一二年八月三日付で、金正恩が同七月二六日に党中央委員会責任幹部たちに行った談話「金正日愛国主義を具現して富強な祖国の建設を推し進めよう」を一、二面にわたり掲載し、「金正日愛国主義」を定式化した[17]。

金正恩は「金正日愛国主義」は一般的な愛国主義ではなく、「わが祖国を守り、富強にする道で金正日同志が心の中に大切に抱き、実践に具現してきた愛国主義、金正日愛国主義に対する言葉だ」だと主張した。そして「金正日愛国主義は社会主義的愛国主義の最高の昇華だ」と規定した。

金正恩は談話で、金正日愛国主義の特徴を①祖国観、②人民観、③次世代観の三点から特徴づけた。「祖国観」は「陽光のように明るい祖国の懐は父なる金日成将軍の懐」とし、「わが人民にとって祖国は他ならない首領であり、祖国の懐は首領の懐である」とした。「祖国は単に生まれ育った故郷の山河ではなく、人民の真の生活があり、子孫万代の永遠の幸せは、ひたすら祖国と人民を心から愛し、祖国と人民のために自分のすべてを捧げて献身する首領によってのみもたらされ、花咲くのである」とし、「そのため、祖国のために献身するのはとりもなおさず首領に忠誠を尽くすことであり、首領への忠誠心はすなわち愛国心の発露、愛国主義の最高表現である」とした。ここでは金正日総書記の祖国観を語りながら、結局は人民が首領に忠誠を尽くすべきという逆転した論理へと導かれる。

第二は「人民観」である。談話は「以民為天は金正日同志の生涯の座右の銘だった」とし、「この世に全知全能の存在があるとすればそれは神様ではなく人民である」とした。「人民が望むことであるなら、石の上にも花を咲かさねばならない」というのが金正日同志の人民愛の崇高な志であり意思だとした。

第三は「次世代観」である。「今日のために今日を生きるのでなく、明日のために今日を生きよう」というスローガンに金正日同志の次世代観が集約されているとした。「何をするにしても、自分の代にはその利にあずかることができなくとも、遠い将来に次世代がその利にあずかることができるように」というのが金正日同志の意思であったとした。

その上で「こんにちわが党は、金正日的愛国主義を火種として愛国の炎を燃え上がらせ、社会主義強盛国家建設の新たな転機を開くつもりだ。これがわが党の確固たる意志であり決意である」と訴えた。

金正恩はようやく父、金正日総書記の歩んできた道、父、金正日総書記の「愛国主義」を核とした自身の時代の思想づくりに取り掛かったといえた。

金正恩は、「全社会の金日成・金正日主義化」のために、金正日愛国主義を実践に移すことで、党、軍、人民の最高指導者への忠誠強化を果たし、自身の唯一的領導体系の確立を目指した。

先述のように、金正恩は四月一一日の第四回党代表者会で党規約改正を行い、「朝鮮労働党は、偉大な金日成・金正日主義を唯一の指導思想とする金日成・金正日主義党、主体型の革命的党である」と規定し、「金日成・金正日主義」を党の唯一の指導思想とした。

しかし、まだこれは金正恩時代を牽引する思想づくりのほんのスタートに過ぎなかった。

註

（1）『労働新聞』2012・04・19「김정은《위대한 김정일동지를 우리 당의 영원한 총비서로 높이 모시고 주체혁명위업을 빛나게 완성해나가자》」

（2）『労働新聞』2012・03・31「우리 당과 우리 인민의 위대한 령도자 김정일동지께서 불후의 고전적로작《주체사상에 대하여》를 발표하신 30돐기념중앙보고회 진행」

（3）『朝鮮中央テレビ』2012・02・07「위대한 령도가 김정일동지께서 인민군대를 강화하기위한 사업을 정력적으로 지도 주체100（2012）」「金日成・金正日主義」に関するこの映像の発見者は筆者ではない。筆者が二〇一二年当時、ある研究会で金正日政権初期のイデオロギーについて発表した後に、霞山会の堀田幸裕

氏から教えてもらったものである。堀田氏はラヂオプレスの友人から指摘を受けたと話していた。

（4）『労働新聞』2012・04・13「〈사설〉 경애하는 김정은동지를 수반으로 하는 당중앙위원회의 두리에 굳게 뭉쳐 주체혁명의 위대한 승리를 이룩해나가자」
（5）『내나라（わが国）』が二〇一二年五月末に公表した朝鮮民主主義人民共和国社会主義憲法
（6）『金正日選集22』1974・02・19「온 사회를 김일성주의화하기 위한 당사상사업의 당면한몇가지 과업에 대하여」
（7）『労働新聞』1992・08・01「진애하는 지도자 김정일동지께 삼가 드립니다」
（8）『労働新聞』1996・01・09「붉은기를조선혁명의 백전백승의 기치다」
（9）『労働新聞』2012・04・16「위대한 수령 김일성대원수님 탄생100돐경축 열병식에서 하신 우리당과 인민의 최고령도자 김정은동지의 연설」
（10）『労働新聞』2012・03・02「조선인민군 최고사령관 김정은동지께서 조선인민군 전략로케트사령부를 시찰하시였다」
（11）『労働新聞』2012・05・12「〈사설〉 일군들은 인민에 대한 헌신적복무정신을 깊이 간직하자」
（12）『朝鮮中央放送』2012・05・14「모두 다 김정일애국주의로 심장을 불태우자」
（13）『労働新聞』2012・05・19「〈론설〉 김정일애국주의는 강성국가건설의 위력한 추동력」
（14）『労働新聞』2012・05・18「〈사설〉 김정일애국주의교양을 강화하자」
（15）『労働新聞』2012・06・21「〈론설〉 위대한 김정일애국주의는 백전백승의 기치이다」
（16）『労働新聞』2009・04・13「〈정론〉 절세의 애국자」
（17）『労働新聞』2012・08・03『김정일애국주의를 구현하여 부강조국건설을 다그치자』

第3章
独自的な指導理念の模索

「自分の地に足をつけ、目は世界を見よ！」

二〇一二年は金日成（キムイルソン）主席の誕生一〇〇周年の年であった。その金日成主席が亡くなった命日の二日前の二〇一二年七月六日、金正恩（キムジョンウン）党第一書記は新たに結成されたガールズグループ「牡丹峰（モランボン）楽団」の演奏を観覧し、金正恩党第一書記の隣には若い女性が坐っていたが、北朝鮮メディアは彼女が誰なのか報じなかった[1]。

牡丹峰楽団の演奏にはディズニーのミッキーマウスや米映画『ロッキー』の一場面が登場し、ミニスカートの女性が西側の曲を演奏した。七月一一日には『朝鮮中央テレビ』がこの公演を録画放映した[2]。

『朝鮮中央通信』（七月七日）によると、金正恩がこの公演に関連し「時代の要請と人民の志向に合いながらも、われわれの思想感情と美感に合わせて伝統音楽とポピュラー音楽をバランスを取って絶え間なく発展させなければならない」とした。「わが人民の好みに合う民族固有の立派なものを創作するとともに、他国の良いものは大胆に取り入れてわれわれのものにつくるべき」

とし、「主体的立場に確固として立ってわれわれの音楽芸術を世界的水準に発展させなければならない」と語った。[3]

『労働新聞』はこれに先立つ二〇一二年五月九日、金正恩党第一書記が四月二七日に朝鮮労働党、国家経済機関、勤労者団体の責任活動家と行った談話「社会主義強盛国家建設の要求に合わせて国土管理事業で革命的転換をもたらすために」を公表したが、金正恩党第一書記は「他国、国際機関との科学技術交流事業も活発に行わなければならない。国土管理と環境保護部門にも世界的な発展の趨勢と他国の先進的で発展した技術を取り入れるものが多い。私がすでに述べたが、インターネットを通じて世界的な趨勢の資料、他国の先進的で発展した科学技術資料を多く見るようにし、代表団を他国に送って必要なものを多く学び、資料も収集するようにしなければならない」とインターネットを活用して「世界的な趨勢」の資料などを収集するよう求めた。[4]

金日成主席の命日の七月八日、金主席の遺体が安置された錦繡山（クムスサン）太陽宮殿を金正恩が同じ女性を伴って弔問のために訪問した。[5]

北朝鮮メディアは七月一五日、金正恩とこの女性が平壌市内の慶上（キョンサン）幼稚園を訪問し、お互いを見つめ合うなど親密さを示す映像を放映した。[6]

そして、党機関紙『労働新聞』は七月二六日、金正恩党第一書記が平壌市内に完成した綾羅（ルンラ）人民遊園地の竣工式に出席したことを報じる中で、金正恩党第一書記の横にいる女性を「李雪主（リソルジュ）夫人」と報じた。[7]『朝鮮中央テレビ』は金正恩が李雪主夫人と腕を組み、平壌駐在の外国外交官と「絶叫マシン」に搭乗する光景を放映した。同日付の『労働新聞』も六面のうち一面から五面までを前日の金正恩夫妻らの綾羅人民遊園地での写真で埋め尽くした。[8] 北朝鮮ではファーストレディの公式行事登場は異例のことであった。金日成主席や金正日総書記の時代には見ることのできない光景であった。まして、最高指導者夫妻が、腕を組んで視察するような光景は過去になかった。

牡丹峰楽団が七月六日の初公演で、米国を代表する映画『ロッキー』のテーマソングを演奏し、映画の一場面がバックに流れるのも前例がなかった。ディズニーのキャラクターが登場し、それがテレビで放映されるのも異例だった。『朝鮮中央通信』は「内容において革命的で、戦闘的であり、形式においては新しく、独特であり、近代的でありながらも人民的なものに一貫」と評価した。[9]

スイスに留学した二七歳の最高指導者の登場で北朝鮮でも「上からの文化小革命」が起きるかという期待を一瞬にしろ、抱かせた。

朝鮮総連の機関紙『朝鮮新報』は七月一一日、北朝鮮におけるこうした動きに関連して新しくスタートした金正恩政権が掲げる二つのスローガンを紹介した。[10]

それは「自分の地に足をつけ、目は世界を見よ!」と「世界的趨勢」というスローガンだった。この二つのスローガンは金正恩政権スタート時にしきりに強調されたものであった。

「自分の地に足をつけ、目は世界を見よ!」は、もともとは金正日(キムジョンイル)総書記の掲げたスローガンであった。『労働新聞』は二〇一〇年四月一三日、一面から六面までを使って金正日総書記が金日成総合大学に新たに完成した電子図書館を現地指導したことを報じた。[11] 同紙二面には同図書館一階ホール正面にある金正日総書記の命題プレートの写真が掲載されていた。そこには金正日総書記の親筆で「自分の地に足をつけ、目は世界を見よ！」と書かれていた。そのスローガンに続いて「崇高な精神と豊富な知識を兼備した先軍革命の信じるに足る骨格になれ！　奮発し、さらに奮発し、偉大な党、金日成朝鮮を世界が仰ぎ見るようにせよ！」と書いた。

先述の『朝鮮新報』は「第一委員長（金正恩）の指導は、総書記（金正日）が生涯の最期に示した命題を実践に移し、世界が朝鮮を仰ぐようにすることに傍点がある」とした。「自分の地に足をつけ、目は世界を見よ！」、というスローガンは前半に力点を置くのか、後半に置くのかによってその意味に差が生まれる。だが、インターネットの活用、ファーストレディの登場、牡丹峰楽団の出現などは金正恩が先代の金正日総書記の示した言葉を活用しながら、北朝鮮が世界から遮断された閉鎖空間になってはならないことを示した。

金正恩党第一書記は父、金正日総書記の二〇一〇年のスローガンをうまく活用し、北朝鮮も海外の情報を取り入れる姿勢を示した。北朝鮮が科学技術や経済や文化の面で海外の情報も取り入れて「最先端を突破する」ことを求め、それを経済発展につなげようとする積極的な意思が垣間見られた。

しかし、その後、一時は絶大な人気を誇った牡丹峰楽団は二〇一八年に三池淵（サムジヨン）管弦楽団に吸収され、事実上、活動を停止した。ハノイでの米朝首脳会談決裂後の国内統制の強化、非社会主義、反社会主義的なものの取り締まり強化で、金正恩が二〇一二年に垣間見せた「変化」は水面下に隠れてしまった。

李英鎬軍総参謀長粛清

朝鮮労働党中央委員会政治局会議は二〇一二年七月一五日、「病気の関係」で、李英鎬(リヨンホ)軍総参謀長を「すべての職責から解任する」と決定した。李英鎬は金正日総書記が第三回党代表会で金正恩と同じように党中央軍事委員会の副委員長に起用した人物で、金正恩の後見人とみられた人物であった。李英鎬は軍総参謀長、党政治局常務委員、党中央軍事委副委員長などの職責を持つ軍部のトップだったが、突然、すべての職責を解任された。解任理由を「病気のため」としたが、事実上の粛清であった[12]。この粛清は金正恩の父、金正日総書記が選んだ後見人を金正恩が切ったという意味も内包した。当時の軍部の最高実力者を粛清することで、党が軍を抑え込む構造が強まった。

党中央軍事委員会と国防委員会は翌七月一六日付で、朝鮮人民軍の玄永哲(ヒョンヨンチョル)大将を次帥に昇格させた。玄永哲が後任の軍総参謀長に就任した[13]。

さらに、朝鮮労働党中央委員会、党中央軍事委員会、国防委員会、最高人民会議常任委員会は七月一七日、金正恩に「朝鮮民主主義人民共和国元帥」の称号を授与することを決定した[14]。考えれば、奇妙なことであった。金正恩は二〇一一年一二月に最高司令官、二〇一二年四月の第四回党代表者会で党第一書記、党中央軍事委委員長、最高人民会議第一二期第五回会議で国防委員会の第一委員長に就いたが、軍事階級は「大将」のままであった。最高司令官が部下の軍幹部たちよりも低い軍事階級にあるというのは奇妙なもので、遅くとも四月に党第一書記、国防委第一委員長に就いた際に共和国元帥の座にいなければならなかった。しかし、それを七月まで遅らせたのは、軍の実力者である李英鎬軍総参謀長の粛清による軍部の動揺を、自身の元帥就任による軍部隊の祝賀と忠誠で抑え込むために意図的に遅らせたのではないかとみられた。

李英鎬総参謀長の粛清は、金正日時代に先軍政治下で権限を強化した軍を、社会主義本来の姿である「党の軍」にするための荒療治であると同時に、金正恩の唯一的領導体系確立のためのスタート台であった。

二〇一二年四月の第四回党代表者会では崔龍海(チエリヨンヘ)が党政治局員候補から政治局員を経ずに党中央委政治局常務委員に抜擢され、軍総政治局長、党中央軍事委副委員長、国防委員会委員にも就いた。一方の李英鎬は職責に大きな変化はなく、国防委員会にも入らなかった。いわば第四回党代表者会は李英鎬包囲網のような印象を与えた。(15)

李英鎬総参謀長の解任理由は明確ではなかったが、金正恩第一書記は同一〇月二九日に行われた金日成軍事総合大学での金日成・金正日銅像の除幕式で演説し、「党と首領に忠実でない人は、いくら軍事家らしい気質があって作戦と戦術に秀でているとしても必要ない」とした。そして「歴史的経験は、党と首領に忠実でない軍人は革命軍隊の軍人としての自分の使命を果たせず、後に、革命の背信者に転がり落ちることを示している」とし、「党と首領に対する忠実性は銃を握った革命家の根本的な兆候」と強調した。また「(金日成軍事総合)大学ではすべての学生たちを雨が降ろうと、雪が降ろうと、最高司令官と意思と情を永遠にともにし、わが党だけを信じ、最後まで付き従う信念の人間、良心の人間、義理の人間たちとして準備しなければならない」とし、「人民軍指揮成員は誰よりも信念が透徹で良心が純潔でなければならない」と指摘した。これは李英鎬総参謀長解任を念頭に置いての発言ではないかとみられた。[16]

韓国の国家情報院は二〇一二年七月二六日の国会での説明で、李英鎬総参謀長の解任について「非協力的な態度を見せて解任されたとみられる」と分析した。[17] 李英鎬総参謀長の言動に「党と首領に対する忠誠」に問題があった可能性がある。それは軍部の経済権益や党の復権による軍の地位の低下とも関連しているとみられた。

こうして見れば、李英鎬総参謀長粛清は少なくとも二〇一二年四月の第四回党代表者会ごろから周到に準備されていた可能性が高い。

「七〇年代の時代精神」

『労働新聞』は二〇一二年九月二八日付で社説「全党、全国、全民が総動員して今年の戦闘を輝かしくまとめよう」を一面トップに掲載した。[18] 社説は「われわれは今日の高揚した気勢を緩めることなく、一九七〇年代のように革命の太鼓の音を高く響かせ今年の戦闘を輝かしくまとめるための総突撃戦を力強く展開しなければならない」と「七〇年代」に言及した。同社説は一九七〇年代について「一九七〇年代は主体革命偉業の継承完成のための闘争で特出した意味を持つ偉大な転換の年代、全国に創造と革新の火風が力強く疾走する激動の年代であり、わが党の歴史に明確に刻み込まれている。偉大な将軍を党と革命の陣頭に高く奉じたわが軍隊と人民の闘争の気勢は本当に大変なものであった。速度戦の進攻のラッパの音、革命の太鼓の音が全国を震撼する中で、社会主義建設のすべての戦線で前例のない革新が起こり、労働党時代の全盛期が広がっていった。全体の人民が党の領導に従い、七〇日戦闘を手本とし社会主義大建設の最初の年を輝かしく装飾した一九七〇年代のその時のように新たな時代精神を創造し、今年を誇らしい成果でととのえ、強盛国家建設の最後の勝利を前倒しにするのがわが党の意図である」と説明した。

『労働新聞』と歩調を合わせるように『民主朝鮮』も同じ二〇一二年九月二八日付の論説「一九七〇年代の時代精神」で、金正日総書記の「今日、わが活動家たちは一九七〇年代の党の基礎築城期の活動家のように生き闘争しなければならない」という言葉を引用した。[19]「一九七〇年代の時代精神は絶世の偉人であられる偉大な金正日同志を領導者として仕えることがまたとない栄光であるとして将軍さまを真心から高く奉じる純潔な熱烈たる忠誠心である」と規定した。

『労働新聞』二〇一二年一〇月一日付論説「党の基礎築城時期の幹部の思想精神的特性」は「一九七〇年代の党の基礎築城時期の幹部は、自分の指導者を心から奉じ、どんな難しい条件でも党の決定指示を無条件に最後まで貫徹した真の幹部たちだった」と指摘し、「一九七〇年代にわが党の強化発展と社会主義建設で偉大な創造と変革の全盛期が繰り広げられたのは、純潔な良心と義理で党と首領を堅固に受け入れてきた幹部の思想精神的風貌を離れて考えることができない」とし、一九七〇年代の党幹部たちの党と首領への忠誠を強調した。[20]

『労働新聞』二〇一二年一〇月六日付社説「党の基礎築城期の活動家たちの闘争精神と仕事ぶりを見習おう」は七〇年代の活動家たちのように働き、「すべての活動家は党の基礎築城時期の活動家たちの仕事ぶりと闘争気風を徹底的に具現し、強盛国家建設のすべての戦線で新たな奇跡と偉勲を創造しなければならない」と訴えた[21]。

北朝鮮は金正恩時代が実質的に動き出した二〇一二年の経済建設において成果を上げるために「七〇年代の時代精神」を見習えとキャンペーンを展開した。

「七〇年代」の「忠誠心」と「経済成長」、そして「郷愁」

ここでいう「一九七〇年代」とは単に一般的な「七〇年代」なのではない。金正日が一九七四年二月に党中央委第五期第八回総会で「後継者」に決定した以後のことを指す。この時期の党活動家たちが「後継者」への忠誠をバネとして社会建設が進んだ時期であるからだ。

金正恩党第一書記の体制がスタートしたことを受け、七〇年代に党幹部が金正日への忠誠を固めて金正日時代をつくっていったように、金正恩への忠誠を訴え、当時の幹部を手本に金正恩時代をつくっていくように訴えるキャンペーンであった。

金正日総書記は一九七四年二月一一日から一三日まで開催された党中央委第五期第八回総会で「後継者」の座を獲得すると その直後の二月一九日に全国党思想事業部門活動家講習会で「全社会を金日成主義化するための党思想事業の当面するいくつかの課題について」と題した演説を行い、「全社会の金日成主義化」を宣言し、思想闘争を展開した。

政治闘争としては、七四年三月に「生産も学習も生活も遊撃隊式に」というスローガンを提唱し、同四月一四日には「全党と全社会に金日成主席の唯一思想体系をさらに確立しよう」という演説を行い、そのための「党の唯一思想体系確立の十大原則」が提示された。十大原則の下には六四項目の細則があり、これは今でも北朝鮮住民の日常生活を律する規範となった。

経済闘争の部門では、「七〇日戦闘」や「三大革命赤旗奪取運動」などを展開した。「三大革命赤旗奪取運動」は六〇年代の千里馬（チョンリマ）運動に続く大衆運動であり、「七〇日戦闘」は金正日総書記が主導し七四年一〇月下旬から一二月末まで展開された動員運動だ。北朝鮮は七〇年代の「七〇日戦闘」のような熱気と精神で金正恩が権力を継承した二〇一二年の経済建設で成果を生み出すことを訴えたわけだ。

一九七〇年代という時代は、北朝鮮は社会主義諸国の中でも優等生であり、中国よりも豊かであった時代だ。文化大革命もあり、経済的に困窮した中国の住民が北朝鮮へ逃げる「脱中」現象すらあり、韓国に対しても経済的な優位を保っていた時期である。北朝鮮の幹部活動家にとって七〇年代は「良い暮らしができていた」という記憶がある時代である。経済成長率では千里馬運動の展開された五〇年代後半や六〇年代には及ばないが、社会的な安定が確保された時代である。そういう「安定した時代」を作り出そうとのキャンペーンともいえる。

このキャンペーンは二〇一二年の経済建設を「一九七〇年代精神」で勝ち取ろうという路線で行われていた。

「七〇年代の時代精神」キャンペーンでは、後継者になったばかりの金正日総書記が推進した「七〇日戦闘」の成果が強調された。北朝鮮では思想教育をバネにした「七〇日戦闘」は経済建設でも大きな成果を挙げたとし、これを後継者に決まったばかりの金正日総書記の大きな成果としている。

『労働新聞』二〇一二年一〇月一日付で掲載された政論「朝鮮の気相」で、筆者のリドンチャン記者は一九七〇年代の経済建設を「ここに一九七〇年代の朝鮮の気相を代表する数字がある。年平均工業生産成長速度一五・九%！　全世界が経済危機に苦しみ、高度成長と繁栄を提唱していた資本主義が年平均三~四%にとどまっていた時、朝鮮ではこのような奇跡の砲声が響いた。工業生産は一九七七年だけでも一九四六年に比べ一九六倍も飛び上がった。農業生産はまたどのように発展したのか。一年に一~二%だけ成長しても奇跡という穀物生産を一気に三〇%に高めながら勝利の高地にたやすく迫った」と述べた[22]。

つまり、「七〇年代の時代精神」とは最高指導者への忠誠の時期に、経済建設を成し遂げた時期であった。その時期を経験した幹部たちにとっては、朝鮮民主主義人民共和国が最も光り輝いた「郷愁」の時期でもあった。

だが、これは動員体制による経済建設であり、企業や農業協同組合の独立採算制を確保し、労働者や農民の労働に一定のインセンティブを与えて生産性を上げようとする経済改革の流れとは反対のものである。

ある意味では、この矛盾こそが金正恩後継体制が抱えた矛盾である。

この時期の金正恩後継体制は圃田（ポジョン）担当責任制や社会主義企業責任管理制で、疲弊した経済を再建するために市場経済主義的な要素を導入し、企業や個人のインセンティブを刺激して生産性を上げることで経済を再建しようとした。しかし、それは北朝鮮という統制化された社会を変質させてしまうかも知れない。だからこそ、社会主義という原則を固守するためには、思想部門ではより統制を強化しなければならない。経済改革の潮流が北朝鮮社会の本質を変質させないためにも、思想部門の統制は強化されなければならなかった。

イデオロギー部門を担当する幹部たちは自分たちの良き時代であった「一九七〇年代」を模範とする忠誠と経済建設を党員や人民に呼び掛けたのが「一九七〇年代の時代精神」であった。

金正日総書記の死亡直後には「遺訓貫徹」と「一心団結」が強調された。その次には「主体、先軍、社会主義」が強調された。その次は「金日成・金正日主義化」のキャンペーンだ。これは金正日時代の末期にすでに始まっていたとみられるが、金正日総書記が死亡し、金正日総書記を金日成主席と同じレベルにまで上げ、神格化する作業でもある。その次は「金正日愛国主義」である。金正日総書記が国を愛したことを手本にわれわれも生きていかなければならない、というキャンペーンである。

「七〇年代の時代精神」キャンペーンはこれに続くものである。当時、金正恩後継政権は「新たな経済管理改善措置」で経済再建を目指そうとしたが、これが社会的な混乱を引き起こさないためにも、思想部門の統制を強化せざるを得ず、「七〇年代の時代精神」に見習おうというキャンペーンを展開し、金正恩への忠誠を求めた。

金正恩の国家安全保衛部訪問

『労働新聞』は二〇一二年一〇月三日、「朝鮮人民軍第一〇二一五部隊」に金正日総書記の初の単独の銅像が建立されたと報じた。[23]「朝鮮人民軍第一〇二一五部隊」は国家安全保衛部の別名であった。そして『労働新聞』は一〇月七日、金正恩が金正日総書記の単独銅像が建てられた国家安全保衛部を視察したと報じた[24]。

金正恩は「現在、敵は党に従うわが人民の純粋な心と志向を阻み、党と大衆を切り離そうと策動している」と述べ、「敵に対する幻想を持ったり、譲歩をしたりしてはならず、敵の思想文化浸透策動と心理謀略策動を粉砕するため、国家安全防衛事業の現代化、情報化の水準を高めて不純敵対分子を断固かつ無慈悲に粉砕すべきである」と強調した。最高指導者が公安機関である国家安全保衛部を訪問したことを公開的に報じることも異例だった。

金正恩は経済改革を推進しながらも、一方で「不純敵対分子を断固かつ無慈悲に粉砕すべきである」と強調した。金正日総書記の銅像の前でこうした檄を飛ばしたことは、経済改革を進めるからこそ社会統制を強化する併進戦略を示したといえる。

金正恩後継体制はそのために、「金正日愛国主義」に続き、住民たちが郷愁を感じている「七〇年代の時代精神」をバネに社会統制を強化し、動員方式の経済建設を訴えた。

金正恩党第一書記は二〇一二年七月に牡丹峰楽団のデビューや李雪主夫人の登場などで経済や文化面で新しい方向性を示すのではという見方も出たが、二〇一二年秋ごろから公安統治の方向へと舵を切った。

「新雪の道をかき分ける精神」

また、党機関紙『労働新聞』は二〇一二年一〇月一六日、新雪の道をかき分ける精神で創造し、勝利を収めよう」と題した社説を掲げた[25]。

社説は「新雪の道をかき分ける精神――これは、主体革命偉業の完成のための新たな歴史的時期の時代精神であり、革命の最後の勝利に向かって果敢に突進していく楽観的かつ創造的な攻撃精神である」とした。

さらに「敬愛する金正恩同志は次のように述べた。『われわれはいまから、新雪の道をかき分ける心情で働くべきである』。われわれが何としても進むべき新雪の道は、偉大な大元帥（複数）があらゆる労苦を経験して乗り越えてきた革命の千万里の道の連続であり、主体革命偉業の完成のための最後の勝利の道である。新雪の道をかき分ける精神には、偉大な大元帥が一生を捧げて豊かな大地にまいた種をしっかりと育て、花咲かせ、いかなる激しい風波もかき分け、必ずや統一されて繁栄する強盛国家（カンソンクッカ）を建設しようという敬愛する金正恩同志の限りない衷情と鋼鉄の意志が宿っている」とした。

この上で「偉大な首領の領導の下に高く発揚された白頭山（ペクトウサン）の革命精神、千里馬の精神は、わが朝鮮の地位と姿で天地開闢をもたらした威力ある時代精神であった。偉大な将軍の領導の下で一九七〇年代の党の基礎構築期に創造された速度戦の革命精神は、この地に一大民族的隆盛・繁栄の時代を開き、一九九〇年代に力強く羽ばたいた苦難の行軍精神、革命的軍人精神は、先軍の旗の下に祖国と民族、社会主義の運命を守護し、強盛国家建設の跳躍台を整えた必勝不敗の革命精神であった」とした。

「新雪の道をかき分ける精神の核は首領決死擁護であり、その威力の源泉は一心団結と銃にある。

全党、全軍、全人民が敬愛する金正恩同志の周囲にますます団結し、銃を力強く堅持し、進撃路を開くべきである」とした。

「新雪の道をかき分ける精神」という提起は「一九七〇年代の時代精神」ほどは大きなキャンペーンにはならなかった。しかし、これも「一九七〇年代の時代精神」と同じく、金日成主席、金正日総書記の「白頭山の革命精神」を継承し、最高指導者への忠誠を尽くし、困難な状況に打ち勝って「強盛国家」を建設しようという訴えであった。

二〇一三年「新年の辞」

金正恩は、実質的な執権二年目となる二〇一三年の元日にあたり、肉声で「新年の辞」を読み上げた。北朝鮮の最高指導者による「新年の辞」発表は、祖父の金日成主席が一九九四年元日に行って以来一九年ぶりだった。金正恩は人民服姿で、金日成主席のパフォーマンスを真似た肉声演説だった[26]。

「新年の辞」は、二〇一三年を「金日成・金正日朝鮮の新たな一〇〇年代の進軍路で社会主義強盛国家建設の画期的な局面を開く壮大な創造と変革の年」と規定した。

二〇一三年の「新年の辞」の指導理念に関係した部分に言及すれば、金正恩が髪型や演説のスタイルで明らかに金日成主席を意識したパフォーマンスを見せたが、意外だったのは、一三回も「主体（チュチェ）」という言葉が使われているが、「主体思想（チュチェササン）」という言葉は姿を消したことだった。ただ、父、金正日総書記の時代の新年共同社説でも「主体思想」に重点が置かれてきたわけではない。

新年共同社説で「主体思想」が使われた頻度は二〇〇七年二回、二〇〇八年三回、二〇〇九年三回、二〇一〇年二回、二〇一一年一回、二〇一二年一回に過ぎない。だが、北朝鮮の国是ともいうべき「主体思想」が姿を消したことには理由があった。

同じように「先軍（ソングン）」は六回使われているが、「先軍政治」や「先軍思想」への言及はなかった。しかし、「新年の辞」全体を流れる論調は極めて「先軍」を強調したものだった。それは「軍事力はすなわち国力であり、軍事力を全面的に強化する道に強盛国家もあり、人民の安泰と幸せもある。われわれは偉大な先軍の旗を高く掲げ、軍事力の強化に引き続き大きな力を入れて祖国の安全と国の自主権をしっかり守り、地域の安定と世界の平和を守ることに寄与しなければならない」という言葉にも現れている。先軍政治や先軍思想という単語はなかったが「先軍路線」は強く打ち出された。国民への呼び掛けで「わが軍隊」をまず語り、次に「人民」が来ている。やはり「先軍」路線だった。

「主体思想」や「先軍思想」が姿を消して、それに代わって登場したのは「金日成・金正日主義」だった。あえて「主体思想」「先軍思想」という言葉を使わず、この二つの思想をミックスした「金日成・金正日主義」で代替することで、自己の正統性を主張しようとしたということだ。

「強盛大国」から「白頭山大国」へ

また、二〇一三年の「新年の辞」で注目されたのは「白頭山大国（ペクトゥサンテーグク）」という言葉の登場だった。

北朝鮮は二〇一二年に「強盛大国の大門が開く」としてきた。しかし、経済危機は続き、人民の生活は向上が実感されていない。とても「強盛大国の大門が開いた」とは言えない状態だった。「強盛大国」を「強盛国家」と言い換え、強盛国家建設を訴えたが、それでは気勢が上がらないのか、「金日成同志と金正日同志は朝鮮人民が数千年の歴史においてはじめて迎え高く戴いた偉大な首領であり、白頭山大国の永遠なる影像であり、すべての勝利と栄光の旗じるしだ」と金日成主席と金正日総書記を「白頭山大国の永遠なる影像」と称えた。

北朝鮮の公式メディアが「白頭山大国」という表現を使ったのはこれが初めてではない。『労働新聞』は二〇一二年六月二六日付で一面全面をつぶして「最後の勝利に向かって前へ」という歌の楽譜と歌詞を掲載した[27]。「最後の勝利に向かって前へ」という言葉は金正恩第一書記が、二〇一二年四月一五日に金日成主席の誕生一〇〇周年で行った初めての肉声演説の最後の部分の言葉だ。この一番の歌詞は「一心の千万軍民、精神力を爆発させ、朝鮮は強盛国家進軍の太鼓を轟かせていく。進め、白頭山大国よ、党中央の導きに従い、最後の勝利に向かって前へ、前へ」というものだ。二番では「党中央の導き」の部分が「先軍の旗じるし」になり、三番では「太陽旗の祝福」となる。「党中央」は金正恩第一書記、「先軍」は金正日総書記、「太陽旗」は金日成主席を意味するとみられる。つまり、この歌は、題名に金正恩第一書記の最初の演説の結語の部分を引用した金正恩第一書記を称賛する歌であると同時に、金日成主席、金正日総書記、金正恩第一書記と続く「白頭山三代」の血統こそが「白頭山大国」を築いていくという意味を持たせている。「党中央」が金正恩を指すということは後に大きな意味を持つ。

金正恩第一書記は、革命遺児たちが通う万景台(マンギョンデ)革命学院、康盤石(カンバンソク)革命学院の創立六五周年に際して送った二〇一二年一〇月一二日付の書簡でも、「偉大な大元帥たちの畢生の念願を実現して統一された、三千里の山河に富強繁栄する白頭山大国を打ち立てる闘いで、先軍革命の中核の根幹を育てる原種場である万景台革命学院と康盤石革命学院が担っている責任と任務は極めて重要である」と語り、「白頭山大国」を打ち立てることを訴えている。[28]

さらに北朝鮮が人工衛星「光明星三号二号機」の打ち上げに成功した翌日の二〇一二年一二月一三日付の党機関紙『労働新聞』は一面でこの成果について「五千年民族史の特大事件、白頭山大国の総合国力誇示」と、人工衛星打ち上げ成功は「白頭山大国」の国力を示すものだと主張した。[29]

北朝鮮が「強盛大国」というスローガンを「白頭山大国」というスローガンにすり替えたのは、いまだに食の問題すら解決できない状況で「強盛大国の大門が開いた」とは言えず、しかし、金正恩後継体制への忠誠を強化しなければならない中で、金日成主席、金正日総書記、金正恩第一書記という「白頭の血統」を前面に押し立て体制維持を図ろうという意図であったとみられた。

註

（1）『労働新聞』２０１２・07・09「경애하는 김정은동지께서 새로 조직된 모랑본악단의 시범공연을 관람하시였다」

（2）「First Concert of new Moranbong Band with Kim Jong Un」

（3）『朝鮮中央通信』２０１２・07・07「김정은동지께서 새로 조직된 모란봉악단의 시범공연 관람」

（4）『労働新聞』２０１２・05・09「김정은 사회주의강성국가건설의 요구에 맞게 국토관리사업에서 혁명적 전환

을 가져올데 대하여　당、국가경제기관、근로단체 책임일군들과 한 담화」

(5)『朝鮮中央通信』2012・07・08「김정은동지께서 조선인민군 지휘성원들과 함께 금수산태양궁전을 찾으시였다」

(6)『朝鮮中央通信』2012・07・15「김정은동지 경상유치원을 방문」、『労働新聞』2012・07・16「경애하는 김정은동지께서 경상유치원을 찾으시였다」

(7)『労働新聞』2012・07・26「경애하는 김정은원수님을 모시고　릉라인민유원지 준공식 성대히 진행」

(8)『労働新聞』2012・07・26の一面〜五面

(9)『朝鮮中央通信』2012・07・07「김정은동지께서 새로 조직된 모란봉악단의 시범공연 관람」

(10)『朝鮮新報』2012・07・11「제1위원장의 발전전략은 장군님의《친필명제》관철」

(11)『労働新聞』2010・04・13「위대한 령도자 김정일동지께서 김일성종합대학에 새로 건설된 전자도서관을 현지지도하시였다」

(12)『朝鮮中央通信』2012・07・16「조선 리영호를 모든 직무에서 해임하기로 결정」

(13)『朝鮮中央通信』2012・07・17「현영철동지에게 차수칭호 수여」

(14)『朝鮮中央通信』2012・07・18「김정은동지에게 원수칭호 수여」

(15)『朝鮮中央通信』2012・04・11「당중앙지도기관 성원 보선、선거、임명」

(16)『朝鮮中央テレビ』2012　10・30「경애하는 김정은 원수님을 모시고 김일성군사종합대학 창립 60돌 성대히 기념」

(17)『聯合ニュース』2012・11・02「김정은 〝당과 수령에 충실치 못한 군인 필요없어〟」

(18)『労働新聞』2012・09・28「〈사설〉전당、전국、전민이 총동원되여 올해전투를 빛나게 결속하자」

(19)『民主朝鮮』2012・09・28「1970년대 시대정신」

(20)『労働新聞』2012・10・01「〈론설〉당의 기초축성시기 일군들의 사상정신적특질」

(21)『労働新聞』2012・10・06「〈사설〉당의 기초축성시기 일군들의 투쟁정신과 일본새를 따라배우자」

(22)『労働新聞』2012・10・01「정론 조선의 기상」

(23)『労働新聞』2012・10・03「주체의 선군태양을 천만년 받들어갈 열화같은 충정의 분출　위대한 령도자 김정일대원수님의 동산을 조선인민군 제10215부대에 높이 모시였다」

(24)『労働新聞』２０１２・10・07「조선인민군 최고사령관 김정은동지께서 국가안정보위부에 높이 모신 위대한 령도자 김정일대원수님의 동상을 돌아보시였다」

(25)『労働新聞』２０１２・10・16「사설　생눈길을 헤치는 정신으로 창조하며 승리해나가자」

(26)『労働新聞』２０１３・01・01「김정은〈신년사〉」

(27)『労働新聞』２０１２・06・26「최후의 승리를 향하여 앞으로」

(28)『労働新聞』２０１２・10・13「김정은 혁명가유자녀들은 만경대의 혈통、백두의 혈통을 굳건히 이어나가는 선군혁명의 믿음직한 골간아 되여야한다。만경대혁명학원과 강반석혁명학원 65돌에 즈음하여 학원 교직원、학생들에게 보낸 서함」

(29)『労働新聞』２０１２・12・13「5천년민족사의 특대사변、백두산대국의 종합적국력 과시」

第4章

人民大衆第一主義の芽生え

「種子」としての「人民大衆第一主義」の登場

金正恩（キムジョンウン）の二〇一三年の「新年の辞」は先述のように「先軍思想（ソングンササン）」という言葉は使わなかったが、先軍の重要性を第一に強調しながら、次いで「人民（インミン）」について言及した。

特に「首領（スリョン）さま式、将軍（チャングン）さま式の人民観を身につけて人民のために靴底がすりきれるほど走り続け、古い思考方式と枠から脱してすべての活動を絶えず革新し、大衆を奮い立たせて隊伍の進路を開いていく人がまさに、今日わが党が求める真の幹部である。幹部は『すべてを人民のために、すべてを人民大衆（インミンテージュン）に依拠して！』というスローガンを高く掲げて献身的にたたかわなければならない。幹部は自分の仕事に対する強い責任感と熱心な活動意欲、進取的な活動姿勢を持って最大の能力を発揮し、党と人民から自分の忠実性と実践力に対する評価を受けなければならない」と強調した。

ここで使われた「すべてを人民のために、すべてを人民大衆に依拠して！」というスローガンが後に「人民大衆第一主義」へと発展していく素材であった。

朝鮮労働党は二〇一三年一月二八、二九両日、平壌で朝鮮労働党第四回細胞書記大会を開催した。社会主義国家の党「細胞」とは、共産党組織の最末端組織である。金正恩は開会の辞でこの細胞書記大会の開催は金正日総書記の遺訓であるとした。これまでは一九九一年五月、一九九四年三月、二〇〇七年一〇月に開催され、この大会で四回目であった。

金正恩は二〇一二年七月に軍の実力者である李英鎬（リヨンホ）軍総参謀長を粛清し、金正日（キムジョンイル）時代の「軍主導」の先軍路線から、「党主導」の先軍路線への転換を図りつつある時期であった。まだ「先軍路線」は続いていたが、変化は始まっていた。党細胞書記大会を五年余ぶりに開催したのは、金正恩の路線を下から徹底させる意図があるとみられた。

細胞書記大会では一月二八日に金正恩が開会の辞を述べ、金己男（キムギナム）党書記が報告を行った。そして金正恩は同二九日に演説を行った(1)。

演説では、まず「わが党と軍隊と人民は偉大な首領さまと将軍さまの不滅の太陽旗のもと、さらに固く団結し、首領さまと将軍さまの遺訓を守って自主の道、先軍の道、社会主義の道をまっすぐに前進している」と宣言し、「自主、先軍、社会主義」の道を歩むとした。

その上で北朝鮮が二〇一二年一二月に事実上の長距離ミサイルでもある人工衛星「光明星三号二号機」の打ち上げに成功したことについて、「白頭山大国の果てしなく強大な国力を世界に誇示した歴史的壮挙」であるとし、「今はもうわれわれが帝国主義者との対決において主導権を確固と握るようになり、経済強国の建設と人民生活に転換をもたらすことは時間の問題となった」と評価した。

しかし、この演説の中心課題はそこにはなく、真の中心課題は「人民」であった。金正恩は「わが党を一つの思想・意志で固く団結し、人民大衆の中に深く根を下ろした強力な戦闘的参謀部としてさらに強化、発展させ、党と人民の混然一体の威力でこの地の上に全世界が仰ぎ見る天下第一強国、人民の楽園を必ず打ち立てなくてはならない」と訴えた。

その上で「金日成・金正日主義は本質において人民大衆第一主義であり、人民を天のごとく崇拝し、人民のために献身的に奉仕する人がほかならぬ真の金日成・金正日主義者である」とした。

これまで朝鮮労働党は「金日成・金正日主義」を指導理念と掲げてきたが、これまで指摘したようにそれは「遺訓貫徹」「一心団結」であり、「自主、先軍、社会主義の道」という先代、先々代の最高指導者の理念を踏襲したもので、金正恩時代の具体的な「思想的な核」はなかった。

金正恩はこの演説で初めて「金日成・金正日主義は本質において人民大衆第一主義である」という自身の時代の新しいスローガンを掲げた。

金正恩は「偉大な首領さまと将軍さまを戴くように、人民をあがめ人民のためにすべてを捧げようとするのはわが党の確固たる決心である。『すべてを人民のために、すべてを人民大衆に依拠して！』というスローガンには、全党に人民への愛と信頼の精神をみなぎらせようとする党の意志がこめられている」と訴えた。

さらに「幹部と党員は、誰もが偉大な首領さまと将軍さまが一生涯歩んできた人民愛の道をわが党とともにしっかりと歩み続ける真の同志、戦友にならなくてはならない。党細胞は、幹部と党員に首領さまと将軍さまの崇高な人民観を深く体得させ、彼らが人民を自分の父母妻子のように思い、愛するようにしなければならない」とした。

しかし、金正恩はこの演説で初めて「金日成・金正日主義は本質において人民大衆第一主義である」という自身の時代の思想的な核心を提示したが、それはまだ自身の時代の綱領的なテーゼとまでは言えなかった。この段階ではまだその「種子」が提示されたということであろう。

「厳幹愛民」

この演説では「人民大衆第一主義」はそれ自体の意味が深化されるのではなく、人民大衆の利益に合致しない幹部批判のテコの役割として提示された。

演説は「敵たちがわが党と人民の一心団結を崩すために、いつにもまして悪辣に行動している今日、勢道（セド）（権勢）、官僚主義的にふるまう者こそ、わが党が断固と戦うべき主な闘争対象である」と、党内の権勢主義者や官僚主義を激しく批判した。そして「ところが、党組織が、勢道と官僚主義をなくすことについて強調すると、思想闘争会議を開いて幾人かの幹部を処分するにとどまり、幹部を革命化する活動を根気よく行っていない」と党の姿勢を批判した。その上で党が大衆の中に入れと党員の尻を叩いた金正恩は、「細胞書記は、老練な大衆活動方法を身につけなければならず、大衆の前で踊りもおどり、歌もうたい、アジ演説もできる万能家になるべきだ」と具体的な注文までした。

この演説は「勢道と官僚主義」が蔓延していることを逆に証明したとも言えた。だからこそ、金正恩は先代、先々代の「遺訓」を活用して、党の末端から「権力乱用と官僚主義」への闘争を呼び掛けた。
演説は「勢道と官僚主義は単なる幹部の性格や活動作風の問題ではなく、思想の問題である」と指摘した。「党中央委員会は、人民大衆中心の社会主義の花園に生えた毒草のような勢道と官僚主義を刈り取るだけでなく、根絶やしにすることを決心した。権力乱用や官僚主義とのたたかいは、すべての党組織と党員がこぞって参加すべき全党的な活動である」と宣言した。二〇一三年一月の段階で、こうした「権力乱用と官僚主義」への闘争が同年末に展開される張成沢（チャンソンテク）党行政部長の粛清まで行くことを予想した者は絶無であった。

金正恩は「人間は石仏でない限り、活動と生活の過程で過ちを犯すこともあり、許し難い罪を犯すこともある。たとえ重大な過失や罪を犯した人であっても、その人に欠点が九九％あり長所と良心がただの一％でもあるなら、われわれはその良心を大事にし、ためらうことなく信頼し包容して再生の道に導かなければならない」と訴えた。

そして「今日、わが党は革命の陣太鼓を高らかに打ち鳴らした一九七〇年代の闘争精神を復活させて、世界に向かって進む新たな時代精神を創造することを求めている」と七〇年代幹部を見習えと叱咤した。党幹部には厳しく、人民には愛を持って接するという、いわば「厳幹愛民（オムガンエーミン）」が「人民大衆第一主義」の大きな要素となった。

金正恩は同二九日にはさらに「閉会の辞」を述べた。細胞書記大会参加者に対して一月二九日から二月一日まで講習会を実施し、講習では「金正恩元帥を高く奉じることが革命戦士の神聖な義務であり本分である、すべての細胞を戦闘組織にしなければならない」と強調された。

しかし、金正恩が二〇一二年四月の第四回党代表者会以後に、最初に開催したのが党の末端組織の細胞書記を集めての会議であったことは、金正恩が「党の再建」「党の復権」を最優先課題にしていることを示した。先軍路線を掲げながらも、父の時代の「先軍」よりは党優先の「先党」への路線転換のようにもみえた。

金正恩時代の新たなイデオロギーとなる「人民大衆第一主義」は幹部たちの「権力乱用と官僚主義」へのアンチテーゼとして提示されたが、この理念がさらに大きなテーゼに成長していくためにはさらに時間を必要とした。

金正日同志の生涯の理念は「人民大衆第一主義」

党機関紙『労働新聞』は二〇一三年二月一六日付の「偉大な金正日同志の人民愛の歴史は永遠に流れるだろう」と題した社説で「偉大な金正日同志の生涯の理念は人民大衆第一主義だ。慈父なる将軍さまの思想も祖国と人民のためのものであり、将軍さまの政治も人民のための仁徳政治であり、将軍さまの風貌も最も崇高な祖国愛と人民愛として輝いている。活動も人民と離れることが一時もなかったことが将軍さまの非凡な生涯であった」とした[2]。

金正日の生涯を貫く理念を「人民大衆第一主義」という言葉で表現した。一月の細胞書記大会で初めて登場したこの言葉を、金正日総書記の生涯を表現する理念とした。

社説はさらに「金正日同志におかれては先軍革命領導の最初の足跡を残された一九六〇年代から労働党時代の全盛期である七〇年代、八〇年代、そして最も困難であった苦難の行軍時期にも人民が天であり、先生であるという立場をしっかりと堅持された。世の中では偉大な将軍さまのような自らの政治理念に人民大衆中心、人民大衆第一主義を刻み込んでそれを微塵も踏み外さない礎石として掲げた人民的な指導者はなかった」と称えた。

同年四月一五日の金日成主席の誕生日の『労働新聞』の社説「偉大な金日成同志の思想と業績は白頭山大国の歴史とともに永遠に輝くだろう」は「人民大衆第一主義」という言葉は使わなかったが、三〇回にわたり「人民」という言葉を使い、金日成主席の「人民愛」を称えた[3]。「人民大衆第一主義」は明らかに金正恩時代のために生まれたスローガンであったが、それが金正恩によって突然生まれたのではなく、金日成主席、金正日総書記の「人民」観を「継承」して生まれたものであることを主張する流れであった。

これは金正日総書記の「先軍思想」の起源は当初は金正日が一九九五年一月にタバクソル哨所を訪問したことだとしていたが、後に金正日が一九六〇年八月に金日成主席とともに「近衛ソウルリュギョンス一〇五戦車師団」を訪問したことだと修正されたこととも相通じている。「先軍」が金正日の業績ではあるが、そのルーツが先代の金日成主席とともにした活動にすることで「継承」を強調したわけである。

金正恩の「人民大衆第一主義」もまた、金日成主席や金正日総書記が座右の銘にした「以民為天」にそのルーツを求め、金日成主席や金正日総書記もまた「人民大衆第一主義」の偉人であったことを「人民大衆第一主義」の偉大性の根拠にする手法を使ったというべきであろう。

『労働新聞』は二〇一三年一二月二七日付の「われわれ式社会主義は人民大衆第一主義を具現し

た主体の社会主義である」と題した「社説」で、金正日総書記が「主体の社会主義は人民大衆がすべての主人となり、社会のすべてが人民大衆のために服務する人間中心の社会主義である」と述べたと紹介し、「(われわれのように)国家のすべての法も人民重視、人民愛を根本礎石としている国はない。われわれ式社会主義の全行程は人民の利益と便宜を最優先、絶対視し、人民の夢と理想を実現してきた人民大衆第一主義の歴史で輝いている」とした[4]。

ここでも先代の金正日総書記の言葉を引用する形で、北朝鮮が「人民大衆第一主義」の国であるかを強調した。

経済建設と核武力建設の「並進路線」

朝鮮労働党は党中央委員会二〇一三年三月総会を三月三一日に開催した。続いて四月一日に最高人民会議第一二期第七回会議が開催された。

党中央委総会は二〇一〇年九月の第三回党代表者会の際に開催して以来、約二年半ぶりの開催であった。党中央委総会では「経済建設」と「核兵器開発」を並行して推進する「新しい戦略的路線」を打ち出した。

経済建設と国防力建設を同時進行させること自体は「新しい路線」ではなく、金日成主席も金正日総書記も行ったことであった。金日成主席は五・一六軍事クーデターで韓国に朴正煕(パクチョンヒ)軍事政権が誕生すると、一九六二年の党中央委総会でも「経済・国防建設を並行して進める」路線を採択している。金正日総書記も「先軍政治」と「強盛大国の大門を開く」ことを同時推進した。

党中央委二〇一三年三月総会後に出された「報道」は「経済建設と核武力建設の並進(ビョンジン)路線は、偉大な大元帥たちの透徹した民族自主の理念と波乱万丈の先軍革命指導史が宿っている自衛的核武力を数百、数千倍に強めて反米対決戦を総決算し、この地に天下第一の強国、人民の楽園を一日も早くうち建てようとするわが党の確固不動の信念と意志の結晶体である」とし、この「並進路線」は、金日成、金正日両大元帥の路線の継承であると強調した(5)。

その上で「新しい並進路線の真の優越性は、国防費を追加的に増やさなくても戦争抑止力と防衛力の効果を画期的に高めることによって、経済建設と人民の生活向上に力を集中するのを可能にすることにある」とした。

これは、金正恩政権が、先代たちの政権と異なり、核兵器やミサイルという大量殺傷兵器の開発を通じて在来式武器の劣勢をカバーしようという路線であり、並進路線を取ることで追加的に国防費が増えることではないとしたものである。

党中央委総会は「先軍朝鮮の核兵器は決して、米国のドルと換えようとする商品ではなく、われわれの武装解除を狙う対話の場と交渉テーブルの上にあげて論議する政治的駆け引きや経済的取り引きの道具ではない」とし、国際社会が求める核の放棄をあらためて拒否した。

党機関紙『労働新聞』は四月一日付の社説で「これは偉大な金日成大元帥と金正日大元帥の思想と偉業を支えて朝鮮を一日も早く強力かつ繁栄する白頭山大国、天下第一の強国として世界に宣揚しようとする朝鮮労働党の確固不動の意志の力強い誇示になる」と並進路線を称えた(6)。

そして「自主の核の霊剣をしっかりとらえて国と民族の尊厳と安全を守り、経済建設を力強く推し進めて強盛国家建設の最後の勝利を早めていくこと、これが党中央委員会三月総会の基本精神である」とした。さらに「経済建設と核武力建設の並進路線は、われわれの思想と偉業、われわれの社会主義制度を最後まで守り、輝かそうとするわが党と人民の鉄石の信念の噴出である」とし、「経済建設と核武力建設の並進路線は、経済建設に大きな力を入れてわが人民が一日も早く社会主義的栄耀栄華を思う存分享受するようにしようとするわが党の揺るぎない意志と決心の力強い誇示である」と「並進路線」が「人民生活向上」につながるとした。

その上で「朝鮮労働党の新しい並進路線は、金正恩同志が身につけている首領の革命偉業に対する限りない忠実性と非凡な英知、無比の胆力と特出した政治実力の結晶体である」とし、金正恩の首領たちへの忠実性を強調した。

金正恩は三月総会の報告で「偉大な大元帥たちの高貴な生涯が宿っている先軍革命偉業は今日、新たな歴史的転換期を迎えている。われわれは先軍の威力を各方面から強化し、それに基づいて全人民が他人をうらやむことなく豊かに暮らす天下第一の強国、人民の楽園を必ずや打ち立てるべきである。万難の試練に打ち勝ち、党に従い、変わることなく一路を歩んできたわが人民が先軍のおかげでこの世で最も幸福で満ち足りた生活を享受するようにしようとするわが党の決心は確固としている」と訴えた。

先述の『労働新聞』四月一日付社説は「新たな並進路線が提示されたことにより、先軍朝鮮の自主的尊厳を永遠に固守して輝かせ、経済強国建設でより大きな飛躍と革新を起こすことができる不滅の大綱が整えられることになった」と述べ、並進路線は先軍路線を輝かせるものとした。

しかし、金正恩は先軍路線の継承を強調しながらも、核・ミサイル開発への転換を「先軍革命偉業」の歴史的転換ととらえ、これをテコに「人民の楽園」を築くとした。金正日総書記が推進した先軍路線を継承するとしながらも、先軍革命偉業が「歴史的転換期を迎えている」と規定したことは、先軍路線の転換を示唆したとも見えた。

北朝鮮は経済建設のために、四月一日の最高人民会議第一二期第七回会議では、金正日総書記が二〇〇二年の「七・一措置」で行った経済改革の実施を担った朴奉珠（パクポンジュ）党軽工業部長を首相に起用した。

その一方で、最高人民会議は「自衛的核保有国の地位を一層強国にすることについて」とする法律を採択し、核保有を立法化した(7)。

註

（1）『労働新聞』２０１３・01・30「경애하는 김정은동지께서 조선로동당 제4차 세포비서대회에서 하신 연설」

（2）『労働新聞』２０１３・02・16「〈사설〉위대한 김정일동지의 인민사랑의 력사는 영원히 흐를것이다」

（3）『労働新聞』２０１３・04・15「〈사설〉위대한 김일성동지의 사상과 업적은 백두산대국의 력사와 더불이 영원히 빛날것이다」

（4）『労働新聞』２０１３・12・27「〈사설〉우리 식 사회주의는 인민대중제일주의를 구현한 주체의 사회주의이다」

（5）『労働新聞』２０１３・04・01「조선로동당 중앙위원회 ２０１３년 3월전원회의에 관한 보도」

（6）『労働新聞』２０１３・04・01「〈사설〉당중앙위원회 ２０１３년 3월전원회의정신을 높이 받들고 경제건설과 핵무력건설병진로선을 철저히 관철하자」

（7）『労働新聞』２０１３・04・01「〈조선민주주의인민공화국 최고인민회의 법령〉자위적핵보유국의 지위를 더

욱 공고히 할데 대하여」

第5章
「十大原則」の改編

「党の唯一的領導体系確立の十大原則」

北朝鮮は二〇一三年六月、最高指導者に対する住民の行動規範を定めた「党の唯一思想体系確立の十大原則」を三九年ぶりに改定し、「党の唯一的領導体系確立の十大原則」を策定した。[1]

北朝鮮では「十大原則」は、憲法や党規約以上に住民生活の行動規範を拘束する最高規範とされている。

金正日(キムジョンイル)は一九七三年九月九日の党中央委第五期第七回全員会議（総会）で党中央委組織・宣伝担当書記に選出された。金正日は一九七四年二月の党中央委第五期第八回総会で「後継者」に決定された。その後、金正日は新たに一〇条六五項目からなる「党の唯一思想体系確立の十大原則」を一九七四年四月に策定し、[2]これを小冊子にして全住民に配布、これを暗記し、行動規範とすることを求めた。そして、北朝鮮では十大原則は金日成主席への住民の絶対的な忠誠を求める行動規範となり、その策定は後継者に決定した金正日による大きな実績づくりでもあった。

金正恩は、その「十大原則」を「党の唯一的領導体系確立の十大原則」と「唯一思想体系」を

「唯一的領導体系」と改称し、一〇条六〇項目に縮小統合した。金正日は「思想統制」である十大原則を自身の後継者としての実績づくりとして活用したが、金正恩は自身への権力継承、世襲を正当化し、自身への住民の忠誠を規範化させる作業であった。「唯一思想体系」を「唯一的領導体系」と改称したことを見ても、自身の「唯一的領導体系」、すなわち個人独裁体制を強化する作業でもあった。「思想の統制」をさらに「領導の統制」へとさらに発展させたといえる。「十大原則」の細目を除く改正は以下のようなものであった。

第一条

（旧）偉大な首領金日成同志の革命思想によって全社会を一色化するために身を捧げて闘わなければならない。

（新）全社会を金日成・金正日主義化するために身を捧げて闘争しなければならない。

第二条

（旧）偉大な首領金日成同志を、忠誠をもって仰ぎ奉じなければならない。

（新）偉大な金日成同志と金正日同志をわが党と人民の永遠の首領、主体の太陽として高く奉じなければならない。

第三条

（旧）偉大な首領金日成同志の権威を絶対化しなければならない。

（新）偉大な金日成同志と金正日同志の権威、党の権威を絶対化し、決死擁護しなければばならない。

第四条

（旧）偉大な首領金日成同志の革命思想を信念とし、首領さまの教示を信条化しなければならない。

（新）偉大な金日成同志と金正日同志の革命思想とその具現である党の路線と政策で徹底的に武装しなければならない。

第五条

（旧）偉大な首領金日成同志の教示を執行するにおいて、無条件性の原則を徹底して守らなければならない。

（新）偉大な金日成同志と金正日同志の遺訓、党の路線と方針貫徹で無条件性の原則を徹底的に守らなければならない。

第六条

（旧）偉大な首領金日成同志を中心とする全党の思想意志的統一と革命的団結を強化しなければならない。

（新）領導者を中心とする全党の思想意志的統一と革命的団結をあらゆる面から強化しなければならない。

第七条

（旧）偉大な首領金日成同志に学び、共産主義風貌と革命的活動方法、人民的活動作風をもたなければならない。

（新）偉大な金日成同志と金正日同志に倣い、高尚な精神道徳的風貌と革命的事業方法、人民的事業作風を備えなければならない。

第八条

（旧）偉大な首領金日成同志から授かった政治的生命を大切に守り、首領さまの大きな政治的信任と配慮に対して高い政治的自覚と技術による忠誠をもって報わなければならない。

（新）党と首領が抱かせてくれた政治的生命を大切に刻み、党の信任と配慮に高い政治的自覚と事業実績で報いなければならない。

第九条

（旧）偉大な首領金日成同志の唯一的領導のもとに、全党、全国家、全軍が一つとなって動く強い組織規律を打ち立てなければならない。

（新）党の唯一的領導のもとに全党、全国家、全軍が一つとなって動く強い組織規律を打ち立てなければならない。

第一〇条

（旧）偉大な首領金日成同志が開拓された革命偉業を、代を継いで最後まで継承し完成しなければならない。

（新）偉大な金日成同志が開拓し、金日成同志と金正日同志が導いてきた主体革命偉業、先軍革命偉業を代を継いで最後まで継承・完成しなければならない。

旧原則はすべての規定が「金日成」への忠誠を強いるものであったが、金正日が死亡し、金正日総書記を金日成主席と同格の「首領」として奉じたために、「十大原則」の改正には旧「十大原則」にあった「金日成」の記述を「金日成、金正日」の二人の首領に書き換えるという実務的な必要性があった。

もちろん、十大原則改正の目的はそれだけではなかった。「十大原則」を「金正恩時代の十大原則」に書き換えなければならなかった（表1）。

第一には、この改正は金正恩の「唯一的領導体系」の確立のためであるということだ。十大原則の名称は「党の」ということになっているが、実体的には「金正恩の唯一的領導体系の強化」であった。この改正「十大原則」における「党」とは最高指導者である金正恩を指した。

改正前は第一〇条で「全党とすべての社会に唯一思想体系を徹底して確立し、首領さまが開拓された革命偉業を代を継いで輝かしく完遂するために、首領さまの領導のもとに党中央の唯一的指導体制を確立しなければならない」とされ、金正日は「党中央」という言葉で自身の「唯一的領導体系」の確立を目指した。金正日が「十大原則」を策定された最大の理由は、後継者に決定された金正日がライバルの叔父の金英柱（キムヨンジュ）や、義母弟の金平日（キムピョンイル）を排撃する武器として活用した側面があった。

金正恩も単に金正日の死去を受けて用語の修正をしなければならないこと以上に、後継者となった自身の唯一的領導体系の確立のための土台が必要であった。

	旧「10大原則」	改正「10大原則」
言葉の変化	「金日成」	「金日成・金正日」
	「金日成の革命思想」	「金日成・金正日主義」
序文	「わが人民は祖国と革命を信頼できるよう保衛する一当百の革命武力」	「核武力を中枢とした軍事力」
第1条	「プロレタリア独裁政権と社会主義の制度を保衛」	「われわれの社会主義制度をしっかりと保衛」
	「社会主義、共産主義偉業を完成させるために」	「主体革命偉業の完成のために」
第3条	「首領、金日成同志の肖像画、石膏像‥を丁寧に奉じて扱い」	「白頭山絶世偉人たちの肖像画、石膏像‥を丁寧に奉じて扱い」
第4条	「偉大な首領・金日成同志の教示と個別の幹部たちの指示を厳格に区別し」	「党の方針と指示を個別の幹部たちの指示と厳格に区別し」
第6条	「偉大な首領・金日成同志を中心とする全党の思想意志的統一と革命的団結を強化しなければならない」	「領導者を中心にする全党の思想意志的統一と革命的団結をあらゆる面で強化しなければならない」
	「個別的な幹部たちに対し幻想を持ったり、おもねり、へつらったり、偶像化したり、無原則的に対応する現象に反対しなければならない」	「個別的な幹部たちに対する幻想、おもねり、へつらい、偶像化を排撃し、個別的な幹部たちの職権に押され盲従妄動したり、非原則的な行動をする現象を徹底的になくさなければならない」
	「党の統一団結を破壊し蝕む宗派主義、地方主義、家族主義をはじめとするあらゆる反党的な思想要素に反対し闘争し」	「党の統一団結を破壊し蝕む宗派主義、地方主義、家族主義をはじめとするあらゆる反党的要素と同床異夢、陽奉陰違（面従腹背）する現象に反対し、強固に闘争しなければならない」
第7条	「官僚主義、主観主義、形式主義、本位主義をはじめとする古い事業方法と作風を徹底的に排撃しなければ」	「勢道と官僚主義、主観主義、形式主義、本位主義をはじめとする古い事業方法と作風を徹底的になくさなければならない」
第9条	「偉大な首領金日成同志の唯一的領導のもとに全党、全国家、全軍が一つとなって動く強い組織規律を打ち立てなければならない。偉大な首領、金日成同志の唯一的領導体系をしっかりと打ち立てることは党を組織思想的に強化し、党の領導的役割と戦闘的機能を高めるための根本的要求であり、革命と建設の勝利のための確固とした担保である」	「党の唯一的領導のもとに全党、全国家、全軍が一つとなって動く強い組織規律を打ち立てなければならない。党の唯一的領導のもとに全党、全国家、全軍が一つとなって動く動く強い組織規律を打ち立てることは党の唯一的領導体系確立の重要な要求であり、主体革命偉業、先軍革命偉業の勝利のための決定的な担保だ」
第10条	「全党とすべての社会に思想体系を徹底して確立し、首領が開拓された革命偉業を代を継いで輝かしく完遂するために、首領の領導のもとに党中央の唯一的指導体制を確立しなければならない」	「わが党と革命の命脈を白頭の血統で永遠に引き継ぎながら主体の革命伝統を果てしなく継承発展させ、その純潔性を徹底的に固守しなければならない」

表1 「10大原則」各項目での主な変化

旧「十大原則」の第六条は「偉大な首領、金日成同志を中心とする全党の思想意志的統一と革命的団結を強化しなければならない。全党の鋼鉄のごとき統一団結は、党の不敗の力の源泉であり、革命勝利の確固たる裏づけである」となっていたが、改正「十大原則」では「領導者を中心とする全党の思想意志的統一と革命的団結をあらゆる面から強化しなければならない。領導者を中心とする鋼鉄のような統一団結は、党の生命力であり、不敗の力の源泉であり、革命的勝利の確固とした担保である」とした。「領導者」すなわち、金正恩を中心とする統一と団結こそが革命勝利の確固とした担保であるとした。

旧「十大原則」の第九条は「偉大な首領、金日成同志の唯一的領導のもとに」となっていたが、改正後は「党の唯一的領導のもとに」となった。この「党」も金正恩を指す言葉であった。

政権をスタートさせたばかりの金正恩を首領金日成主席と同列に扱うことが難しいため、金正日が「党中央」という言葉を使ったように、「党」や「領導者」という言葉を使って金正恩の唯一的領導体系の確立を目指すのが「十大原則」の最も優先的な課題であった。それは金正日時代には機能しなかった朝鮮労働党を中核とした国家運営をするという金正恩時代の大きな方針転換を意味した。

第二は、金日成、金正日、金正恩と続く三代の世襲の正統化であった。第一〇条は「偉大な金日成同志が開拓し、金日成同志と金正日同志が導いてきた主体革命偉業、先軍革命偉業を代を継いで最後まで継承・完成しなければならない」と主体革命偉業、先軍革命偉業の「代を継いだ継承・完成」を求めた。第一〇条の第二項では「わが党と革命の命脈を白頭の血統で永遠に引き継ぎながら主体の革命伝統を果てしなく継承発展させ、その純潔性を徹底的に固守しなければならない」と規定し、後継者は「白頭の血統」を継承する者でなければならないことを明文化し、金正恩の世襲を正統化した。第三条第四項でも「白頭山絶世偉人たち」という表現を挿入し、金正恩を含めた金日成主席の「白頭の血統」を絶対視させた。

北朝鮮が最高規範としているこの「十大原則」を対外的に公表していないのは、おそらくこの第一〇条の規定のためとみられる。「白頭の血統」でなければ、最高指導者になれないという第一〇条の存在は社会主義、民主主義ではなく、封建制度そのものであるためだ。

第三は、白頭の血統の絶対視とともに、個々の幹部に対する盲目的な服従や派閥形成による権勢の排撃である。これは後に大きな意味を持ってくる。

旧「十大原則」の第四条第八項は「偉大な首領・金日成同志の教示と個別の幹部たちの指示を厳格に区別し」となっていたが、改正「十大原則」の第四条第七項では「党の方針と指示を、個別の幹部たちの指示と厳格に区別し、個別幹部の指示に対しては、党の方針と指示に合っているかいないかを確かめ、原則的に対応し、個別幹部の発言内容を結論や指示として組織的に伝達したり、集団的に討議したりすることをなくさねばならない」と規定した。北朝鮮では「幹部」もまた「党」に所属しているにもかかわらず、「党の方針と指示」を「個別の幹部の指示」と「厳格に区別」せよというのは、この「党」とは金正恩のことを指すとみるべきであろう。金正恩の指示と個別幹部の指示は厳密に区別せよという厳命である。

第六条第四項には「個別的な幹部たちに対する幻想、おもねり、へつらい、偶像化を排撃し、個別的な幹部たちの職権に押され盲従妄動したり、非原則的な行動をする現象を徹底的になくさなければならない」とし、個々の幹部への忠誠でなく、最高指導者だけへの忠誠を要求した。

同第五項は「党の統一団結を破壊し蝕む宗派主義、地方主義、家族主義をはじめとするあらゆる反党的要素と同床異夢、陽奉陰違（面従腹背）する現象に反対し、強固に闘争しなければならない」とし、「宗派主義、地方主義、家族主義」との闘争を要求した。ここで「同床異夢、陽奉陰違」という言葉が新たに挿入されたことを記憶してもらいたい。後に意味を持ってくる。

また、旧「十大原則」の第七条第八項は「官僚主義、主観主義、形式主義、本位主義をはじめとする古い事業方法と作風を徹底的に排撃しなければ」とあったが、改正後の「十大原則」第七条第七項で、この官僚主義の前に「勢道」を入れ「勢道と官僚主義、主観主義、形式主義、本位主義をはじめとする古い事業方法と作風を徹底的になくさなければならない」と改正した。排撃すべき対象として「勢道」を金正恩の執権の阻害容認の第一番目に挙げたわけだ。これも記憶すべきことだ。「勢道」を金正恩の執権の最大阻害要因と考えたということである。

「勢道」という言葉は一般的には「権勢」などと翻訳されることが多いが、朝鮮半島では朝鮮時代後期に「勢道(セド)政治」と呼ばれる政治形態が存在した。もともとは有能な家臣が王を補佐し、国政運営を強化するという意味だが、王が幼君の場合、家臣が権勢を壟断し、国政を私物化する状況が生まれ、朝鮮王朝の弱体化を招いた。まだ二〇代後半で最高権力者の座に就いた金正恩にとって、有力幹部による「勢道」を排撃すべき対象の最初に挙げたことは、幹部が権力を壟断することへの危機意識があったことに注目せざるを得ない。

第四に「十大原則」の中に「核武力を中核とする軍事力」を明文化した。

序文では「偉大な首領さまと将軍さまの賢明な領導により、わが国は首領、党、大衆が一心団結し、核武力を中枢とした無敵の武力の軍事力としっかりとした自立経済を持った社会主義強国として威力を轟かせることになった」とした。北朝鮮は二〇一二年に改正した憲法で「核保有国」であることを明記したが、「十大原則」にも「核武力を中枢とした無敵の武力の軍事力」を明記した。

第五には、旧十大原則では第一条の第三項で「偉大な首領・金日成同志が建設したプロレタリア独裁政権と社会主義制度をしっかりと保衛し」としていたが、これを「偉大な金日成同志が打ち立て、首領さまと将軍さまで輝かせた最も優越したわれわれの社会主義制度をしっかりと保衛し」に変え、同第四項では「主体思想の偉大な革命的旗印を高く掲げ、祖国統一と革命の全国的勝利のためにわが国における社会主義、共産主義の偉業のためにすべてを捧げて闘争しなければならない」とあったが、「主体思想の旗印、自主の旗印を高く掲げ、祖国統一と革命の全国的勝利のために、主体革命偉業の完成のために積極的に闘争しなければならない」とした。「社会主義、共産主義の偉業」は削除され、北朝鮮の独自の政治理念である「主体革命偉業」に書き換えられた。

北朝鮮はすでに二〇〇九年の憲法改正、二〇一〇年の党規約改正でそれぞれ「共産主義」の記述を削除しており、十大原則からのプロレタリア独裁や社会主義、共産主義の削除もこの延長線上にあり、一般的な社会主義、共産主義路線ではなく、北朝鮮独自の路線への書き換えが行われた。

「革命発展の要求に合わせ党の唯一的領導体系をより徹底して打ち立てることについて」

国家情報院がホームページの「北韓法典集」で公開した「党の唯一的領導体系確立の十大原則」の公布日は二〇一三年六月一九日となっている。

金正恩党第一書記はこの六月一九日に党、軍、内閣の幹部を集めて「革命発展の要求に合わせ党の唯一的領導体系をより徹底して打ち立てることについて」と題した演説を行い、この内容は朝鮮労働党出版社から小冊子で出版された。(3)

金正恩党第一書記はこの演説で「党の唯一的領導体系を徹底して打ち立てることは、革命的な党建設の根本原則であり、主体革命偉業の完成のためにわれわれが推し進めるべき最も重要な事業である」と述べ、「党の唯一的領導体系を徹底的して打ち立てる」ことを「最も重要な事業」とした。前述のように、これは金正恩党第一書記の「唯一的領導体系」の確立である。

さらに「党の唯一的領導体系とは、首領の革命思想を唯一の指導指針とし、首領の領導の下で革命と建設を前進させていく、首領の思想体系であり領導体系である」と述べた。そして「党の思想的一色化と組織的団結、革命と建設における主体の確立、これは本質において党の唯一思想体系、唯一的領導体系を打ち立てるための闘争であった」と規定した。

その上で「偉大な金正日同志は、党中央委員会で事業を始められる際、党内に隠れていた反党修正主義分子たちの策動を断固として暴露粉砕し、党の唯一思想体系を打ち立てるための事業に真っ先に力を入れられ、わが党を首領の思想体系、領導体系がしっかりと打ち立てられた不敗の革命政党として強化、発展された」と述べ、父、金正日が党中央委で活動を始め、党内の反党修正主義分子を暴露粉砕したとした。

そして金正日が「党の唯一思想体系確立の十大原則」をつくり、党の建設と活動の綱領的規範とし、幹部や住民の唯一の指針となったと評価した。「党の唯一思想体系確立の十大原則」が発表されたことにより、「全党と全社会に唯一思想体系、唯一的領導体系を打ち立てる事業が、新たな高い段階へと深化、発展し、わが党の強化、発展と主体革命偉業遂行において、大きな変化が成し遂げられた」とした。

その上で「わが党は革命発展の要求に合わせ、党の唯一的領導体系をより徹底して打ち立てるために、『党の唯一思想体系確立の十大原則』を継承して、深化、発展させ『党の唯一的領導体系確立の十大原則』を打ち出すことにした」とした。

金正恩は「『党の唯一的領導体系確立の十大原則』は『党の唯一思想体系確立の十大原則』の全面的継承であり、その深化、発展である」とした。

そして「党の唯一的領導体系を打ち立てる事業を、全ての幹部と党員、勤労者が、党と首領に対する絶対的で信念化された忠実性を持つことを基本にして進めていかなければならない」と「党と首領」への「絶対的で信念化された忠実性」を求めた。

この「十大原則」での「党」という表現は金正恩を指すということを指摘したが、ここでいう「首領」が誰を指すのかは曖昧だ。ある意味では、ここでいう「首領」は金正恩である可能性を暗喩しているようにも見える。

金正恩は「われわれが党の唯一的領導体系確立のための事業を深化させていくのは、朝鮮労働党を永遠に偉大な金日成同志と金正日同志の尊名において輝かせ、領導者を中心とする党の統一と団結を、あらゆる手段を通じて固め、党がわが革命の参謀部としての使命と役割を果たせるようにするためである」とした。

張成沢党行政部長粛清

金正恩は二〇一二年七月に李英鎬（リヨンホ）軍総参謀長を粛清し、二〇一三年一月の朝鮮労働党第四回細胞書記大会では「党中央委員会は、人民大衆中心の社会主義の花園に生えた毒草のような権力乱用と官僚主義を刈り取るだけでなく、根絶やしにすることを決心した」と言明した。さらに同年六月の「十大原則」の改正は、明らかに自身の唯一的領導体系確立のための次のターゲットに向けた周到な準備であった。

北朝鮮メディアの張成沢（チャンソンテク）党行政部長に関する報道は、二〇一三年一一月六日に訪朝したアントニオ猪木参院議員らと会見し、同日平壌体育館で行われた日朝両国の体育大学のバスケットの試合を参観したと報じて以降、途絶えた(4)。

党機関紙『労働新聞』は一二月一日付の「偉大な金正日同志の遺訓を最後まで輝かしく実現して行こう」と題した社説で「われわれは敬愛する元帥さま（金正恩第一書記）の唯一的指導体系をさらに徹底的に打ち立て、全党と全社会にただ自らの領導者の思想と息遣いだけが力強く脈打つようにしなければならない。誰であれ、革命勝利に対する鉄石の信念を持ち、敬愛する元帥さまの周辺に思想意志的に道徳義理的に固く団結すべきであり、この世界の果てまで元帥さまと志をともにし運命をともにする金正恩時代の熱血の同志、真の革命戦友にならなければならない」と訴えた[5]。

韓国の情報機関・国家情報院は一二月三日、国会情報委員会に対して北朝鮮の張成沢党行政部長の側近である李龍河(リリョンハ)党行政部第一副部長、張秀吉(チャンスギル)党行政部副部長が一一月下旬に公開処刑され、張成沢党行政部長の動静も把握できず、失脚した可能性が高いと報告した[6]。

その翌日の一二月四日付『労働新聞』の「革命的信念は命より貴重だ」と題された論説は「偉大な大元帥様たち（金日成主席、金正日総書記）に対する永遠に忠実な気持ちで胸を燃やし一片丹心の一路で、わが党と人民を導く敬愛する金正恩元帥さまに対する絶対的な信頼、これこそが今日、私たちの人民すべての革命的信念を永遠に揺るがせることなく奉じる礎石なのだ」と金正恩第一書記への忠誠を求めた[7]。

論説はその上で「敵の前に投降して別の道を歩く者だけが背信者ではない」とし、「このような情況ではこのように話し、そのような情況ではそんな話をし、難関の前でひざまずき動揺する者に対してどうして信念を語ることができるだろうか」と訴えた。論説は「信念がない人間は、その人間がどんな地位にありどんな仕事をしようが、いささかも容赦せず、峻厳な審判を与えなければならないということが人類良心の声だ」と主張し、「張成沢処断」を示唆した。同論説は「世の中に裏切り者ほど汚れた者はない」「変節者、裏切り者らは人間の良心など微塵もない俗物であり、歴史の汚物である」と口を極めて非難した。

そして、朝鮮労働党は二〇一三年一二月八日に金正恩党第一書記、国防委第一委員長の「指導」により、党中央委政治局拡大会議を開催し、金正恩の叔父である張成沢党行政部長（党政治局員、国防委副委員長）を「反党・反革命宗派（分派）行為」を理由にすべての職責から解任し、一切の称号を剝奪し、党から追放、除名するという党中央委政治局決定書を採択した。[8]

さらに国家安全保衛部特別軍事法廷が一二月一二日に開かれ、張成沢に対し「国家転覆陰謀」の罪で死刑の判決が下され、即日、執行された。

党政治局拡大会議では、張成沢党行政部長の事件を「最近、党内に隠れていた偶然分子、異色分子がチュチェの革命偉業継承の重大な歴史的時期に、朝鮮労働党の唯一的指導を骨抜きにしようとして、分派策動で自分の勢力を拡張し、あえて党に挑戦する危険極まりない反党・反革命的分派事件が発生した」とし、金正恩の唯一的領導体系の確立を妨害した事件と規定した。

拡大会議は「張成沢一党は党の統一団結を蝕み、党の唯一的指導体系を確立する事業を阻害する反党・反革命的分派行為を働き、強盛国家の建設と人民の生活向上を目指すたたかいに莫大な弊害を及ぼす反国家的・反人民的犯罪行為を働いた」と断罪した。

さらに「張成沢は表では党と首領に従うふりをし、裏では同床異夢、陽奉陰違（面従腹背）の分派的行為をこととした」とした。

ここで想起しなければならないのは、二〇一三年六月に「党の唯一的領導体系確立の十大原則」を改正した際に「党の統一団結を破壊し蝕む宗派（分派）主義、地方主義、家族主義をはじめとするあらゆる反党的要素と同床異夢、陽奉陰違する現象に反対し、強固に闘争しなければならない」という条項を挿入したという事実だ。さらに「徹底的に排撃する」対象のトップに「勢道（セド）」を挙げていたことだ。

「十大原則」の改正は、張成沢党行政部長の粛清に向けた準備作業と考えるしかないし、そのように周到に張成沢党行政部長の粛清が同年六月の時点ですでに準備作業が始まっていたということである。

国家安全保衛部特別軍事法廷の判決は、張成沢の罪状について①張成沢は、全党・全軍・全民の一致した念願と意思によって金正恩元帥を金正日総書記の唯一の後継者に高く推戴する重大な問題が討議される時期に、悪巧みをしながら指導の継承問題を陰に陽に妨げる千秋に許せない大逆罪を犯した、②一九八〇年代から李龍河のゴマすり野郎を、奴が他の役職に配置替えされる度に一緒に引き連れ党の唯一領導を拒否する分派的行動をして追い出されたその者を系統的に党中央委員会第一副部長の地位にまで引き上げて奴の腹心走狗に仕立て上げた、③部署と傘下部門の機構を大々的に拡大しながら国の全般的事業を掌握し、省や中央諸機関に深く網を張り巡らせるべく策動し、奴がいた部署を誰一人としても侵すことができぬ《小王国》に仕立て上げた、④一九八〇年代光復（クアンボク）（地区）建設時から貴金属をかき集めてきた張成沢は手元に秘密機関を作り置き国家の法は眼中になきが如しに銀行から巨額の資金を引き出して貴金属を買い込むことで国家の財政管理系統に巨大な混乱を招く反国家犯罪行為を敢えて犯した、⑤張成沢が奴に対する幻想と偶像化を助長させようと執拗に策動した結果、奴がいた部署と傘下機関のゴマすり分子、お追従分子たちは張成沢を「一号同志」とおだてあげながら、奴に褒められようとよりによって党の指示にも逆うまでに至った、⑥張成沢は部署と対象機関に対し、党の方針よりも奴の言葉をより重んじ聞き入れる異質的な事業系統を打ち立て、腹心走狗とお追従者どもが朝鮮人民軍最高司令官命令に服さないという反革命的な行為までもためらいもなく敢行できるようにした、⑦張成沢は党と国家の最高権力を簒奪するための第一歩として内閣総理の地位に就くという愚かしくもバカバカしい夢を追いつつ、奴がいた部署が国の重要経済諸部門をすべて掌握し内閣を無力化させることで国家の経済と人民生活を収拾のつかない破局へ追いたてようと画策した、⑧偉大なる将軍様が最高人民会議第一〇期第一次会議にて打ち立てた新しい国家機構系統を無視して内閣所属検閲監督諸機関を奴の配下に所属させ、委員会、省、中央機関と道、市、郡級機関を設立したり解消したりする問題、貿易及び外貨獲得部門と在外機構を組織する問題、生活費適用問題をはじめとした内閣に任された一切の機構事業とそれに関連するあらゆる問題を掌握し、奴の思いのままに牛耳ることで内閣の経済司令部としての機能と役割をまともに果たせないように麻痺させた、⑨張成沢は職権を濫用し偉大なる大元帥御両方（金日成、金正日）が打ち立てた首都建設に関連する事業系統を混乱させ数年のうちに建設建材諸基地をほとんど廃墟の如くに変え、狡猾な手法で首都建設部門技術者、技能工の隊伍を弱め、重要建設諸部門を腹心たちに引き渡し金儲けができるようにすることで平壌市建設を故意的に妨害した、⑩張成沢は石炭をはじめとする貴重な地下資源をむやみやたらと売りとばさせ、それで腹心たちがブローカーどもにだまされて大変な借金を負うはめとなり、本年の五月にはその借金を返すためだと羅先（ラソン）経済貿易地帯の土地を五〇年期限で外国に売り渡す売国行為もためらわなかった、⑪張成沢が二〇〇九年の一年間だけでも奴の秘密金庫から四六〇余万ユーロを引き出し使い尽くしたことと海外のカジノ通いまでした事実のみを見ても奴がどれほど堕落し変質したのかが知れる、⑫大同江（テドンガン）タイル工場に偉大なる大元帥御両方（金日成・金正日）のモザイク壁画と現地指導史跡碑を建立する事業を邪魔したのみならず敬愛する元帥様（金正恩）が朝鮮人民内務軍の軍部隊に送ってくださった親筆書簡を天然花崗岩に刻んで部隊指揮部庁舎前に鄭重にお飾りしようという将兵たちの一致した意見を黙殺したあげくに、しぶしぶと陰になった片隅に建立するように無理強いするという妄動に出た、⑬二〇〇九年、万古逆賊朴南基（パクナムギ）の奴をけしかけて数千億ウォンに上る紙幣を濫発しおびただしい経済的混乱を招来させ民心を惑わすべく背後操作した張本人もまさにこの張成沢だ、⑭張成沢は二〇〇九年からあらゆる淫乱で汚らわしい写真図画の数々を腹心走狗たちに流布させて資本主義の退嬰文化がわが国の内部に侵入するよう音頭を取り、あちらこちらで金をむやみやたらにばらまきながら浮華放蕩の生活を欲しいままにした――などの罪状を指摘した。

その上で、張成沢党行政部長が「一定の時期を見て経済が完全に挫折し国家が崩壊直前に至れば私がいた部署とすべての経済諸機関を内閣に集中させて私が総理の座に着こうと思った。私が総理になった後には今まで様々な名目で確保した莫大な資金で幾らかの生活問題を解決してやれば人民と軍隊は私の万歳を叫ぶはずで政変は順調に事を運べると計算した」と白状したとした。

一二月八日の党政治局拡大会議が「張成沢一党は党の統一団結を蝕み、党の唯一的指導体系を確立する事業を阻害する反党・反革命的分派行為を働き」としているように、この事件は金正恩の唯一的領導体系確立に向けた障害物の排除であった。それは権力継承の正統性の確立作業でもあった。

そして、政治局拡大会議の報道が「張成沢は表では党と首領に従うふりをし、裏では同床異夢、陽奉陰違（面従腹背）の分派的行為をこととした」としたように、この事件は、明示的ではないが、金正恩が事実上の「首領」であり、「首領」への絶対的忠誠心のない「勢道」を排除した事件であった。

金正恩は軍の実力者である李英鎬総参謀長を二〇一二年七月粛清し、続いて、二〇一三年一二月に党の実力者であった張成沢党行政部長を粛清することで、自らの唯一的領導体系の確立をさらに一歩進めた。

註

（1）北朝鮮が二〇一三年六月に新たな「十大原則」をつくったことは同年八月一二日の韓国紙『朝鮮日報』がスクープし、他のメディアも一斉に報じたことで一般に知られた。現在（本稿執筆時）は韓国の情報機関、国家情報院がホームページで掲載している「北韓法令集」に収録されている。

（2）金正日の十大原則制定時期については、国家情報院「北韓法令集」収録十大原則の注（1）参照。

（3）『聯合ニュース』2013・12・22「北 김정은, 6월 고위간부에게 '유일영도' 직접 연설」

（4）『労働新聞』2013・11・07「조일두 나라 제육대학 선수들 롱구경기 진행」

（5）『労働新聞』2013・12・01「위대한 김정일동지의 유훈을 끝까지 빛나게 실현해나가자」

（6）『聯合ニュース』2013・12・03「北 2인자 장성택 실각설…국정원 "측근 2명 공개처형"」

（7）『労働新聞』2013・12・04「혁명적신념은 목숨보다 귀중하다」

（8）『労働新聞』2013・12・09「조선로동당 중앙위원회 정치국 확대회의에 관한 보도」

第6章

第七回党大会

第七回党大会で「先軍」を評価し、今後も「先軍の旗印」掲げる

朝鮮労働党は二〇一六年五月六日から九日まで平壌で第七回党大会を開催した。党大会の開催は金日成（キムイルソン）時代の一九八〇年一〇月一〇日から一四日まで第六回党大会が開催されて以来、三六年ぶりであった。二〇一〇年九月の第三回党代表者会と二〇一二年四月の第四回党代表者会は党大会に準じる重要会議ではあったが、父、金正日（キムジョンイル）総書記時代に一度も開けなかった党大会を開催することで、北朝鮮が朝鮮労働党を中心として動くという正常な形への復帰を正式に制度化する大会となった。

金正日総書記は一九九七年一〇月に、党大会や党中央委全員会議（総会）を開催せず、党中央委と党中央軍事委の「特別報道」で総書記に推戴された。第三回党代表者会や第四回党代表者会では党総書記や党第一書記の推戴や党規約の改正などが行われたが、これらは、本来は党大会で行うべきことであった。三六年ぶりの党大会は朝鮮労働党の運営を党規約に沿ったものに正常化させるものであった。

金正恩(キムジョンウン)は大会初日と二日目の二日間にわたり約三時間にわたる党中央委事業総括報告を行った[1]。金正恩は報告冒頭の第一章「主体(チュチェ)思想、先軍(ソングン)政治の偉大な勝利」で一九八〇年の第六回党大会以来の内政面での成果を強調した。

報告は「主体思想は、世界的な大政治風波と度重なる難関の中でわが革命を主体の一路へと嚮導してきた百戦百勝の旗印であり、先軍政治は、わが党と人民が厳しい難局を克服して歴史の奇跡を創造するようにした勝利の宝剣であった」と総括し、「先軍政治」を「主体思想」と並べて評価し「勝利の宝剣」とした。

一九八〇年代後半の社会主義国家の崩壊に対し、「朝鮮労働党は、偉大な金正日同志の賢明な領導の下に偉大な首領の偉業を継承し、朝鮮革命の百戦百勝の進路である先軍革命路線を確固として堅持して先軍政治を全面的に実施した」とした。

さらに「先軍革命領導によって社会主義強国建設で一大転換を起こしたことにより、わが党は、銃を堅持すればいかなる逆境の中でも世界的な強国を打ち立てることができるという真理を実証し、民族の自主的発展と社会主義偉業遂行の新たな高い段階を切り開いた」とした。

その上で「わが国は今日、全社会が主体思想、先軍思想で一色化され、千万軍民が透徹した革命保衛精神と不屈の社会主義守護精神を備え、金日成民族の偉大な精神力で壮大な変革の歴史を創造していく不敗の思想強国として威力を轟かせている」とし、二〇一六年現在でも「全社会が主体思想、先軍思想で一色化され」ているとした。

金正恩の総括報告は一九八〇年代後半から九〇年代初めの社会主義陣営の崩壊期にあって北朝

鮮が体制守護をなし得たのは「先軍政治」の偉業であり、第七回党大会時点でも「全社会は主体思想、先軍思想で一色化された」と総括した。

さらに金正恩は総括報告の第二章「社会主義偉業の完成のために」では、最初に「全社会の金日成・金正日主義化」を挙げた。「全社会の金日成・金正日主義化はわが党の最高綱領である」とした。

金正恩は「全社会を金日成・金正日主義化するということは、社会の全ての構成員を真の金日成・金正日主義者へと育て、政治と軍事、経済と文化をはじめとするあらゆる分野を金日成・金正日主義の要求通りに改造して人民大衆の自主性を完全に実現していくということを意味する」とし、「偉大な主体思想、先軍思想に基づいて社会主義偉業の終局的勝利のための革命理論と領導方法を全面的に体系化し、社会生活の全ての分野を人民大衆の自主的志向と要求に合致するように革命的に改造、変革していく道を明示しているところに、わが時代の完成された革命の指導思想としての金日成・金正日主義の特出した歴史的地位と百勝の威力がある」とした。さらに「全社会を金日成・金正日主義化することは、偉大な首領らの思想と意図の通りに革命と建設を推進していき、首領と将軍が祖国と革命、時代と歴史に対して築き上げた不滅の業績を輝かせていく聖なる闘争である」とした。

ここでも「全社会を金日成・金正日主義化しよう」というスローガンが繰り返されるが、「金日成・金正日主義」とは何かという命題は十分に明らかにされず、結局は「主体思想」と「先軍思想」に帰結せざるを得ないということを露呈している。

そして「全社会の金日成・金正日主義化を実現する上で今日われわれの前に提起される基本的闘争課題は、社会主義強国建設偉業を完成させることである」とし、「社会主義強国建設は、全社会を金日成・金正日主義化するための闘争の歴史的段階であり、それは社会主義の基礎を固めて社会主義の完全勝利を収めていく過程となる」とした。

さらにその「社会主義強国建設」は思想、技術、文化の「三大革命」と「自彊(じきょう)力第一主義(チャヤガン)」によって実現されるとした。金正恩は二〇一六年元日の「新年の辞」で「自彊力第一主義」を新たなスローガンとして掲げた[2]。

「金日成・金正日主義」とは何なのかはほとんど語られず、全社会を金日成・金正日主義化する「基本闘争課題」は「社会主義強国建設」であるという論理転換が行われた。

事業総括報告では「自彊力第一主義」は「自らの力と技術、資源に依拠して主体的力量を強化し、自らの前途を開拓していく革命精神である」と説明した。しかし、本質的には北朝鮮が建国以来、主張している「自力更生」路線を言い換えただけであった。

金正恩は今後の方針部分である第二章「社会主義偉業の完成のために」の最後で「政治・軍事的威力の強化」について言及し、ここで「先軍革命路線を恒久的な戦略的路線として堅持し、軍事強国の威力を各方面から強化すべきである」と述べ、「先軍革命路線」を「恒久的な戦略的路線」とし、「先軍革命路線」を今後も継続する姿勢を示した。さらに「帝国主義者らとの長期的で先鋭化した対決の中で社会主義偉業の勝利を成し遂げるには、先軍の旗印を変わることなく高く掲げ、革命武力、国防力の強化に引き続き大きな力を注がなければならない」とした。

金正恩は党中央委事業総括報告で「先軍革命路線を恒久的な戦略路線」とし、今後も「先軍の旗印」を変わることなく高く掲げるとした。

第七回党大会の開催自体が朝鮮労働党による国家運営を正常化させるものであったが、金正恩はそれでも先軍革命路線の継続を訴えた。

金正恩は第七回党大会で朝鮮労働党委員長に推戴され、それまでの「第一書記」から「党委員長」に職責名を変えた。[3] さらに、党書記局は「党政務局」に再編された。また。第七回党大会では二〇一六年から二〇二〇年までの「国家経済発展五カ年戦略」が決定された。

自らの時代のイデオロギーとしての「金日成・金正日主義」

金正恩政権になり最初に出た思想的スローガンは「主体・先軍・社会主義の道」だった。いわば金日成主席の「主体思想」、金正日総書記の「先軍思想」を継承し、社会主義を擁護するというある意味で、北朝鮮としては最も無難な路線を提示した。

その後、「金日成・金正日主義」というスローガンが登場した。

金正恩が初めて発表した「新年の辞」である「二〇一三年の新年の辞」では、「主体」という言葉は一三回も使われたが「主体思想」という言葉は姿を消した。同じように「先軍」という言葉は六回使われたが「先軍思想」は登場しなかった。それに代わって登場したのは「金日成・金正日主義」だった。

そして、金正恩は二〇一六年五月の第七回党大会での党中央委事業総括報告で、金正恩時代のイデオロギーとして「金日成・金正日主義」を挙げた。金正日時代には「全社会の金日成主義化」が主張されたが、これに対応し、金正恩時代では「全社会の金日成・金正日主義化」を主張した。「金日成・金正日主義」は「偉大な金日成同志が創始し、金日成同志と金正日同志が深化、発展させた主体思想と、それによって明らかになった革命と建設に関する理論と方法の全一的な体系」と説明された。

金正恩は「全社会の金日成・金正日主義化を実現する上で今日、われわれの前に提示される基本的闘争課題は社会主義強国建設偉業を完成させることである」とした。

注目すべきは、思想的な結合集団として規定することについても「金日成主席の主体思想、金正日総書記の先軍思想」を基盤とするのではなく、これを融合させた「金日成・金正日主義」という一つの思想に結実させた点である。これは金正日総書記が主体思想の解釈権を掌握し、全社会を金日成主義化することで体制基盤を固めたように、「金日成・金正日主義」という新たな思想の枠組みを提示し、その枠組みを作り上げた金正恩党委員長に思想的な解釈権を与え、全社会を「金日成・金正日主義化」する権限を金正恩党委員長に付与することで、金正恩時代の権力基盤を強固にする狙いがあるのではないかと思われた。

しかし、これは、金正恩党委員長に「『金日成・金正日主義』とは何か?」という思想的な課題を担わせることになった。朝鮮労働党は七〇年の歴史の中で、主体思想、あるいは先軍思想とは何かという点には蓄積されたものがあるが、「『金日成・金正日主義』とは何か?」についてそれほど深く広範な蓄積があるとはいえない。主体思想とは何か、先軍思想とは何かという問い掛けを総合し、融合させる新たな整理が必要になってくる。その作業が金正恩時代のイデオロギー的課題になった。

また、金正恩は活動報告の中で「今日、われわれが信じるものはただ自分の力しかない」とした上で、「自らの力と技術、資源に依拠して主体的力量を強化し、自らの前途を開拓していく革命精神」である「自彊力第一主義」を掲げた。

「自彊力第一主義」は二〇一六年の「新年の辞」で初めて登場した言葉である。北朝鮮はこれまでも「自力更生」を強調してきたが、金正恩第一書記が二〇一六年の新年に当たり、同じ意味ながら「自彊力第一主義」という新たなスローガンを掲げ始めた背景には、国際社会からの制裁強化を予測、自力で耐えていく方針を打ち立てていたと考えられる。

その後は「自力・自彊」という言葉も生まれている。これまでの「自力更生」と「自彊力第一主義」を結合させたものである。

金正恩は「主体革命を最終勝利に導く偉大な領導者」

第七回党大会では朝鮮労働党の規約改正が行われたが、内容は詳細には報じられなかった。ただ、『労働新聞』が二〇一六年五月一〇日付で党規約改正の決定書を解説する記事を掲載し、概要が判明した(4)。その後、脱北者らがつくる「自由北韓放送」は六月七日にネット上で五二ページからなる「朝鮮労働党規約」の冊子を入手したと報じ、その全文が明らかになった。

党の最高ポストは「朝鮮労働党委員長」となり、これまでの「第一書記」から「党委員長」に置き換わった。改正された規約では「朝鮮労働党委員長は党の最高領導者である。朝鮮労働党委員長は党を代表し、全党を領導する」と規定された。最高職責は「党中央委委員長」ではなく「党委員長」となった。朝鮮労働党は一九六六年一〇月の党中央委第四期第一四回総会で、中央委員会の委員長、副委員長制を廃止し、総書記、書記の体制に改編した。その後、金日成は「党中央委総書記」に選出された。金日成主席死後の一九九七年一〇月に、党大会や党中央委全員会議などを開かずに、金正日は「党総書記」に「推戴」された。これ以降、金正日は「党中央委総書記」ではなく「党総書記」の職責にあった。金正日の死後、金正恩もまた二〇一二年四月の第四回党代表者会で党の最高位に就いたが「党中央委第一書記」ではなく、「党第一書記」に推戴された。党の最高職責を党中央委が選出するのではなく、党全体が推戴する形を取ったとみられた。

また、党規約改正では、金日成主席、金正日総書記、金正恩党委員長の最高指導者としての概念を整理し、それを党規約に書き込むことで定型化した。

金日成主席については「偉大なる金日成同志は、朝鮮労働党の創建者であり、永遠の首領である」と規定した。

金正日総書記については「偉大なる金正日同志は朝鮮労働党の象徴であり、永遠の首班である」と規定した。

金正恩党委員長については「敬愛する金正恩同志は、朝鮮労働党を偉大な金日成同志と金正日同志の党として強化発展させ、主体革命を最終勝利に導く朝鮮労働党と朝鮮人民の偉大な領導者である」と規定した。

旧規約は「朝鮮労働党は偉大な金日成同志と金正日同志の党である」とし、金日成主席の業績と金正日総書記の業績を称え、「敬愛する金正恩同志は、偉大な金日成同志と金正日同志の革命偉業を勝利へと導く朝鮮労働党と朝鮮人民の偉大な領導者」であると規定されていた。旧規約は先代と先々代の偉業を称え、金正恩はこの「革命偉業」を勝利へ導く「偉大な領導者」であったが、改正規約は金正恩を金日成主席、金正日総書記と並べて同等に扱う色彩がやや強まったように見えた。

また第四回党代表者会で改正した党規約では「朝鮮労働党は、偉大な金日成同志と金正日同志の党である」と規定したが、「朝鮮労働党は偉大なる金日成・金正日主義の党」であると改正された。党の意味づけを属人的な記述から理念的記述に変更し、党規約の冒頭に「金日成・金正日主義の党」が明文化された。

註

（1）『労働新聞』２０１６・05・09「〈조선로동당 제7차대회 결정서〉 조선로동당 중앙위원회 사업총화에 대하여」

（2）『労働新聞』２０１６・01・01「〈우리의 운명이고 미래이신 경애하는 김정은동지를 일편단심 받들어모시렵니다〉 신년사 김정은」

（3）『労働新聞』２０１６・05・10「〈조선로동당과 조선인민의 위대한 령도자 김정은동지께 최대의 영광을 드립니다〉〈조선로동당 제7차대회 결정서 주체１０５（２０１６）년 5월 9일〉 경애하는 김정은동지를 우리 당의 최고수위에 높이 추대할데 대하여」

（4）『労働新聞』２０１６・05・10「조선로동당 제7차대회에서 《조선로동당규약》 개정에 대한 결정서 채택」

第7章
人民大衆第一主義

「人民大衆第一主義」の登場

金正恩(キムジョンウン)は先述のように二〇一三年一月の第四回党細胞書記大会で初めて「人民大衆第一主義(インミンテージュンジェイルチュイ)」という自身の時代の思想的核となる概念を示した。

そして二〇一四年の「新年の辞」では「人民大衆第一主義」という言葉は使われなかったが、「幹部は、革命の指揮メンバー、人民の忠僕としての本分を尽くすためひた走りに走らなければならない」、「幹部は人民の要求と利益を活動の絶対的基準とし、ひたすら人民が望み喜ぶ仕事をし、どんなことをしても人民に恩恵が施されるようにしなければならない。また、人民の要求、大衆の声に限りなく誠実であるべきであり、常に人民のために献身する人民の真の忠僕として生き働かなければならない」と訴えた(1)。

そして二〇一五年の「新年の辞」では「母なる党の本性に合わせて党活動全般を人民大衆第一主義で一貫させて、全党に人民を尊重し、人民を愛し、人民に依拠する気風がみなぎり、党活動の主力が人民生活の向上に向けられるようにすべきである。すべての党組織と党活動家は勢道(セド)

（権勢）と官僚主義を徹底的に克服し、人民を温かく見守り導いて、彼らがみなわが党を母として信じて頼り、最後まで党と運命をともにするようにしなければならない」と強調し、「新年の辞」にも「人民大衆第一主義」が登場した。(2)

金正恩は二〇一五年一〇月一〇日の党創建七〇周年の軍事パレードでの演説で「偉大な金日成・金正日主義は本質において人民大衆第一主義であり、わが党の存在方式は人民のために服務することである」と強調した。(3)

その上で「わが党は歴史上初めて人民重視、人民尊重、人民愛の政治を広げ、生涯、人民のためにすべてを捧げた偉大な首領さまと将軍さまの高貴な意志を受け、今日も、明日も、永遠に人民大衆第一主義の神聖な歴史を彩っていくものである」とした。

金正恩の二〇一六年の「新年の辞」では「人民大衆第一主義」という言葉は使われず「党組織と国家機関は、人民重視、人民尊重、人民愛の政治を具現して人民の要求と利益を絶対視し、人民の政治的生命と物質・文化生活を責任を持って最後まで見守るべきだ。各党組織は民心をとらえて広範な大衆を党の周りに固く結束させ、幹部の間で一心団結を蝕み、破壊する勢道（権勢）と官僚主義、不正腐敗行為に反対する闘争を力強く展開しなければならない」と述べ、「人民重視、人民尊重、人民愛の政治」を強調した。(4)

「人民大衆第一主義」の定式化

金正恩は二〇一六年五月の第七回党大会における党中央委員会事業総括報告で、「党活動全般に人民大衆第一主義を徹底的に具現しなければならない」と語り、「人民大衆第一主義」を党活動の指針として定式化した。

報告では「人民大衆第一主義を具現するのは、人民大衆のためにたたかい、人民大衆に依拠して活動するわが党の本性的な要求である。すべての党事業と党活動を人民大衆を中心に据えて行わなければならない。全党に人民の力を信じ、人民に依拠する気風があふれるようにし、党事業の主な力を人民の福利増進に向けなければならない。『全党が偉大な人民のために滅私服務しよう！』、これが今日、わが党が掲げていくべき闘争スローガンである」とした[5]。

そして「われわれは、人民を尊重し、人民の運命を守り、人民の利益と便宜を最優先、絶対視することを鉄則にしなければならない。党活動家と党員は、党の人民重視、人民尊重、人民愛の志を心に刻み、人民に限りなく謙虚でなければならないし、新雪の道を先頭でかき分けて、人民が願うこと、人民が恩恵に浴することを一つでも多く探して行う人民の真の忠僕にならなければならない」とした。

さらに「こんにち、党活動に人民大衆第一主義を具現するうえで勢道と官僚主義、不正・腐敗行為は少しも許せない『主敵』である」とし、「勢道と官僚主義、不正・腐敗行為」を「人民大衆第一主義」の「主敵」と規定した。

第七回党大会では党規約の改正が行われた。二〇一二年改正の党規約の序文部分で「朝鮮労働党は、階級路線と群衆路線を徹底して貫徹し、党と革命の階級陣地を堅く固め、人民の利益を擁護し、人民のために服務し、人民大衆の運命の責任を持つ母なる党としての本分を全うしていく」となっていたが、これを「朝鮮労働党は、党建設と党活動を人民大衆第一主義に一貫させて、階級路線と軍中心路線を徹底的に貫徹し、党と革命の階級陣地を堅く固め、人民の利益を擁護し、人民のため滅私服務し、人民大衆の運命に責任を持つ母なる党としての本分を全うしていく」と改正し、党建設と党活動において「人民大衆第一主義」を基本路線とするとした。

「人民大衆第一主義」は党大会における金正恩の事業総括報告で党活動の指針とされ、党規約でも党の基本路線として書き込まれたことで、名実ともに朝鮮労働党の基本路線となった。

北朝鮮においては金日成時代も金正日時代もつねに「人民」が強調されてきた。金日成主席も金正日総書記も「以民為天」を座右の銘にしてきたという主張に現れているように、「すべては人民のために」が中心的なテーゼであった。金正日時代には「仁徳政治」「広幅政治」が強調された。金正日総書記は一九九四年発表の論文「社会主義は科学である」において、「人民大衆中心の社会主義は、社会生活のすべての分野に同志的団結と協力、愛情と信頼の関係を最も立派に具現し、政治も愛情と信頼の政治にかえる。愛情と信頼、これは人民大衆が政治の対象から政治の主人となった社会主義社会において政治の本質をなしている」とし、「われわれは愛情と信頼の政治を仁徳政治と称している」とした[6]。

金日成・金正日時代との違い

金正恩時代の「人民大衆第一主義」は先代や先々代とどういう違いがあるのだろうか。

第一は「人民生活の向上」をより明確に志向している点だ。第2章で触れたように、金正恩は二〇一二年四月一五日の金日成主席誕生一〇〇周年の軍事パレードでの演説でも「世界で一番良いわが人民、万難の試練を克服して党に忠実に従ってきたわが人民が、二度とベルトを締め上げずに済むようにし、社会主義の富貴栄華を思う存分享受するようにしようというのがわが党の確固たる決心である」とし、「われわれは、偉大な金正日同志が経済強国の建設と人民生活の向上のためにまいた貴重な種を立派に育てて輝かしい現実として開花させなければならない」と、「人民生活の向上」を課題に上げた。金正恩時代の「人民大衆第一主義」が「人民生活の向上」を実現したとはとても言えないが、金正恩時代に「人民大衆第一主義」が掲げる最大の目標が「人民生活の向上」にあることは感じ取れる。二〇一七年の「新年の辞」では「私を固く信じて一つの心、一つの意志によって熱烈に支持してくれる世界で最も良いわが人民を、どのようにすれば神聖にさらに高く奉じることができるのかという心配のために心が重くなる。いつも気持ちばかりが先走って能力が及ばない悔しさと自責の念の中で昨年一年を送ったが、今年はますます奮起して身も心も捧げて人民のためにより多くのことを探し求めて行う決心を固めることになる」と語り、自らの至らなさを嘆いた。(7)

また二〇二〇年一〇月一〇日の党創建七五周年の軍事パレードでの演説では「天のようで海のようなわが人民のあまりにも厚い信頼を受けるだけで、ただの一度も満足に応えることができず、本当に面目ない」とし、「私は、全人民の信頼を得て、金日成同志と金正日同志の偉業を継承して、この国を導いていく重責を担っているが、まだ努力と真心が足りず、わが人民は生活上の困難を脱することができずにいる」と述べ、涙ぐんだ。(8)

「人民生活第一主義」の最大の隘路は、「人民生活の向上」を叫びながらも、まったくそれが実現していないという点にある。

第二は、幹部政策、民心離反防止としての「人民大衆第一主義」である。二〇一二年四月六日「談話」では「幹部は、人民のために自己のすべてを捧げなければならない。幹部のために人民がいるのではなく、人民のために幹部がいる」と述べた。また、二〇一六年の第七回党大会の報告では「人民大衆第一主義」の敵として「勢道、官僚主義、不正腐敗」を挙げ、党幹部たちが人民のために「滅私服務」することを求めた。

これは最高権力者が人民の側に立ち、党幹部の「勢道、官僚主義、不正腐敗」を非難することで人民の離反を防ごうという意図が裏にあるとみられる。社会主義国家の多くが崩壊したのは、ある意味では人民がこうした党幹部たちの「勢道、官僚主義、不正腐敗」に抵抗し、これとの闘争に立ち上がったためだ。金正恩は「人民大衆第一主義」を掲げることで、党幹部たちに対する統制、管理を強化するとともに、民心の離反を防ぐ最高権力者の心情を人民大衆に伝達するという二重の機能を狙ったというべきだろう。

第三は継承の側面である。金日成主席、金正日総書記は「以民為天」を座右の銘にしたとされるが、「人民を天とする」という思想が金日成、金正日、金正恩の三代にわたる一貫した思想であり、「人民大衆第一主義」が、金正恩が独自に打ち立てたものではなく、チュチェ思想の「人民が主人」という考えをルーツにする思想の継承であるとし、三代にわたる世襲を正統化すると同時に、三代の最高指導者の素晴らしさを傍証する役割を果たしているといえる。

第四には、しかしながら、「人民大衆第一主義」というスローガン自体は金正恩時代になって登場したものであり、金正恩の思想という側面を持っている。金正日総書記の「仁徳政治」や「幅広政治」には上から下への方向性が強いが、「人民大衆第一主義」には人民の立場でという視点を強調し、父との差別化を図っている側面もある。

第五に、金正恩政権は「人民大衆第一主義」という親人民的スローガンを掲げることで、ようやく自分の時代の思想的な核、思想的な求心点を見つけたといえる。これは思想の国、北朝鮮では極めて大きな意味を持つ。金正恩政権の正統性を示すスローガンとしての「人民大衆第一主義」の効果は大きい。

しかし、金正恩政権は「人民大衆第一主義」を政権の核心的なテーゼとして抱えることで、「人民生活の向上」をさらに人民から要求されるというジレンマにも直面するであろう。それが、明確な民心離反にならなくとも、「人民生活の向上」が実現しなければ「人民大衆第一主義」というスローガンの求心力は弱化せざるを得ないという問題に直面することも事実であろう。

註

（1）『労働新聞』2014・01・01「〈우리의 운명이고 미래이신 경애하는 김정은동지를 천만년 높이 받들어 모시렵니다〉 신년사 김정은」

（2）『労働新聞』2015・01・01「〈우리의 운명이시고 미래이신 경애하는 김정은동지를 일편단심 받들어 모시렵니다〉 신년사 김정은」

（3）『労働新聞』2016・10・11「조선로동당창건 70돐경축 열병식 및 평양시군중시위에서 하신 우리 당과 국가、

군대의 최고령도자 김정은동지의 연설」

(4)『労働新聞』2016·01·01「〈우리의 운명이고 미래이신 경애하는 김정은동지를 일편단심 받들어모시렵니다〉 신년사 김정은」

(5)『労働新聞』2016·05·09「〈조선로동당 제7차대회 결정서〉 조선로동당 중앙위원회 사업총화에 대하여」

(6)『労働新聞』1994·11·04「사회주의는 과학이다」

(7)『労働新聞』2017·01·01「우리의 운명이시고 미래이신 경애하는 최고사령관 김정은동지를 일편단심 받들어 모시렵니다 신년사 김정은」

(8)『労働新聞』2020·10·10「조선로동당창건75돐경축 열병식에서 하신 우리 당과 국가、무력의 최고령도자 김정은동지의 연설」

第8章
わが国家第一主義

「わが民族第一主義」から「わが国家第一主義」へ

金正恩(キムジョンウン)は二〇一九年元日の「新年の辞」で「すべての党員と勤労者は情勢と環境がどう変わろうとも、わが国家第一主義を信念とし、われわれ式に社会主義経済建設を力強く推し進め、代を継いで守り抜いてきた大切な社会主義わが家を、これ見よとばかりに、われわれの手で立派に打ち立てる愛国の熱意を抱き、誠実な血と汗で祖国の偉大な歴史をつづっていくべきである」と語ったことで、「わが国家第一主義」は金正恩の新たな指導理念として登場した[1]。

これ以降、党機関紙『労働新聞』などで「わが国家第一主義」に関する論評などが頻繁に登場するようになる。一方で、金正恩の父、金正日(キムジョンイル)総書記は「わが民族第一主義」を提唱していた。金正恩が「わが国家第一主義」を定式化したことで、金正日総書記の提唱した「わが民族第一主義」は北朝鮮の公式論調から消えていくことになるが、そこに葛藤はなかったのだろうか。北朝鮮がどのように「わが民族第一主義」から「わが国家第一主義」へと「衣替え」をしていくのか検証する必要がある。

これまでの先行研究の多くは北朝鮮の公式メディアに「わが国家第一主義」が登場したのは『労働新聞』二〇一七年一一月三〇日付の社説「祖国の青史に永久に輝く民族の大慶事、偉大な朝鮮人民の大勝利」とするものが多い[2]。

北朝鮮は前日の一一月二九日、新型大陸間弾道ミサイル（ＩＣＢＭ）「火星15」の発射実験に成功し、金正恩は「国家核武力の完成」を宣言した。

これを受けた同社説は「すべての幹部と党員と勤労者は、わが国家第一主義、わが民族第一主義を心臓深く刻んで社会主義わが祖国を限りなく輝かすため生の瞬間瞬間を英雄的闘争と偉勲の叙事詩ではっきり刻まなければならない」と強調した。

ただ、この社説の主な論調は「わが国家第一主義」にあるというよりは、前日の「火星15」発射実験の成功により「われわれは自力更生の軌道の上で数千年民族史を尽くしても迎えられなかった偉大な大勝利を成し遂げた」とするものであった。その成功の上に立ち、「みなが最高指導者金正恩同志の指導にしたがってチュチェ朝鮮の尊厳と威容を万邦に轟かしたその気勢、その気迫で反米対決戦と社会主義強国建設の最後の勝利のために力強く闘おう」と訴えた。北朝鮮における「わが国家第一主義」が新型ＩＣＢＭの発射実験の成功の翌日に登場したということが、「わが国家第一主義」が北朝鮮の核・ミサイル開発の進展によって生み出されたという印象を持ちがちだが、それは一部でしかない。

北朝鮮メディアに「わが国家第一主義」が最初に登場したのは同社説ではなく、同年一一月二〇日付『労働新聞』に掲載された政論「非常に確固たる信念を持って疾風怒濤のように進もう」

ではないかと推定する。(3)

同政論は、二〇一七年一〇月七日に開催した党中央委第七期第二回全員会議（総会）以降の経済的な成果を強調する中で、「どうしてそれだけだろうか。空を飛ぶ私たちの軽飛行機、江原（カンウォン）の地にそびえ立つ発電所、わが人民の誰もがお気に入りの『チョルチュク（ツツジ）』ブランドの靴下と、かわいい子供たちが担いで通っている『マツ』ブランドのカバンから、黎明（リョミョン）通りの総合商業区の売り場に積まれた『メボンサン』ブランドの靴に至るまで、この地に鈴なりになっている創造と幸福のすべての実はすべて、わが民族第一主義、わが国家第一主義を見事実践されたあの方（金正恩）の偉大な手で用意されたものである」とした。

つまり、「わが国家第一主義」の初出は「核・ミサイル」に関連したものではなく、まさしく「経済建設」に邁進する「わが国家」という文脈で語られたと見られるということだ。二〇日付「政論」は社会主義強盛国家建設の「盛」の部分に力点が置かれ、三〇日付社説は「強」の部分に力点が置かれた。北朝鮮は一一月二九日の国家核武力の完成、二〇一八年二月のトランプ前米大統領の米朝首脳会談の約束というプロセスを経て、二〇一八年四月の党中央委第七期第三回総会で「並進路線」を終了させ経済建設に集中する路線を提示した。ここへ向かう過程の中で「わが国家第一主義」が国内的に議論され、二〇一九年の「新年の辞」で定式化されたといえる。

興味深いことは「政論」も「社説」も「わが国家第一主義」だけでなく、金正日総書記によって提唱された「わが民族第一主義」を並列して提示していることだ。これは「わが国家第一主義」が「わが民族第一主義」を否定するものではないことを示すための配慮であったとみられる。

しかし、その後二〇一七年の一二月に内閣・最高人民会議の機関紙『民主朝鮮』では、「わが国家第一主義」についての「解説」が三回も掲載された。

わが国家第一主義の本質

『民主朝鮮』二〇一七年一二月一〇日付の「〈解説〉わが国家第一主義の本質」という解説記事は「わが国家第一主義はまずチュチェ朝鮮の強大性と優越性に対する矜恃と自負心である。国と民族の偉大さは、領土の大きさや人口にあるのではなく、国と民族を導く指導者の偉大さにある」と規定した。その上で「偉大な首領が偉大な国を打ち立てる」とし、首領が偉大であれば、小さい国も偉大な時代思想の祖国として、政治軍事強国として、国中に光を輝かせることができ、富強祖国建設で世紀的な奇跡を創造することができることは、わが人民が実生活を通じて体験した哲理だ」とし、「わが国家第一主義は絶世の偉人たちであられる偉大な首領たちを主体の社会主義朝鮮の永遠の首領として、世の中で最も偉大な敬愛する元帥さまをわが国家の最高首位に高く奉じた矜恃と自負心だ」とした[4]。

第二の本質は「国家社会制度の堅固性と優越性はその人民的性格に掛かっている」とした。「人民大衆第一主義を具現しているわが国の社会主義体制は、人民大衆がすべての主人であり、すべてのことが人民大衆のために服務する人民大衆中心の社会主義である。わが党が提唱した『すべてを人民のために、すべてを人民大衆に依拠して！』というスローガンの下、人民重視、人民尊重、人民への愛の政治が具現したわれわれ式の社会主義は、われわれ人民の大きな自慢である」とし、人民大衆第一主義に依拠したわが国家第一主義の優越性を強調した。

第三の本質は「国と民族の自主権と発展権、生存権は国力によって担保される」とした。米帝国主義をはじめとする敵対勢力の策動にもかかわらず「わが共和国は一心団結と自力自彊、科学技術の威力で、チュチェの核強国、世界的な軍事強国を打ち立て、経済強国、文化強国建設にも奇跡的な成果を挙げている」とし、「わが国家第一主義はわが共和国の限りなく強い国力に対する矜恃と自負心だ」と位置づけた。

第四の本質は「わが国家第一主義は、またわれわれ式の社会主義祖国の尊厳と位相をさらに高く轟かせていこうとする覚悟と意地だ」とし、「わが国家第一主義はわが祖国を永遠の偉大な金日成、金正日祖国とし、栄光の金正恩朝鮮として輝かして行こうという覚悟と意志である」とした。

要するに、「わが国家第一主義」は①偉大な指導者、②人民大衆第一主義、③核兵器を持った強い国力、④われわれ式社会主義を背景に社会主義強国を建設しようという「覚悟と意志」の表現ということのようであった。

『民主朝鮮』一二月一六日付の「わが国家第一主義の思想精神的源泉」と題された「解説」は「わが国家第一主義の思想精神的源泉である金正日愛国心は、まずわが軍隊と人民が最後の勝利を早めるために今日の全民総突撃戦で栄光の勝利者になるように鼓舞、推し立てる貴重な思想精神的様式である」とし、「わが国家第一主義」の思想的な源泉は金正日愛国主義にあるとした。「わが国家第一主義の思想精神的源泉である金正恩愛国主義はまた、活動家たちと勤労者たちを社会主義強国建設のための英雄的な偉勲創造にも力強く轟かせる最も威力のある推進力である」とした[5]。

『民主朝鮮』二〇一七年一二月二七日付の「解説　わが国家第一主義の基本要求」は、「わが国家第一主義」が要求する四つの要素を人民に求めた。第一は「偉大な首領様と偉大な将軍さまの富強祖国建設思想と業績を断固、擁護、固守し、輝かせていくことである」とし、先代、先々代の最高指導者、すなわち、金日成主席、金正日総書記の思想と業績を擁護していくことを求めた[6]。

第二は「敬愛する最高指導者同志がいらっしゃれば、社会主義強国建設の最後の勝利は確定的という絶対不変の信念を持って、最高指導者同志の思想と領導を忠実な気持ちで奉じていくことだ」とし、金正恩への忠誠を求めた。

第三に「国の建設と活動で、自主の旗、自彊力第一主義の旗を高く掲げて、私たちの国の優越性と威力をさらに強化し、全世界に誇示するものである」とし、自主と自彊力を求めた。解説は「朝鮮労働党第七回大会が明らかにした国の経済発展五カ年戦略を実行するための闘争に全党、全国、全民が立ち上がった今こそ、自彊力第一主義のスローガンをさらに高く掲げなくてはならない時である」とした。

第四に「国家社会生活のすべての分野で人民大衆第一主義を徹底して具現し、幸せと喜びにあふれた人民の笑い声がより高く響かせるものである」とし、人民大衆第一主義の実践を要求した。

解説記事は「すべての活動家と勤労者は、わが国家第一主義の基本的な要求を深く体得し、実践活動に徹底的に具現することで、敬愛する最高指導者同志の社会主義強国建設構想を輝かしく実現していかなければならない」とした。

この解説記事では「わが国家第一主義」に要求されているのは①金日成主席、金正日総書記、金正恩党委員長（当時）への忠誠、②自主、自彊力、③人民大衆第一主義である。『民主朝鮮』に三回にわたり掲載された「わが国家第一主義」とは、①金日成主席、金正日総書記、金正恩党委員長への忠誠、②人民大衆第一主義、③金正日愛国主義、④核保有を実現した国防力、⑤自主、自彊――を基礎に「社会主義強国」を建設することを人民に求めるものであった。

こうした北朝鮮メディアの内容を見ると、公表はされていないが、金正恩が「わが国家第一主義」について内部的な談話のようなものを発表したのではないかという可能性を感じる。奇妙なことに『労働新聞』ではそうした解説は出ていない。解説がすべて『民主朝鮮』に出たことを考えれば、「わが国第一主義」は「経済建設」に力点を置いて、先述のような要素を基礎に経済建設に邁進することを求めたものと推論する。

興味深いのは「わが国家第一主義」という概念が二〇一七年一一月に提示されたにもかかわらず、二〇一八年には散発的に「わが国家第一主義」が論じられ、本格的な展開は二〇一九年元日の「新年の辞」以降になったことだ。なぜ二〇一八年に本格的な展開をせず、二〇一九年以降になったのだろうか。これは北朝鮮の二〇一八年の外交路線の転換、米朝、中朝、南北首脳会談という首脳会談を精力的に展開する中で、「わが国家」の位置づけでいろいろな可能性を考えたのではないかと考えられる。

二〇一八年には『労働新聞』には一〇件の記事に「わが国家第一主義」が登場し、『民主朝鮮』には五件の記事に登場した。

「戦略国家」という自己評価の登場

金正恩党委員長は二〇一七年一二月二一日の「朝鮮労働党第五回細胞委員長大会」の「開会の辞」で「最近、わが共和国核戦力の急速な発展は世界政治構図と戦略的環境に大きな影響を及ぼしている」とし、「朝鮮半島情勢とわれわれを取り囲む諸般の国際政治情勢を通報し、米国に実際の核威嚇を加えられる戦略国家に急浮上したわが共和国の実体をこの世の誰も否定することができなくなった」と強調した[7]。

北朝鮮は二〇一七年一一月二九日に新型ICBM「火星15」の発射実験に成功し、金正恩党委員長は国家核武力の完成を宣言した。金正恩党委員長は米国を攻撃できるICBMを保有したことで（北朝鮮がICBMの大気圏再突入の技術を獲得したかどうかは分からないが）、米国に実際に核威嚇を加えられる「戦略国家」になったと自己評価した。

さらに金正恩党委員長は二〇一八年元日の「新年の辞」でも「今年、われわれは栄えある朝鮮民主主義人民共和国創建七〇周年を迎える。金日成(キムイルソン)同志と金正日同志の最大の愛国遺産である社会主義のわが国家を世界が公認する戦略国家の堂々たる地位に引き上げた偉大な人民が、自分の国家の創建七〇周年を盛大に記念するのは実に意義深いことだ」と語り、北朝鮮が「戦略国家」という「堂々たる地位」に到達したと自己評価した[8]。

北朝鮮は二〇一八年から対話路線に転じて積極的な首脳外交を行うが、その背景には金正恩党委員長が「戦略国家」という自国認識を持ったことが大きな影響を与えたとみられる。
これは「わが国家第一主義」という金正恩時代の理念形成にも大きな影響を与えたとみられた。

「わが国家第一主義」と「わが民族第一主義」の異同

「わが民族第一主義」は金正日総書記が提唱したもので、金正日総書記は一九八六年七月一五日に朝鮮労働党中央委員会の幹部との談話「チュチェ思想教養におけるいくつかの問題について」で「わが民族第一主義」に言及し、定式化された。一九八〇年代後半に社会主義国家の改革開放などの動きが進む中で、北朝鮮がそうした国々とは異なった存在だということを強調する中で提唱された理念であった。

金正日総書記は「革命が国家と民族を単位にして行われている状況のもとで、個々の国の革命と建設における主体はあくまでもその国の人民だ。世界革命にたいして担っているわが党と人民の第一の任務は、革命の民族的任務である朝鮮革命を立派に行うことだ。自国の革命に忠実であるためには、なによりも自分の民族を愛し、貴ばなくてはならない」とし、「私はこういう意味でわが民族第一主義を主張するものである」とした。

さらに「わが民族が第一だというのは、他民族を軽視し、自民族の優位性のみを強調せよということではけっしてない。われわれ、共産主義者が民族主義者になるわけにはいかない。共産主義者は真の愛国主義者であると同時に、真の国際主義者である。私がわが民族第一主義を主張するのは、自民族を最も貴ぶ精神と、高い民族的自負をもって、革命と建設を自主的に行うべきであるということだ。自民族を軽視し、他民族を盲目的に崇拝する人間は、自国の党と人民に忠実でありえず、自国の革命にたいして主人としての態度をとることができない」とした。

中国では八五年二月には沿海部主要都市を外資に開放し、経済技術開発区の建設を決めるなどの改革開放が進んでいた。ソ連ではゴルバチョフがソ連共産党書記長に就任し、ペレストロイカを提唱し始めた。そうした中で、金正日総書記は「わが民族第一主義」を提唱することで、他の社会主義国家とは異なる北朝鮮の特異性を浮かび上がらせることで改革開放の道を歩む他の社会主義国家との差異を主張した。

金正日総書記は一九八九年一二月二八日には朝鮮労働党中央委員会の責任幹部に行った演説「朝鮮民族第一主義の精神を高く発揚しよう」で、「わが民族第一主義」を全面的に展開した。ここで金正日は「わが民族第一主義」の根拠として偉大な首領、偉大な党の領導、偉大なチュチェ思想、優越した社会主義思想などを挙げた。

この演説は「こんにち、朝鮮民族がいちばんだという誇りのなかで最も大きな誇りは、首領、党、大衆の一心団結を確固と実現したことである」とした。また「われわれが朝鮮民族第一主義を強調する目的は、たんに朝鮮民族としての誇りと自負をいだかせることだけにあるのでなく、自分の力で社会主義建設をより立派に進めて民族の尊厳と栄誉をより高くとどろかすところにある」とした。

こうして見るなら「わが民族第一主義」と「わが国家第一主義」は重なる部分もあるが、違いもある。

重なる部分としては「偉大な首領」、「偉大な党の領導」、「偉大なチュチェ思想」、「優越した社会主義思想」「自力自彊、自力更生」などであり、これらが共通の基盤だ。北朝鮮が冷戦崩壊後の社会主義諸国の崩壊や変質にもかかわらず、そうした北朝鮮が持つ独自の要因こそが「わが民族第一主義」でも「わが国家第一主義」でも基盤となっている。

異なる部分としては、「わが民族第一主義」は、多くの社会主義諸国でみられた改革開放路線への転落や体制の崩壊を阻止するための民族的自覚の高揚という防衛的側面から出発したが、「わが国家第一主義」は経済建設や国家核武力の完成という国内的な成果を発展させようという内在的な要因があった。さらに、金正恩が二〇一九年一月に「わが国家第一主義」を定式化した背景には、米国などと対等に首脳会談を行ったという外交的成果を含めた攻勢的側面がモメンタムになったように見える。さらに、二つの間に存在するのは「民族」と「国家」の違いであり、「わが民族第一主義」は、韓国を含む朝鮮半島全体を視野に入れた要素があるのに対し、「わが国家第一主義」には朝鮮半島北半部で社会主義強国を建設しようという理念が優勢である。

金正日総書記は一九八九年一二月の演説の最後の部分では「朝鮮人民は共和国北半部に朝鮮式の最もすぐれた強力な社会主義を建設して民族第一の栄誉をとどろかしているが、国土の分断による民族の悲劇は依然として続いている」とし、「われわれは、全国的版図で朝鮮民族の栄誉を高くとどろかすべき民族的使命感を深く自覚し、祖国統一のために身も心も捧げてたたかわなければならない」とした。さらには「南朝鮮人民のたたかいを力強く励まし、一九九〇年代に祖国統一の歴史的偉業を必ず成就しなければならない」とまで述べ、南北統一への強い意思を示した。

二〇〇〇年六月の金正日総書記と金大中(キムデジュン)大統領の初めての南北首脳会談で合意した「六・一五共同宣言」の第一項で「南と北は、国の統一問題を、その主人たるわが民族同士で互いに力を合わせ、自主的に解決して行くことにした」としたことを受け、北朝鮮は「わが民族同士」という言葉をスローガン化させていった。韓国側は「わが民族同士」という言葉は南北の協力に力点を置いたが、北朝鮮側は外勢を排除した自主の立場に力点を置いた。「わが民族第一主義」と「わが民族同士」もまた重なる部分はあるが、「わが民族第一主義」は北朝鮮の「偉大な首領」、「偉大な党の領導」、「偉大なチュチェ思想」、「優越した社会主義思想」「自力自彊、自力更生」などを強調した概念だが、「わが民族同士」は外勢排除の南北自主路線に基づく南北関係の基調を意味する概念である。

「わが国家第一主義」は「わが民族第一主義」を昇華発展と「上書き」

北朝鮮内部でも金正日総書記が掲げた「わが民族第一主義」と、金正恩党委員長が掲げた「わが国家第一主義」の関係について整理をする必要があった。

『民主朝鮮』は二〇一九年三月二六日付で「わが国家第一主義は朝鮮民族第一主義の昇華発展」と題した記事を掲載した。この記事では、金正恩党委員長が「わが国家第一主義は朝鮮民族第一主義精神でわれわれ式社会主義を固守し、輝かせるために粘り強い闘争の中で昇華発展させたものだ」と述べたとした。[9]

同記事は「わが人民が人民大衆中心の社会主義を擁護、固守し、輝かせてきた歴史は、朝鮮民族第一主義精神で、共和国の不敗の威容を余すことなく誇示してきた日々だった。われわれの首領、われわれの党が第一であり、われわれの思想、われわれの制度が第一であるという大きな民族的矜恃と誇りは、私たち人民が主体の社会主義偉業は必ず勝利するという信念と度胸を持てるようにした思想精神的源泉だった」と「朝鮮民族第一主義」の意義を強調した。記事は「世界のいろいろな国で社会主義が挫折したことを奇貨とし、帝国主義者たちの反共和国孤立圧殺策動が極度に達したが、わが人民は自分が選んだ社会主義の道から一歩も退かなかった」とした。

記事は「わが国家第一主義は、全人民が朝鮮民族の偉大性をさらに輝かせようとする高い自覚と意志を持って闘争する過程で大事になった思想感情だ」と指摘した。

その上で「民族的自尊心を持つことも重要だが、自分の運命を自主的に開拓していこうとする自覚と意志を持つことがより重要である。民族の尊厳と栄誉を持つことも容易なことではないが、それを固守して輝き出て行くのはそれよりも難しいことだ」とした。

「わが人民が、民族の尊厳と栄誉を輝かせようとする決死の覚悟を抱いて闘争する過程に成し遂げた刮目すべき成果は、わが国家第一主義を掲げて進んで行くことができる基盤となる」とし、「今日、人民の精神力と創造的熱意を著しく分発昇華させ、社会主義の前進飛躍を促進する上で、わが国家第一主義は威力ある政治思想的武器となる」とした。

すなわち、他の社会主義国家が社会主義を捨てていく中で、北朝鮮は「朝鮮民族（わが民族）第一主義」を掲げることで社会主義と自らの尊厳を守ったが、それをさらに攻撃的に輝かせていくのが「わが国家第一主義」としたのである。

これは「わが民族第一主義」を否定するのではなく、その役割を評価した上で、いわば防御戦で培った「わが民族第一主義」を、攻撃戦のために「わが国家第一主義」で「上書き」したといえる。

金正恩党委員長が二〇一九年一月の「新年の辞」で「わが国家第一主義」を定式化し、同年三月に「わが国家第一主義はわが民族第一主義を昇華発展させたもの」としたことで、「わが国家第一主義」は「人民大衆第一主義」とともに、金正恩時代の指導理念を支える大きな支柱的役割を担うこととなった。

註

(1)『労働新聞』2019・01・01「신년사」
(2)『労働新聞』2017・11・30「사설 조국청사에 길이 빛날 민족의 대경사, 위대한 조선인민의 대승리」
(3)『労働新聞』2017・11・20「정론 신심드높이 질풍노도처럼 나가자」
(4)『民主朝鮮』2017・12・10「〈해설〉우리 국가제일주의의 본질」
(5)『民主朝鮮』2017・12・16「〈해설〉우리 국가제일주의의 사상정신적원천」
(6)『民主朝鮮』2017・12・27「〈해설〉우리 국가제일주의의 기본요구」
(7)『労働新聞』2017・12・22「조선로동당 위원장 김정은동지께서 조선로동당 제5차 세포위원장대회에서 개회사를 하시였다」
(8)『労働新聞』2018・01・01「신년사」
(9)『民主朝鮮』2019・03・26「우리 국가제일주의는 조선민족제일주의의 승화발전」

第9章
米朝首脳会談決裂と「正面突破戦」

平昌冬季五輪参加

北朝鮮は二〇一七年一一月二九日に大陸間弾道ミサイル（ICBM）「火星15」の発射に成功し、金正恩（キムジョンウン）党委員長はこれを「国家核武力完成という歴史的大業が実現」と評価し、北朝鮮の国家核武力が完成したとした。

そして、北朝鮮は二〇一八年から国際社会との対話路線に大きく舵を切った。金正恩党委員長は二〇一八年元日の「新年の辞」で相反する二つのメッセージを出した。金正恩党委員長はまず、「米国本土全域がわが方の核打撃の射程圏内にあり、核のボタンが私の事務室の机の上に常に置かれている」と「核のボタン」を強調し、米国を強く威嚇した。金正恩党委員長はその一方で、韓国で同年二月に開催される平昌（ピョンチャン）冬季五輪について、「われわれは代表団の派遣を含めて必要な措置を講じる用意があり、そのために北と南の当局が至急会うこともできるであろう」と言明し、「平昌冬季五輪参加」というカードを切った[1]。

金正恩党委員長は「新年の辞」で、米国には「核のボタン」を示し、韓国には「平昌五輪参加」という方針を示した。これは、北朝鮮が、非核化などでは韓国を相手にせずに米国のみを外交のターゲットにした従来の「封南通米」路線を、まずは韓国との対話を優先させる「先南後米」路線に切り替えたものであった。一時的には、米国との対決姿勢を強める「通南反米」路線のようにみえるが、それは「通米」に向かう過渡期的な戦術に過ぎない。「先南後米」路線の先には、韓国と通じることで、対米交渉に乗り出す「通南通米」路線を目指したものとみられた。

　北朝鮮は平昌冬季五輪の開幕式に、金永南（キムヨンナム）最高人民会議常任委委員長や金正恩党委員長の妹、金与正（キムヨジョン）党第一副部長、崔輝（チェフィ）国家体育指導委委員長、李善権（リソンゴン）祖国平和統一委委員長らの高官代表団とその随員、選手団と役員団、応援団、芸術団、テコンドー関係者、報道陣など五〇〇人近い人員を派遣した。[2] 文在寅（ムンジェイン）大統領は二月一〇日、金永南最高人民会議常任委委員長や金与正党第一副部長と会談した。この場で金与正党第一副部長は金正恩国務委員長の特使であることを明らかにして、金正恩国務委員長の親書を伝達し、訪朝を要請した。文大統領は「今後、（訪問できる）条件をつくって、実現しよう」と答えた。[3]

　文在寅大統領は平昌冬季五輪後の二〇一八年三月五日から六日、平壌へ特使団を派遣した。特使団は金正恩党委員長と会談し四月末に板門店（パンムンジョム）で南北首脳会談を行うことなど六項目で合意した。[4] さらに、特使団は訪米し、同年三月八日にトランプ大統領と会い、金正恩国務委員長がトランプ大統領との首脳会談を求めていると伝えた。トランプ大統領は韓国特使団に米朝首脳会談を受け入れることを表明した。[5] それまで敵対関係にあった国の最高指導者が、事前に何の予備協議もなく、首脳会談を受諾するということは異例中の異例であった。

トランプ大統領が首脳会談を受け入れると、金正恩党委員長は三月二五日から二八日まで電撃的に中国を訪問し、自身の初めての外国訪問国として中国を選択した。[6] 習近平党総書記（国家主席）との会談では、「伝統的な中朝親善は血潮で結ばれた親善であり、世界に唯一無二のもの」と伝統的な中朝友好関係を確認した。中国としては久しぶりに「血盟関係」を強調した。

北朝鮮は、四月末の南北首脳会談開催に合意し、トランプ大統領の米朝首脳会談受諾を取り付け、中朝首脳会談で伝統的友好関係を確認するという大きな情勢の変化を受けて、四月二〇日に党中央委員会第七期第三回総会を開催した。金正恩党委員長は「経済建設と核戦力建設を並進させるべきだという戦略的路線が提示した歴史的課題が立派に遂行された今日、わが党の前には勝利の信念を持って革命の前進速度をより加速化して社会主義偉業の最後の勝利を早めなければならない重大な革命課業が提示されている」と述べ、「わが共和国が世界的な政治・思想強国、軍事強国の地位に確固と上がった現段階で全党、全国が社会主義経済建設に総力を集中すること、これがわが党の戦略的路線である」と言明し、経済建設と核・ミサイル開発を並行して進める「並進路線」を勝利のうちに終了するとした。[7] その上で、同総会は決定書を採択し、核実験と大陸間弾道ミサイル（ＩＣＢＭ）の発射を中止することを決めた。

金正恩党委員長はさらに四月二七日、板門店で韓国の文在寅大統領と南北首脳会談を開き、「朝鮮半島の平和と繁栄、統一のための板門店宣言」を発表した。「板門店宣言」は、第一に「南北は、南北関係の全面的で画期的な改善と発展を成し遂げることによって、断ち切られた民族の血脈をつなぎ共同繁栄と自主統一の未来を早めていく」（南北関係の改善と発展）であり、第二に

「南北は朝鮮半島で先鋭な軍事的緊張状態を緩和し、戦争の危険を実質的に解消するために共同で努力していく」(軍事的緊張緩和)であり、第三に「南北は、朝鮮半島の恒久的で強固な平和体制の構築のために積極的に協力していく」(平和体制の構築)であった[8]。北朝鮮が国連制裁下にあるため、南北の経済協力については具体的な合意はなかった。

その後、金正恩党委員長は専用機で訪中し、五月七、八日の両日、中国遼寧省の大連市で習近平総書記と二回目の中朝首脳会談を行い、南北首脳会談の結果を伝え、中朝両国の意見調整を行った[9]。

史上初の米朝首脳会談

そして、トランプ大統領と金正恩党委員長の史上初めての米朝首脳会談が六月一二日、シンガポールで開催された。会談では「米朝共同宣言」が発表された。その内容は(1)米国と北朝鮮は、両国民が平和と繁栄を切望していることに応じ、新たな米朝関係を確立すると約束する、(2)米国と北朝鮮は、朝鮮半島において持続的で安定した平和体制を築くため共に努力する、(3)二〇一八年四月二七日の「板門店宣言」を再確認し、北朝鮮は朝鮮半島における完全非核化に向けて努力すると約束する、(4)米国と北朝鮮は(朝鮮戦争の米国人)捕虜や行方不明兵士の遺骨の収集を約束する(これには身元特定済みの遺骨の即時返還も含まれる)——という原則的な合意であった[10]。

(1)の「新たな米朝関係」と(2)の「持続的で安定した平和体制」は北朝鮮側が要求した

もので、(3)の「朝鮮半島における完全非核化」と(4)の「遺骨返還」は米国側が要求したものだった。トランプ大統領は会談後の記者会見で米韓合同軍事演習の中止も明らかにした。

そして、金正恩党委員長は六月一九~二〇日訪中し、北京で習近平党総書記と三回目の首脳会談を行った[11]。歓迎宴の挨拶で、習総書記が中朝関係の「不敗性」を強調し、金正恩党委員長が中朝関係を「同じ参謀部」と表現したことが注目された[12]。

さらに、韓国の文在寅大統領が九月一八日から二〇日まで北朝鮮を訪問し、金正恩党委員長と南北首脳会談を行った。両首脳は「九月平壌共同宣言」に署名し、軍を代表して宋永武(ソンヨンム)国防部長官と努光鉄(ノグアンチョル)人民武力相が、軍事的緊張緩和に向けた合意書「板門店宣言履行のための軍事分野合意書」に署名した[13]。「九月平壌共同宣言」は六項目一五条項からなり、①非武装地帯(DMZ)など対峙地域での軍事的敵対関係終息と敵対関係解消、②南北の交流協力の増大と民族経済の均衡的発展、③離散家族問題の解決、④多様な分野の協力と交流の推進、⑤朝鮮半島を核兵器や核脅威のない平和の地にするための実質的進展、⑥近い時期の金党委員長のソウル訪問――を主な内容とした[14]。

「軍事分野合意書」では、南北は一一月一日から軍事境界線一帯で、相手側を狙った各種軍事訓練の中止、さらに南北軍事境界線を中心に幅一〇キロの地域で砲兵の射撃訓練や、連隊レベル以上の野外機動訓練を全面的に禁止することにした。海上では、黄海と日本海で禁止エリアを設定し、砲射撃や海上機動訓練を中止することとした。空中では、軍事境界線の東・西部地域上空に設置された飛行禁止区域内で、固定翼航空機の空対地誘導武器射撃など実弾射撃を伴う実戦訓練を禁止した[15]。

軍事境界線の南北二キロに設定されたDMZでは、境界線から一キロ圏内に南北がそれぞれ一カ所ずつ設置している監視所を年内に撤収し、将来は全監視所をなくし、名実ともに非武装化することを目指すとした。最終日の二〇日には文在寅大統領夫妻ら韓国代表団は金正恩党委員長夫妻らとともに北朝鮮北部の白頭山(ペクトウサン)に登り、親睦を深めた。

「非核化へ進むのは私の確固たる意志」

活発な首脳外交を展開した金正恩党委員長の二〇一九年の「新年の辞」はこれまでとは異なったスタイルで行われた。二〇一三年から二〇一八年までの過去六回の「新年の辞」では、金党委員長は机の前に立って演説をしたが、二〇一九年は党本部一階にあるとみられる執務室でソファに坐り、原稿を手に持って、国民に語りかけるスタイルだった。向かって右側には党旗、左側には国旗があった。「新年の辞」発表に国旗が登場したことは「わが国家第一主義」の反映とみられた。党と国家を代表しての金正恩の「新年の辞」であった。この部屋の左右には金日成国家主席と金正日総書記が坐って執務する姿の大きな肖像画があった。二〇一三年から二〇一六年までは金日成・金正日バッジを付けていたが、二〇一七年からはバッジも付けなかった[16]。

金正恩党委員長は、「新年の辞」で、非核化について、「新世紀の要求に合致する両国間の新たな関係を樹立し、朝鮮半島に恒久的で、かつ強固な平和体制を構築し、完全な非核化へと進むというのは、わが党と共和国政府の不変の立場であり、私の確固たる意志である」と述べ、あらためて朝鮮半島の非核化への意志を確認した。

金党委員長は「わが方はすでに、これ以上核兵器をつくらず、実験もせず、使用も拡散もしないということについて内外に宣言し、各種の実践的諸措置を講じてきた」と述べた。金党委員長が核兵器について「製造」「実験」「使用」「拡散」について否定の姿勢を明らかにし、非核化について最も前向きな姿勢を示した。北朝鮮はこれまで「朝鮮半島の非核化」を語ってきたが、核兵器をこれ以上つくらないと明言したのは、この「新年の辞」が初めてと見られた。一方、金党委員長の「核兵器不使用」が、相手側が攻撃してきた場合の「報復使用」も含めるのかは不明だが、前提条件を付けずに「不使用」に言及したのも注目された。しかし、「核の保有」についてはロを閉ざしたままだった。裏読みすれば、核開発は凍結するが、核を保有したまま対米交渉に臨むと宣言しているようにも読めた。つまり、金党委員長は非核化に一歩歩み寄ったが、逆の見方をすれば「核保有国」の地位は捨てないという姿勢を維持したとも言えた。

「新年の辞」に続いて内外の注目を集めたのは二〇一

写真2　2019年「新年の辞」を発表する金正恩党委員長（『労働新聞』2019年1月1日付から）

九年一月七日から一〇日までの金正恩党委員長の四度目の中国訪問であった。一月八日は金正恩党委員長の誕生日で、北朝鮮はまだ金正恩党委員長の誕生日を公式に祝う行事などは行っていないが、北朝鮮の最高指導者が誕生日に国を開けるのは異例であった。

北朝鮮側発表によれば、金正恩党委員長は、中朝首脳会談で「朝鮮半島の非核化目標を堅持し、シンガポール朝米首脳会談で成し遂げられた共同声明を誠実に履行し、対話を通じた平和的解決を追求するわれわれの基本立場には変わりがない」と述べ、「朝米関係の改善と非核化協商過程に生じた難関と懸念、解決展望について述べた」という。

金正恩党委員長は会談で、①朝鮮半島の非核化という目標を堅持、②米朝共同声明を誠実に履行、③平和的解決を追求——という基本的な立場を確認した[17]。

ハノイ会談の決裂と金正恩の挫折

金正恩党委員長は二月二七、二八日にベトナムのハノイでトランプ大統領との二回目の首脳会談を行った[18]。

トランプ大統領は会談で北朝鮮が生物化学兵器を含めたすべての大量破壊兵器と核物質を米国に引き渡すことを求める文書を金正恩党委員長に渡し、金正恩党委員長はこれを拒否した。文書はボルトン大統領補佐官が中心になってまとめたもので、まず北朝鮮の全面武装解除を要求する「リビア方式」での解決を求めたものであった。金正恩党委員長は寧辺(ニョンビョン)の核施設を廃棄する代わりに国連の対北朝鮮制裁一一件の内、二〇一六年から一七年までに採択された五件の民生部門に関連した制裁を解除することを求めたが、これは実質的には制裁のほぼ全面解除で、米国は応じなかった。

会談決裂の背景には、米朝両首脳の交渉への過信、実務協議の不足、米朝双方の相手側が飲めそうもない現実無視の要求、トランプの元弁護士、マイケル・コーエン被告の米議会での公聴会などによる米国内での合意への否定的な政治状況――などがあった。

金正恩党委員長にとって、ハノイの米朝首脳会談の決裂は人生最大の挫折であろう。それは単に、一つの会談の決裂ではなく、最高指導者の無謬性の失墜であり、最高指導者の権威にかかわる深刻な打撃であった。

北朝鮮は三月一〇日、国会にあたる最高人民会議の第一四期代議員を選ぶ選挙を実施したが金正恩は代議員に選出されなかった[19]。金正恩党委員長は二〇一八年からこの時点までにトランプ大統領と二回の米朝首脳会談、韓国の文在寅大統領との三回の首脳会談、中国の習近平党書記と四回の首脳会談を実現した。中国との外交は「党対党」の外交が基軸であるから党委員長の肩書きで良いが、トランプや文在寅は国家を代表する「大統領」であった。金正恩党委員長は「国務委員長」の肩書きで対応したが、これは国務委員会の「chairman」でという位置づけであった。金正恩が最高人民会議の代議員に選出されなかったために、後に開かれる最高人民会議で、金正恩が金日成主席と同じ、「主席」など新しい職責に就くのではないかという見方も出た。

「自力更生」が政治路線化

ハノイ会談の決裂は北朝鮮の非核化や対外政策だけでなく、北朝鮮の国内政策の方向性にも大きな影響を与えた。北朝鮮が非核化をし、国際社会も国連制裁の解除をする方向に向かうということは、北朝鮮が国際社会との調和の中で生存戦略を模索することを意味したが、米朝首脳会談の完全な決裂は、北朝鮮が再び、孤立化、内向的な政策に向かうことを意味した。米朝首脳会談が何の合意もなく決裂したことで、北朝鮮が二〇一八年初めから見せた国際社会との対話という「変身」は何の果実を生み出すことなく潰えた。

北朝鮮は二〇一九年四月一一日の最高人民会議第一四期第一回会議の前の九日に党政治局拡大会議、一〇日に党中央委員会総会を開催した。北朝鮮では、最高人民会議の直前に党の重要会議を開いて最高人民会議に出す案件を協議することは通常なのだが、党政治局拡大会議と党中央委員会を二重に開くことは異例であった。

そして、金正恩党委員長は党中央委第七期第四回総会で「経済強国建設が主たる政治的課題として提起されている今日、自力更生を繁栄の宝剣として堅持し、全党・全国・全人民が総突撃戦、総決死戦を果敢に展開することにより、社会主義建設の一大高揚期を切り開こうというのが党中央委員会第七期第四回総会の基本の精神である」と強調した。『朝鮮中央通信』が伝えた党中央委第四回総会の報道の中で、金党委員長は二〇回以上にわたって「自力更生」という言葉を繰り返した。[20]

金正恩党委員長は党中央委総会での報告で「最近行われた朝米首脳会談の基本の趣旨とわが党の立場」について明らかにし、「わが国の条件と実情に合致し、われわれの力と技術、資源に依拠した自立的民族経済に基づき、自力更生の旗を高く掲げて社会主義建設をさらに粘り強く前進させていくことにより、制裁によってわが方を屈服させることができると血眼になって誤断している敵対勢力に深刻な打撃を与えるべきだ」と述べた。金正恩党委員長は「自力更生と自立的民族経済はわれわれ式社会主義の存立の基礎、前進と発展の動力であり、われわれの革命の存亡を左右する永遠の生命線だ」と強調し、「自力更生の旗を高く掲げて社会主義強国を建設することがわが党の確固不動の政治路線だということを改めて明らかにすることとなる」と指摘した。

「自力更生」路線は、単に経済路線に限定されるのではなく、米朝首脳会談決裂の状況を受けた政治路線となった。北朝鮮は国際社会との対話（非核化への動き）の対価として経済制裁を解除し、経済建設を進めるという路線を放棄し、経済制裁下で「自力更生」路線を追求することで生き残りを図るという立てこもり路線へと転換した。

国務委員長は「国家を代表する最高領導者」

最高人民会議第一四期第一回会議は二〇一九年四月一一、一二日に開催され、金正恩党委員長は新たな職責には就かず、「国務委員長」に再選された。(21) 崔龍海（チェリョンヘ）は最高人民会議で金正恩党委員長を国務委員長に推戴する演説を行ったが、その中で金正恩を「世界が公認する現世紀の最も傑出した国家領導者」と称賛し、「敬愛する金正恩同志を全ての朝鮮人民の最高代表者であり共和国の最高領導者である朝鮮民主主義人民共和国国務委員会委員長として高く推戴することを本最高人民会議に丁重に提議する」と述べ、「朝鮮人民の最高代表者であり共和国の最高領導者」と位置づけた。[22]

党機関紙『労働新聞』も四月一四日付一面で、金党委員長が国務委員長に再選されたことを祝う平壌での中央群衆大会を報じ、この中で「金正恩同志は全ての朝鮮人民の最高代表者であり共和国の最高領導者である朝鮮民主主義人民共和国国務委員会委員長に高く推戴」されたと報じた。[23]最高人民会議では憲法の修正、補充が行われたが、改正された内容が公開されず、国務委員長の権限と地位に変化があったかどうかは確認できなかった。だが、北朝鮮が運営するウェブサイト「ネナラ(わが国)」は二〇一九年七月一一日までに、四月に改正された憲法の全文を公表した。[24]

国務委員長のポストについて、第一〇〇条では、それまでの「朝鮮民主主義人民共和国の最高領導者」から、「国家を代表する朝鮮民主主義人民共和国の最高領導者」に、第一〇二条ではそれまでの「朝鮮民主主義人民共和国の全般的武力の最高司令官」から「朝鮮民主主義人民共和国武力司令官」にそれぞれ改正された。国務委員長が「国家を代表する」職責であることを明記した。

また、第五九条の「朝鮮民主主義人民共和国の武装力の使命」について、これまでは「先軍革命路線を貫徹して革命の首脳部を保衛」することにあるとしていたが、「偉大な金正恩同志を首班とする党中央委員会を決死擁護」すると改正され、憲法に初めて金正恩の名前が書き込まれた。

しかし、最高指導者を偶像化するなら序文などで金正恩の存在を明記すべきで軍の使命に関する条項で最高指導者の名前を書き込んだことはやや変則であり、この憲法改正が性急に準備されたことを窺わせた。

消えた「先軍思想」、残った「先軍政治」

また、改正前の憲法は第三条で「朝鮮民主主義人民共和国は人間中心の世界観であり、人民大衆の自主性を実現するための革命思想である主体思想、先軍思想を自己の活動の指導的指針とする」としたが、これを「朝鮮民主主義人民共和国は偉大な金日成・金正日主義を国家建設と活動の唯一の指導的指針とする」と改正した。改正前は「主体思想・先軍思想」を指導的指針とするとしていたが、それが「偉大な金日成・金正日主義」に変わったわけである。

序文にあった「金正日同志は、金日成同志が創始した永世不滅の主体思想、先軍思想を全面的に深化発展させ、自主時代の指導思想として輝かせ、主体の革命伝統を堅硬に擁護固守し、純潔に継承発展させ、朝鮮革命の命脈を堅固に受け継いだ」とした金正日総書記の業績部分が「偉大な領導者金正日同志は、偉大な首領金日成同志が創始した永生不滅の主体思想を全面的に深化発展させ、全社会の金日成主義化の旗印高く、社会主義建設の全ての分野で奇跡と変革の新たな歴史を創造し、歴史上、初めて首領永生偉業を開拓し、主体の革命伝統を純潔に継承発展させ、朝鮮革命の命脈を堅固に受け継いだ」と改正した。

序文では「主体思想」は残ったが、「先軍思想」は消えた。ただし、金正日の業績についての

「偉大な領導者金正日同志は、世界の社会主義体系の崩壊と帝国主義連合勢力の悪辣な反共和国圧殺攻勢の中でも、先軍政治によって偉大な首領金日成同志の高貴な遺産である社会主義の獲得物を誉れ高く守護し、わが祖国を不敗の政治・思想強国、核保有国、無敵の軍事強国へと変貌させ、社会主義強国建設の明るい大通路を切り開いた」という表記の中で「先軍政治」という表現は憲法に残った。

「主体思想」は序文の金日成主席と金正日総書記の業績部分では残ったが、国の指導的指針を記した第三条からは消えた。

北朝鮮は二〇一六年五月の第七回党大会での党規約改正でも「先軍」という言葉は残したが、「先軍思想」を党規約から削除しており、金正恩政権による「先軍思想」離れが顕著になった。

また改正前には序文で金正日総書記の業績の中で「強盛国家建設の輝く大通路を開かれた」としていたが、この「強盛大国」が「社会主義大国」に変わった。金正日総書記が二〇一二年に「強制大国の大門を開く」と訴えていたが、これが実現せず、金正恩時代になり、「強盛大国」というスローガンは姿を消した。

経済については第三二条に「実利を保障する」、第三三条に「内閣の役割を決定的に高める」、「社会主義企業管理制を実施し」という文言が挿入され、「われわれ式の経済管理方法の改善」の流れは維持された。

一方、旧憲法第一三条にあった、金日成主席が一九六〇年に平安南道江西郡（ピョンアンナムドカンソ）の青山里（チョンサンリ）協同農場を現地指導した際に提唱したとされる大衆指導理念や方法である「青山里精神」「青山里方法」

や、旧憲法の第三三条にあった、金日成主席の指導で一九六一年に大安電気工場で行われたとされる「大安の事業体系」などが削除され、「青山里方法」は「革命的事業方法」と書き換えられた。これらは金日成時代の経済管理方法を過去のものとして歴史化する動きとみられた。

党機関紙『労働新聞』は二〇一九年四月一四日付で、金正恩党委員長が国務委員長に再び推戴されたことを慶祝する「中央群衆大会」が同一三日に開催されたことを報じ、その中で、朝鮮人民軍を代表して慶祝演説を行った金ソンチョル軍副総参謀長は、金正恩を「朝鮮民主主義人民共和国武力総司令官同志」と表現した。

二〇一六年に改正された憲法では第一〇二条で「朝鮮民主主義人民共和国国務委員会委員長は朝鮮民主主義人民共和国の全般的武力の最高司令官であり」となっていた。これが、二〇一九年四月の最高人民会議での改正で「朝鮮民主主義人民共和国国務委員会委員長は朝鮮民主主義人民共和国の武力総司令官であり」となり、「全般的武力の最高司令官」が「武力総司令官」に代わった。これが呼称変化の背景にあるとみられた。

「年末まで米国の勇断を待つ」

一方、金正恩は国務委員長に再選されたが代議員ではないため、最高人民会議第一四期第一回会議の第一日目は欠席し、第二日目の四月一二日に出席し「現段階での社会主義建設と共和国政府の対内外政策について」と題した「施政演説」を行った。北朝鮮の最高指導者が最高人民会議で施政演説を行ったのは、一九九〇年五月二四日の最高人民会議第九期第一回会議で金日成主席が「わが国の社会主義の優越性を一層高く発揮させせよう」と題した施政演説を行って以来、二八年一一カ月ぶりであった(25)。

金正恩国務委員長は「施政演説」で、自力更生路線を貫くという国内政策だけでなく、決裂に終わったハノイの米朝首脳会談を受けての対米外交方針についても明らかにした。

ハノイ会談について「われわれが戦略的決断と大勇断を下して踏み出した歩みが果たして正しかったかという強い疑問を抱かせ、米国が真に朝米関係を改善しようとしているのかという警戒心を抱かせる契機となった」、「米国はわれわれと対坐して問題を解決する準備ができていなかったし、明確な方向と方法論もなかった」と決め付けた。

『労働新聞』をはじめとする北朝鮮メディアでは、ハノイでの第二回米朝首脳会談は「成功裏」に行われたことになっていたが、最高指導者の口から米国の姿勢に対する厳しい批判が次々には吐き出された。金国務委員長は「米国はそのような考え方では百回、千回われわれと対坐したとしても、われわれを少しも動かすことができないだろう」とした。

その上で「(米国は)新しい朝米関係樹立の基本的方途である敵視政策の撤回には依然として背を向けており、かえってわれわれに最大の圧迫をかければ屈服させせることができると誤判している」、「自分の要求だけを一方的に押し付けようとする米国式対話法には体質的に合わず、興味もない」とした。

しかし、金正恩国務委員長は「私とトランプ大統領の個人的関係は両国の関係のように敵対的なものではなく、われわれは依然として良好な関係を維持している」とし、「米国が正しい姿勢でわれわれと共有できる方法論を見いだした上で第三回朝米首脳会談の開催を提起するなら、われわれとしてももう一度は会談を行う用意がある」と述べた。

一方で、「しかし、今この場で考えてみると、何かの制裁解除の問題のために切実な思いになって米国との首脳会談に執着する必要はないという気がする」とし、制裁解除のために首脳会談をすることに意欲を失った、というニュアンスの発言までした。

そして、その上で「ともかく今年の末までは忍耐強く米国の勇断を待つつもりだが、この前のようによい機会を再び得るのは確かに難しいだろう」と、期限を切って米国に姿勢変化を求めた。

金正恩務委員長は「今後、朝米双方の利害に合致し、双方がともに受け入れることのできる公正な内容が書面に記されてこそ、私はためらうことなくその合意文書に署名するであろうし、それは全的に米国がどのような姿勢で、いかなる計算法を持って出てくるかにかかっている」とした。

朴奉珠首相の退場

一方、最高人民会議では朴奉珠(パクポンジュ)首相が更迭され、中央での政治経験がないのに党中央委総会で党政治局員に抜擢された金才龍(キムジェリョン)が首相に起用された[26]。金才龍は二〇一〇年八月に平安北道(ピョンアンブクト)党委員会書記、二〇一五年二月に慈江道(チャガンド)の党委員会責任書記に就任、最高人民会議一四期で初めて最高人民会議の代議員に選出された。

金才龍の起用には二つの要素があった。一つは、八〇歳の朴奉珠首相から六〇代とみられる金才龍に交代したという「世代交代」の側面だ。もう一つは「自力更生」だ。北朝鮮においては、慈江道は「自力更生」の手本の地方である。慈江道は大半が山間地で農業が難しい一方で、軍需工場の多い地区だが、一九九〇年代の「苦難の行軍」といわれた経済危機の時期に、「自力更生」をスローガンに経済建設を進めた地方とされる。慈江道の「江界(カンゲ)精神」は自力更生を意味した。道内の各河川に中小発電所を建設して電力難を解消し、中小発電所は三〇〇を超えたとされる。金才龍慈江道党委員長の首相への抜擢は、全国が慈江道に学び自力更生路線を貫徹しようという路線を反映したものとみられた。

一方、朴奉珠首相の退場は、金正日時代の二〇〇二年の「七・一経済改革」から続いてきた「われわれ式経済管理方法の改善」という、北朝鮮式の社会主義を守りながらも市場経済的な要素を一部取り入れる経済改革的な流れが、ここで再検討を迫られる兆しを見せた。朴奉珠は首相を退きながらも、経済担当の党副委員長として経済政策の司令塔的な職責に就いたが、自力更生路線の強化の中で、「われわれ式経済管理方法の改善」の流れは弱まっていった。

朴奉珠は二〇二一年一月の第八回党大会で党政治局常務委員、党書記を辞任し、同年九月二九日の最高人民会議第一四期第五回会議で国務委員会副委員長も辞し、完全に引退した。朴奉珠は金正日時代の二〇〇三年九月から二〇〇七年四月までと、金正恩時代の二〇一三年四月から二〇一九年四月までと二度にわたり首相を務め、緩やかな経済改革を通じた経済建設を目指したが、結局は、成果を出せないまま退任した。朴奉珠の引退は第八回党大会以降の経済政策の社会主義路線への回帰とあいまって、経済改革的な流れの急速な衰退を示した。

ロ朝首脳会談行うが、足並みそろわず

金正恩は二〇一九年四月二四日から二七日までロシアを訪問し、同二五日にウラジオストクでプーチン大統領と会談した[27]。金正恩はそれまで南北首脳会談三回、米朝首脳会談二回、中朝首脳会談四回をこなしていたが、プーチン大統領との首脳会談は二〇一九年二月のハノイ米朝首脳会談後となった。北朝鮮にとって、当時のロシアの役割はそれほど大きなものではなかったためだった。

逆に、ハノイでの米朝首脳会談が何の成果も生み出さず、挫折の中にあった金正恩は再び中国、ロシアに依存せざるを得なくなった。会談で、金正恩は「第二回朝米首脳会談で米国が一方的かつ非善意的な態度を取ったことにより、最近、朝鮮半島および地域の情勢が膠着状態に陥り、原点へと逆戻りしかねない危険な状況に至った」と米国を強く批判した。

プーチン大統領は会談後に単独で記者会見し、北朝鮮の非核化について「ある程度において北朝鮮の武装解除を意味している」とした上で、「北朝鮮は自国の安全と主権維持の保証を必要としている」と指摘した。

プーチンは首脳会談を終えるとすぐウラジオストクを離れ、中国に向かった。金正恩はウラジオストクで劇場や水族館、ロシア太平洋艦隊司令部の視察などが準備されていたが、これをキャンセルし、予定を早めて帰国してしまった。金正恩党委員長とプーチン大統領は連携強化という点で一致したが、プーチン大統領は北朝鮮が否定的な六カ国協議の再開に言及するなど両国間の

認識のずれも見えた。金正恩党委員長は反米で共闘することを期待したが、ロシアとは認識がずれ、足並みはそろわなかった。

習近平党総書記が訪朝

その後、中国の習近平総書記（国家主席）が二〇一九年六月二〇、二一両日、国賓待遇の「国家訪問」（中国語では「国事訪問」）で訪朝し、金正恩党委員長と首脳会談を行った。中国共産党総書記の訪朝は胡錦濤総書記の二〇〇五年一〇月の公式親善訪問以来一四年ぶりだった。

習近平総書記の平壌空港到着には金正恩夫妻をはじめ党幹部が空港まで歓迎に出迎え、宿所に向かう金正恩党委員長が同乗しての市内パレードでは市民二五万人が熱烈に訪朝を歓迎した。(28)

六月二〇日に行われた中朝首脳会談で、習近平総書記は「朝鮮側及び関係各者と調整・協調を強化し、朝鮮半島の非核化及び地域の長期的安定・平和の実現のために積極的、建設的役割を発揮したい」と明言し、中国の積極的な役割を強調した。習総書記は「朝鮮側が自らの理にかなった安全保障上及び発展上の懸念を解決するためにできる限りの支援をしたい」と述べた。

これに対し、金正恩党委員長は「朝鮮側は朝鮮半島問題の解決プロセスにおいて、中国側が発揮している重要な役割を高く評価している」と応じた。金党委員長は「過去一年余り、朝鮮側は情勢の緊張を避け、朝鮮半島情勢を管理・コントロールするために多くの積極的措置を講じてきたが、関係国から前向きな対応がなかった。これは朝鮮側の望まなかったことだ」と、名指しを避けながらも米国への不満を表明した。その上で「朝鮮側は忍耐強くあり続けるが、関係国が朝鮮側と向き合って進み、各自の理にかなった懸念と合致する解決策を探り、朝鮮半島問題の対話プロセスが成果を得る後押しをすることも望む」と中国側に要請した。

金正恩党委員長は二一日も習近平夫妻のための昼食会を催し、北朝鮮側によると、両首脳は「今後も、国際情勢がいかに変わろうとも、両党・両国の親善関係を立派に継承して輝かしていくという意思」を披瀝したという。

板門店で米朝首脳が対面

米国のトランプ大統領は大阪で開かれた二〇カ国・地域（G20）首脳会議に出席した後に訪韓し、南北軍事境界線にある板門店で六月三〇日、北朝鮮の金正恩党委員長と対面した(29)。

米朝双方はこれを第三回目の会談とはせず、対面とした。トランプ大統領は韓国の文在寅大統領の案内で板門店を訪問し、板門店で米国と南北の三首脳が初めて対面した。

トランプ大統領は、板門店の軍事境界線で出迎えに出た金正恩党委員長と対面し、北朝鮮側へ一度足を踏み入れ、米国の現職大統領としては初めて北朝鮮の地を踏んだ。その後、板門店の韓国側にある「自由の家」で米朝首脳対面を行った。

対面後のトランプ大統領の説明によると、両首脳は米朝の実務協議を二〜三週間以内に再開することで合意した。米朝双方はハノイ会談決裂後の対話の糸口を失っていたが、板門店対面を通じてようやく実務協議の再開に合意した。しかし、金正恩党委員長は、板門店でトランプ大統領が約束した米韓合同軍事演習の中止という約束を米国が守っていないと批判し、中止を強く迫った。

米朝首脳の合意では実務協議は「二〜三週間以内」に行われるはずだったが、協議の開催そのものが難航した。結局、米国と北朝鮮は二〇一九年一〇月五日、スウェーデンの首都ストックホルムで金明吉(キムミョンギル)外務省巡回大使とビーガン国務省北朝鮮担当特別代表による実務協議を行った。米国は「良い協議を行った」としたが、北朝鮮側は実務協議終了後、協議が「決裂した」と発表した。[30]

北朝鮮が二〇一八年初めから展開した対話外交は、この実務協議の決裂により、事実上、終焉した。

わずか四カ月で再び憲法改正

北朝鮮は二〇一九年八月二九日に最高人民会議第一四期第二回会議を開き、同年四月に続き、再び憲法を改正した。改正では国務委員長の権限と地位をさらに強化する内容となった。[31] 約四カ月で二度も憲法を改正するというのは極めて異例であった。これは当初計画した金正恩を最高指導者とする新たな権力構造の枠組みが、二月の米朝首脳会談の決裂で修正を余儀なくされ、急につくった憲法改正案に不備な点があり、さらに修正、補充する必要が生じたためではないかと見られた。

この時も、改正された憲法の全文はすぐには公表されなかった。北朝鮮が運営するウェブサイト「ネナラ（わが国）」は二〇一九年九月二一日までに改正された憲法の全文を公表した。[32]

改正憲法では第一〇一条が新設され「朝鮮民主主義人民共和国国務委員会委員長は全ての朝鮮人民の総意により最高人民会議で選出する。朝鮮民主主義人民共和国国務委員会委員長は最高人民会議代議員に選挙しない」とされた。金正恩党委員長は第一四期の最高人民会議の代議員に立候補も、選出もされずに二〇一九年四月の最高人民会議第一四期第一回会議で国務委員長に再選出されたが、国務委員長は代議員にならないことを憲法で後付けの形で明文化した。ただし、二〇一六年憲法でも国務委員長を最高人民会議代議員から選ぶという規定はなく、代議員でなければ国務委員長になれないというわけではなかった。

改正憲法では第一〇四条で規定している国務委員長の任務と権限に「最高人民会議法令、国務委員会の重要な法令と決定を公布する」、「外国に駐在する外交代表を任命または召喚する」という二項が追加、挿入され、国務委員長の権限がさらに強化された。

政令、法令、決定などの公布は、かつては「主席」が持っていた権限であった。一九九八年の憲法改正で主席制が廃止され、これらの規定が憲法上からは消えていたが、この改正で国務委員長の権限として二一年ぶりに復活した。

外交代表の任命、召喚は一九九二年の憲法改正で「主席」の権限とされたが、一九九八年の主席制の廃止に伴い、最高人民会議常任委員会の権限となった。これがこの改正で国務委員長の権限となった。

崔龍海（チェリョンヘ）最高人民会議常任委員長は八月二九日の最高人民会議で「わが国家を代表する朝鮮民主主義人民共和国国務委員長の法的地位が一層強固なものとなり、国家事業全般に対する敬愛する最高指導者同志の唯一的領導を確固として保障することが可能になった」と述べ、金正恩国務委員長の権限強化のための改正であることを確認した。

一方、外国大使からの信任状・召喚状の受理は最高人民会議常任委員長が「国家を代表して」行うとされ、これまで通り、最高人民会議常任委員長が行うこととした。

また、第一〇八条の国務委員会の構成に関する条項で、これまでなかった「第一副委員長」のポストを新たに設けた。二〇一九年四月の最高人民会議では崔龍海最高人民会議常任委員長が国務委員会第一副委員長のポストに選出されたが四月の改正憲法では「第一副委員長」のポストが憲法上、存在しなかったため、後追いでポストを設けた。

国務委員会の任務と権限に関する第一一〇条では「最高人民会議休会中に内閣総理の提議によって副首相、委員長、相、その他の内閣メンバーを任命または解任する」という項目が追加され、国務委員会に最高人民会議休会中に閣僚などの内閣メンバーを任免する権限が与えられた。第一一一条では「国務委員会は政令と決定、指示を出す」となり、それまでになかった「政令」を出す権限も付与された。

最高人民会議休会中の閣僚メンバーの任免や、外交代表の任命または召喚の決定、発表は改正前には最高人民会議常任委員会の権限であったが、これが国務委員会と国務委員長に付与されることになった。最高人民会議常任委員会の権限が弱り、国務委員会の権限が強まることになった。

金正恩は「主席」のようなまったく新しい職責に就くことは避け、従来と同じ「国務委員長」の職責に就いたが、憲法改正を通じて、国務委員長の権限はさらに強化された。これは、金正恩を最高指導者とする法的基盤の強化であると同時に、「わが国家第一主義」という新しい指導理念の定立化に伴う、国家機関としての国務委員会や国務委員長の権限強化でもあった。

『朝鮮中央通信』など北朝鮮国営メディアは、二〇二一年二月に国務委員長の「委員長」の英語表記をこれまでの「CHAIRMAN」から「PRESIDENT」に変更したことを明らかにした。この「PRESIDENT」への表記の変更も、国家を代表する職責であることを示すためとみられた。ラヂオプレスの調べでは、北朝鮮外務省のウェブサイトでは二月二日に、『朝鮮中央通信』では二月一一日に、『労働新聞』や『わが民族同士』では二月一二日以降に、英文記事の表記が「PRESIDENT」に変更になった。平壌駐在のロシア大使館は二月一九日、北朝鮮当局から変更通知があったことを明らかにした[33]。

こうした変化は金正恩が二〇一九年四月に国務委員長という同じ職責に再選されたものの、その職責が「国家を代表する」、いわば西側国家における「大統領」に匹敵する職責であることを明確にすると同時に、金正恩への偶像化作業の一環とも言えた。

「白頭の血統」

北朝鮮メディアは二〇一九年一〇月一六日、金正恩党委員長が白馬に乗り、「革命の聖地」である白頭山（ペクトゥサン）に登ったと報じた。白馬に乗って白頭山へ登るということ自体が、金日成主席、金正日総書記、金正恩党委員長と続く「白頭の血統」を北朝鮮住民に印象づける行為で、金正恩党委員長の偶像化作業の一環とみられた。同行者たちも白馬に乗っていたが、金正恩党委員長と金与（キムヨ）

写真3　2019年10月、「革命の聖地」とされる白頭山に白馬に乗って訪問した金正恩党委員長（『労働新聞』2019年10月16日付より）

正党中央委第一副委員長の白馬の額には星印の飾りが付けられており、「白頭の血統」を印象づけるものとみられた[34]。

さらに北朝鮮メディアは一二月四日、李雪主夫人とともに再び白馬で白頭山地区革命戦跡地を訪問したと報じた[35]。金正恩党委員長は「世界の政治構図と社会階級関係で新たな諸問題が提起されており、わが党の思想陣地、革命陣地、階級陣地を崩壊させようとする帝国主義者らと階級的な敵の策動が日増しに甚だしくなっているこのような時であればあるほど、われわれは常に白頭山の攻撃思想によって生きて闘争すべきだ」とし、「白頭山の革命伝統に貫かれている偉大な思想と精神によってしっかりと武装することは革命の代を継ぐ重要かつ死活的な問題だ」と述べた。

このように金正恩党委員長が、一二月の党中央委総会の開催を決めた党政治局常任委員会の発表が公表されたのと同じ一二月四日に白頭山を夫人や軍幹部とともに訪れたことを報じたことは、党中央委総会を前に、北朝鮮住民に金日成主席、金正日総書記という「白頭の血統」を想起させ、米国との対決を前に「革命伝統教育をいっそう強化する社会的雰囲気をつくるため」であるとみられた。

「正面突破戦」を宣言

金正恩党委員長は二〇一九年二月のハノイでの米朝首脳会談の決裂を受け、同年四月の最高人民会議第一四期第一回会議での「施政演説」で「年末まで米国の勇断を待つ」とした。そして同年六月に板門店でトランプ大統領と「対面」を果たしたが、米国は約束していた米韓合同軍事演習の中止にも応じなかった。そして、同年十月にストックホルムで米朝実務協議を行ったが、協議は決裂した。金正恩党委員長は年末まで待ったが、状況の本質的な変化はなかった。朝鮮労働党は新たな内外戦略を立てる必要に迫られた。

朝鮮労働党は二〇一九年一二月二八日から三一日まで、四日間にわたる朝鮮労働党中央委員会第七期第五回総会を開催した。党中央委総会が複数日にわたり開催されるのは、一九九〇年一月の党中央委第六期第一七回総会が五日間にわたって行われて以来、二九年ぶりであった。

金正恩は二〇一三年から毎年元日に「新年の辞」を発表してきたが、二〇二〇年から「新年の辞」の発表をせず、前年末の党中央委員会総会で行った報告をその代わりとして元日に発表した。二〇二〇年元日には党中央委第七期第五回総会の結果発表が「新年の辞」の代わりの役割を果たした。[36]

金正恩党委員長の報告は二日間にわたって行われ、計七時間に及ぶ長大なものであった。この計七時間という演説の長さは、金日成主席が一九八〇年の第六回党大会で、休憩を二回はさんで五時間半にわたって行った演説を上回る、記録的な長さであった。通常の党中央委総会は二〇〇〜三〇〇人規模で行われるが、公表された写真などから九〇〇〜一〇〇〇人規模で開かれたとみられた。

金正恩党委員長は「現情勢と革命発展の要求に即して正面突破戦を展開することに関する革命的路線」を明らかにし、今後の路線を「正面突破戦」と規定した。

金正恩党委員長の報告では経済問題が大きな比重を占め、「正面突破」という言葉が二二回も登場した。また、「自力」が二四回登場し、そのうち九回は「自力更生」という言葉だった。報告では「難関」を一一回、「制裁」を一一回、「難局」を四回、「困難」を七回使うなど、北朝鮮が経済制裁によって深刻な難関に直面していることを率直に認めた。

「正面突破」の基本戦線は「経済部門」

金正恩党委員長は「今日の正面突破戦での基本の戦線は経済部門だ」と言い切った。「すべての党組織と幹部は、時代が付与した重大な任務を喜んで受け持ち、自力更生の威力で敵の制裁・封鎖策動を総破綻させるための正面突破戦に邁進すべきである」とし、今年掲げるスローガンは「われわれの前進を阻害するあらゆる難関を正面突破戦で突き破ろう」――であるとした。さらに「世紀をまたいだ朝米対決は今日に至り、自力更生と制裁の対決に圧縮され、明確な対決の構図を描いている」とした。

金正恩党委員長は二〇一九年の経済実績について報告した中で、「敵対勢力の執拗な制裁によって多くの制約を受け、不利な気象・気候が続いたという条件の下でも、今年の営農で最高収穫年度を突破する前例のない大豊作がもたらされた」とした。しかし、二〇一九年が「前例のない大豊作」であったという評価には疑問が出た。

二〇一九年の経済建設の実績として▽両江道(リャンガンド)三池淵(サムジヨン)市の山間文化都市整備第二段階工事、▽咸鏡北道(ハムギョンブクト)鏡城(キョンソン)郡の仲坪(チュンピョン)野菜温室農場及び養苗場、▽平安南道(ピョンアンナムド)の陽徳(ヤンドク)温泉文化休養地の建設▽江原道(カンウォンド)の元山葛麻(ウォンサンカルマ)海岸観光地区建設、▽平安南道の順川(スンチョン)リン酸肥料工場の建設、▽咸鏡北道の漁郎(オラン)郡漁郎川(オランチョン)発電所建設、▽咸鏡南道(ハムギョンナムド)の端川(タンチョン)発電所建設などを挙げた。金正恩党委員長が二〇一九年に重点的に現地指導したのは陽徳温泉文化休養地や元山葛麻海岸観光地区、三池淵市の山間文化都市など観光、リゾート地の建設や整備であった。北朝鮮に課せられている国連制裁に観光事業は入っていないので、観光を通じた外貨獲得を考えているのではとの見方も出た。

金正恩党委員長の「報告」には、北朝鮮が二〇一六年の第七回党大会で打ち立てた「国家経済発展五カ年戦略」（二〇一六～二〇二〇年）に対する言及がなかった。二〇二〇年はこの「五カ年戦略」の最終年であり、次の経済計画を準備しなければならない年だった。しかし、報告に「五カ年戦略」への言及がなかったことは、経済制裁で「五カ年戦略」の実現が実質的に困難になったことを認めたと言える。そういう状況で「自力更生」だけで、次の経済戦略が打ち出すことができるのかどうか疑問であった。

さらに金正恩政権が政権の発足以来、訴えてきた「人民生活の向上」への言及もなかった。党中央委総会の決定は、経済制裁との戦いを「長期戦」と位置づけ、人民に「自力更生」の持久戦を要求した。こうした状況では「人民生活の向上」は困難で、むしろ人民に苦難を甘受して自力更生による闘いを求めたといえる。

また、金正恩政権の経済政策は社会主義的な計画経済と市場経済を調整しながら進めるもので、市場経済的な要素を拡大してきた。しかし、この総会では「自力強化の立場から見る時、国家管理と経済活動をはじめとする自余の分野で正さなければならない問題が少なくない」とし、「総会以後から経済活動に対する国家の統一的指導と管理を強化する上で早急に解決すべき重大な問題を解剖学的に分析した」とされ、国家の管理強化の方向性を示唆した。さらに「国家経済発展の動力が回復せず、国の状況が目に見えるほどには良くなっておらず、重要な経済課題を解決するための国家の執行力、統制力が微弱だということについて指摘した」としており、国家の統制力強化の方向性を示した。

金正恩政権が進めてきた「社会主義経済管理方法の改善」は企業や農業分野で権限を下部に委譲することでインセンティブを刺激して生産性を上げてきたが、国家の統制強化という方向でこうした動きが制約を受ける可能性が出てきた。憲法改正では「われわれ式の経済管理方法の改善」の方向性が書き込まれたが、実際の経済運営では「自力更生」対「経済制裁」という非常事態における「正面突破戦」の中で経済改革的な動きは次第に後退していく姿を見せ始めた。

「公約に縛られる根拠喪失」

金党委員長は中央委総会の報告で、「わが方が朝米間の信頼構築のために核実験と大陸間弾道ミサイル（ＩＣＢＭ）の発射実験を中止し、核実験場を廃棄するという先制的な重大措置を講じたこの二年間だけでも、米国は相応の措置で応えるどころか、大統領が自ら中止を公約した大小の合同軍事演習を数十回も繰り広げ、先端戦争装備を南朝鮮に搬入してわが方を軍事的に脅かし、一〇回余りの単独制裁措置を講じたことにより、わが制度を圧殺しようとする野望には変わりがないことを改めて世界の前で証明した」と述べ、米国を非難した。この上で「このような条件の下、守る相手もいない公約にわが方がこれ以上、一方的に縛られている根拠が消失し、これは世界的な核軍縮と拡散防止のためのわが方の努力にも冷や水を浴びせている」とした。北朝鮮が二〇一八年四月の党中央委員会第七期第三回総会で決定した核実験やＩＣＢＭの発射実験を中止するという決定を破棄する可能性を強く示唆した。

金正恩党委員長は、その上で「戦略兵器の開発もより活気を帯びて推し進めるべきである」、「世界は遠からず、朝鮮民主主義人民共和国が保有することになる新しい戦略兵器を目撃することになるであろう」と、「新たな戦略兵器」の登場を予告した。これは「われわれはすでに、これ以上核兵器の製造、実験、使用、拡散などをしないということを内外に宣布し、様々な実践的措置を講じてきた」と述べた二〇一九年の「新年の辞」を否定するものであり、二〇一八年六月のシンガポールでの米朝共同声明にある「北朝鮮は朝鮮半島における完全非核化に向けて努力する」との約束を反故にするものであった。

金正恩党委員長は、「米国が対朝鮮敵視政策を最後まで追求するなら朝鮮半島の非核化は永遠にない」と述べ、「われわれの抑止力強化の幅と深度は米国の今後の対朝鮮立場によって調整される」と語り、米国との対話の余地があることにも言及した。

「正面突破戦」へ、大規模な人事刷新

北朝鮮は二〇一九年四月に大きな人事を行ったが、一二月の党中央委総会でも党中央委員会の部長一五人のうち一〇人を入れ替えるなど大幅な人事刷新であった。わずか八カ月でこれほど大きな人事異動を行うということ自体が異例であり、経済制裁や対米交渉の停滞という厳しい状況下で「正面突破戦」を展開するために、大幅な人事刷新を行ったとみられた。

大規模人事により、世代交代が大きく進み、金正日総書記時代の幹部はほぼ権力の一線から姿を消し、金正恩時代になって頭角を現した人物たちが政権の中枢に位置するようになった。その中で、金正恩党委員長の妹である金与正党中央委第一副部長の政権内の比重が次第に大きくなり、李雪主夫人の活動も活発だった。崔善姫第一外務次官や玄松月党宣伝扇動部副部長など女性陣の政権内での地位も向上し、注目された。

四日間にわたる党中央委総会終了後の記念写真が一月一日付の『労働新聞』に掲載された。椅子に座っている人物は党政治局員のメンバーとみられた。この写真を見ると朴光浩党宣伝扇動部長、金平海党幹部部部長、李洙墉党国際部長、太宗秀党軍需工業部長、安正洙党軽工業部長、李容浩党政治局員（外相）などの姿がなく党政治局から解任されたとみられた。

党政治局員に李日煥、李炳哲、金徳訓の三名が起用された。李日煥はその後の北朝鮮メディアの報道では李萬建党組織指導部長の次の序列で発表されており、これまでの党勤労団体部長から

2月の新刊 ●13日発売 ちくま文庫

新版 思考の整理学
外山滋比古

〈知のバイブル〉リニューアル

「東大・京大で1番読まれた本」で知られる〈知のバイブル〉の増補改訂版。2009年の東京大学での講義を新収録し読みやすい活字になりました。

43912-3
693円

結婚とわたし
山内マリコ

家事分担をめぐる闘争の記録！

結婚するなら腹を割って話せる〝親友〟みたいな人がいい。結婚の幻想をブチ破る日記エッセイ、後日談150頁増補の完全版。めざせ、家庭内男女平等！

43910-9
924円

本は眺めたり触ったりが楽しい
青山南

積ん読したり、拾い読みしたり、寝転んで読んだり。本はどう読んだっていい！　読書エッセイの名著『眺めたり触ったり』が待望の文庫化！

43932-1
880円

絶滅危惧個人商店
井上理津子

あなたの町にもきっとある！　素晴らしき個人商店を訪ねて聞いた店主たちのヒストリー。駄菓子屋、銭湯などなど、いまだ健在なり。（北條一浩）

43936-9
924円

さびしさについて
植本一子／滝口悠生

「ひとりだから、できること」ひとりになるのが怖い写真家と、子どもが生まれた小説家による10往復の手紙のやりとり。自主制作本を文庫化。

43939-0
902円

6桁の数字はISBNコードです。頭に978-4-480をつけてご利用下さい。
内容紹介の末尾のカッコ内は解説者です。

2月の新刊　●13日発売　ちくま学芸文庫

他者といる技法
奥村隆　■コミュニケーションの社会学

マナーや陰口等、他者といる際に用いる様々な技法。そのすばらしさと苦しみの両面を描く。「生きる道具」としての社会学への誘い。（三木那由他）

51222-2
1430円

江戸の戯作絵本2
小池正胤／宇田敏彦／中山右尚／棚橋正博 編

いじり倒すのが身上の黄表紙はお上にも一切忖度なし。幕府の改革政治も徹底的に茶化す始末。しかし作者たちは処罰され、作風に変化が生じていく。

51225-3
1980円

生のなかの螺旋
■自己と人生のダイアローグ
ロバート・ノージック　井上章子 訳

吟味された人生を生きることは自らの肖像画をつくること。幸福、死、性、知恵など、多様な問題をめぐって行われた一級の哲学的省察。（吉良貴之）

51227-7
2090円

本地垂迹
村山修一

日本古来の神と大陸伝来の仏、両方の信仰を融合する神仏習合理論。前近代の宗教史的中核にして日本文化の基盤をなす世界観を読む。（末木文美士）

51230-7
1760円

種村季弘コレクション　驚異の函
種村季弘　諏訪哲史 編

怪物誕生を辿る畢生の名作「怪物の作り方」、ぺてん師研究の白眉「ケペニックの大尉」等、世界の不思議を追った〈知の怪人〉種村季弘の粋を一冊に。

51232-1
1430円

6桁の数字はISBNコードです。頭に978-4-480をつけてご利用下さい。
内容紹介の末尾のカッコ内は解説者です。

2月の新刊 ●8日発売

1775
商店街の復権
京都大学教授 広井良典 編

▼歩いて楽しめるコミュニティ空間

コミュニティの拠点としての商店街に新たな注目が集まっている。国際比較の視点や公共政策の観点も盛り込み、未来の商店街のありようと再生の具体策を提起する。

07608-3
1320円

1776
はじめて行く公営ギャンブル
ライター 藤木TDC

▼地方競馬、競輪、競艇、オートレース入門

美しく疾走する姿に感動するもよし。心理戦を推理するもよし。お小遣いを増やすももちろんよし。人生の神髄は競技場にあり。大人が愉しむためのギャンブル入門。

07593-2
1034円

1777
民主主義を疑ってみる
成蹊大学助教 梅澤佑介

▼自分で考えるための政治思想講義

民主主義だけでは民主主義は機能しない。それを補完・抑制する自由主義、共和主義、社会主義などの重要思想を一望し、政治について考えることの本質に迫る。

07603-8
1320円

1778
70歳までに脳とからだを健康にする科学
東京大学名誉教授 石浦章一

健康で長寿になれる正しい方法を生命科学の最新知見に基づき解説します。タンパク質、認知症、筋力、驚きの最新脳科学、難病の治療……科学でナットクの新常識！

07607-6
990円

1779
高校生のための経済学入門【新版】
一橋大学経済研究所教授 小塩隆士

全体像を一気につかむ、最強の入門書を完全アップデート！ 金融政策の変遷、世界経済を増補し、キーワード索引でより便利に。ビジネスパーソンの学び直しにも！

07587-1
990円

6桁の数字はISBNコードです。頭に978-4-480をつけてご利用下さい。

党宣伝先導部長に異動したとみられた。李炳哲党軍需工業部第一副部長は太宗秀党軍需工業部長の解任に伴い、第一副部長から部長に昇格したとみられた。金徳訓副首相は盧斗哲(ロドゥチョル)副首相兼国家計画委員長(党政治局員)の解任により党政治局員に昇格し、国家計画委員長は金イルチョル副首相兼国家計画委委員長(党政治局員候補)に交代した。

註

(1)『労働新聞』2018・01・01「신년사 김정은」
(2)『朝鮮中央通信』2018・02・09「조선고위급대표단 남조선 도착」『聯合ニュース』2018・02・09「김영남・김여정 전용기편으로 인천공항 도착…방남일정 돌입」
(3)『聯合ニュース』2018・02・10「김정은 〝이른 시일내 방북 요청〟…문 대통령 〝여건 만들어 성사〟(종합2보)」
(4)『聯合ニュース』2018・03・06「3차 남북정상회담 '판문점' 에서…北최고지도자 첫 남한땅 밟는다(종합)」
(5)『聯合ニュース』2018・03・09「〝트럼프、5월안에 김정은 만나기로〟…북미 첫 정상회담 열린다(종합2보)」
(6)『労働新聞』2018・03・28「조중친선을 새로운 높은 단계에로 추동한 력사적인 사변 경애하는 최고령도자 김정은동지께서 중화인민공화국을 비공식방문하시였다」
(7)『労働新聞』2018・04・21「조성로동당 중앙의원회 7기 제3차전원회의 진행 조선로동당 위원장 김정은동지께서 병진로선의 위대한 승리를 긍지높이 선언하시고 당의 새로운 전략적로선을 제시하시였다」
(8)『労働新聞』2018・04・28「조선반도의 평화와 번영、통일을 위한 판문점선언」
(9)『労働新聞』2018・05・09「조선로동당 위원장、조선민주주의인민공화국 국무위원회 위원장 김정은동지께서 중국공산당 중앙위원회 총서기、중화인민공화국 주석 습근평동지와 또다시 상봉하시였다」
(10)『労働新聞』2018・06・13「조미관계의 새 력사를 개척한 새기적만남 력사상 첫 조미수뇌상봉과 회담

진행 우리 당과 국가、군대의 최고령도자 김정은동지께서 미합중국 대통령과 공동선명 채택」
（11）『労働新聞』２０１８・06・20「조선로동당 위원장이시며 조선민주주의인민공화국 국무위원회 위원장이신 우리 당과 국가、군대의 최고령도자 김정은동지께서 중화인민공화국을 방문」
（12）『労働新聞』２０１８・06・21「경애하는 최고령도자 김정은동지의 중국방문을 환영하여 습근평동지가 성대한 연회를 마련하엿다」
（13）『労働新聞』２０１８・09・20「경애하는 최고령도자 김정은동지께서 문재인대통령과 함께〈9월평양공동선언〉에 서명하시였다」
（14）『労働新聞』２０１８・09・20「9월평양공동선언」『聯合ニュース』２０１８・09・19「[평양공동선언]´9월 평양공동선언、전문
（15）『聯合ニュース』２０１８・09・19「[평양공동선언] 군사분야 합의서 전문」
（16）『労働新聞』２０１９・01・01「신년사 김정은」
（17）『労働新聞』２０１９・01・10「조선로동당위원장이시며 선민주주의인민공화국 국무위원회 위원장이신 우리 당과 국가、군대의 최고령도자 김정은동지께서 중화인민공화국을방문하시였다」
（18）『労働新聞』２０１９・02・28「조선로동당위원장이시며 조선민주주의인민공화국 국무위원회 위원장이신 우리 당과 국가、군대의 최고령도자 김정은동지께서 미합중국 대통령 도날드 제이．트럼프와 상봉하시고 단독환담과만찬을함께하시였다」
（19）『労働新聞』２０１９・03・13「중앙선거위원회보도 조선민주주의인민공화국최고인민회의 제14기 대의원선거결과에 대하여」
（20）『労働新聞』２０１９・04・11「조선로동당 중앙위원회 제7기 제4차전원회의에 관한 보도」
（21）『労働新聞』２０１９・04・12「경애하는최고령도자김정은동지를 조선민주주의인민공화국 국무위원회 위원장으로 높이 추대」
（22）『労働新聞』２０１９・04・12「조선민주주의인민공화국 최고인민회의제14기제1차회의1일회의진행」
（23）『労働新聞』２０１９・04・14「존엄높은 우리 공화국의 최고령도자이신 위대한 김정은동지께　인민이드리는최대의경의、영원무궁한영광 중앙군중대회진행」
（24）『내나라』２０１９・07・11現在「＝http://naenara.com.kp/main/index/ko/politics?arg_val=leader3」『北朝鮮

政策動向』NO.572

(25)『労働新聞』２０１９・04・13「김정은 현단계에서의사회주의건설과 공화국정부의대내외정책에대하여」

(26)『労働新聞』２０１９・04・12「조선민주주의인민공화국최고인민회의 제14기제1차회의에서국가지도기관을선거」

(27)『労働新聞』２０１９・04・26「조선로동당위원장이시며 조선민주주의인민공화국 국무위원회 위원장이시며 조선민주주의인민공화국무력 최고사령관이신 김정은동 지께서로씨야련방 대통령 울라지미르 울라지미로비치 뿌찐각하와 상봉하시였다」

(28)『労働新聞』２０１９・06・21「조선로동당 위원장、조선민주주의인민공화국 국무위원회위원장김정은동지께서 중국공산당중앙위원회총서기、중화인민 공화국주석습근평동지와회담하시였다」、「우리 나라를 국가방문하는 중국공산당 중앙위원회 총서기、중화인민공화국주석 평양에도착 경애하는최고령도자 동지께서 습근평동지를 평양국제비행장에서 영접하시였다」

(29)『労働新聞』２０１９・07・01「경애하는최고령도자김정은동지께서 도날드트럼프미합중국대통령과 판문점에서력사적인상봉을하시였다」

(30)『朝鮮中央通信』２０１９・10・06「조선민주주의인민공화국 외무성 대변인담화」

(31)『労働新聞』２０１９・08・30「조선민주주의인민공화국최고인민회의제14기제2차회의진행」

(32)『내나라』２０１９・09・21現在「＝ http://naenara.com.kp/main/index/ko/politics?arg_val=leader3」『北朝鮮政策動向』NO.574

(33)『北朝鮮政策動向』NO.594

(34)『労働新聞』２０１９・10・16「경애하는최고령도자김정은동지께서 삼지연군안의건설장들을현지지도하시였다」

(35)『労働新聞』２０１９・12・04「경애하는 최고령도자 김정은동지께서 백두산지구 혁명전적지들을 돌아보시였다」

(36)『労働新聞』２０２０・01・01「조선로동당 중앙위원회 제7기 제5차전원회의에 관한 보도」

第10章 コロナ禍と「自力更生」——社会主義への回帰

北朝鮮という国自体を世界から「隔離」

金正恩党委員長は二〇一九年末の党中央委第七期第五回全員会議（総会）で「正面突破戦」という方針を決定し、二〇二〇年元日にその結果を公表した。しかし、その後、新型コロナウイルスの世界的な感染拡大という衝撃が北朝鮮を襲い、「正面突破戦」は冒頭から大きな障害に突き当たった。

北朝鮮は二〇二〇年一月、コロナの感染防止のために、事実上、国境を封鎖した。北朝鮮という国ごと、国際社会から隔離することで、コロナ感染の拡大を阻止しようとした。このために、北朝鮮の貿易の九割以上を占めている中朝貿易は激減し、北朝鮮経済は深刻な打撃を受けた。コロナ禍の影響は経済だけでなく、北朝鮮の政治体制や理念のあり方にも大きな影響を与えた。

『朝鮮中央テレビ』は一月一六日、中国の武漢で新型コロナウイルスの感染により一人が死亡したと報じた。(1) これが北朝鮮における新型コロナ報道の最初ではないかとみられた。『朝鮮中央テレビ』は一月二一日に、武漢での肺炎の症状と感染予防対策などを紹介し、北朝鮮当局が世界保健機関（WHO）とともにウイルス感染を防ぐための全国家的事業を行っているとした[2]。いずれもニュース後半部分での報道で、それほど大きな扱いではなかった。

『労働新聞』は翌一月二二日、六面で「中国で新型コロナウイルスによる伝染病が急速に伝播」という記事を掲載、党機関紙として初めて新型コロナウイルス関連ニュースを報じた[3]。北朝鮮の「朝鮮国際旅行社」は、新型コロナウイルスの予防措置として、一月二二日から中国人観光客の入国を全面的に禁止すると中国の旅行社へ通知した[4]。この措置は外国人だけでなく、旧正月に故国に帰ろうとする北朝鮮住民に対しても適用された。

在北朝鮮ロシア大使館は一月二四日、「フェイスブック」を通じて、「北朝鮮外務省から一月二三日、中国の『中国国際航空』が二月一〇日まで北京―平壌間の運航を中止するとの通告を受け、中国からの北朝鮮入国が全面禁止された」と明らかにした[5]。

『労働新聞』は一月二九日付で「すべての党組織は新型コロナウイルス感染症の伝播を防ぐための事業を国家存亡と関連した重大な政治問題と考え、政治事業を強化し、緊急非常防疫指揮部と衛生防疫機関、治療予防機関、医学研究機関等で、住民たちに対する医学的監視と診断、治療薬物開発と関連した研究などが成功裏に進行するように積極的に推進しなければならない」と報じ、新型コロナ問題を「国家存亡と関連した重大な政治問題」と位置づけた[6]。

北朝鮮の鉄道省は一月三一日、新型コロナウイルスの感染拡大を防ぐため、この日から平壌と中国の丹東間、北部の満浦（マンポ）と中国の集安を結ぶ鉄道の運行を一時中断する、と中国側に通告した。平壌と北京を結ぶ国際列車はすでに前日の一月三〇日から運行を中止した[7]。

党機関紙『労働新聞』は一月三〇日、一面で「新型コロナウイルス感染症を徹底的に防ぐため非常対策を設けた」という見出しで、すでに設置していた新型コロナウイルスを防ぐための衛生防疫体系を改編し、中央と地方の道、市、郡に「非常防疫指揮部」を設置したと報じた[8]。北朝鮮の新型コロナウイルスとの闘いが本格化した。

コリン・クルックス駐北朝鮮英国大使は一月三〇日ツイッターで、北朝鮮当局が中朝間のすべての航空便と鉄道を停止する措置を決めたことを明らかにした。在北朝鮮ロシア大使館は「フェイスブック」を通じ、北朝鮮での新型コロナウイルス感染拡大防止のために、平壌とウラジオストクの航路が二月一日から中断されたと明らかにした[9]。

これで、北朝鮮と中国、ロシアを結ぶ鉄路、航空路の運行が中断され、北朝鮮は事実上、国境を封鎖した状態になった。また、平壌駐在の外交官らが、平壌市内のホテルやレストラン、マーケットを使うことも当分の間、禁止された[10]。

北朝鮮保健省の宋(ソン)インボム局長は二月二日、『朝鮮中央テレビ』でのインタビューで、「今、わが国では新型コロナウイルスの感染症が発生していないからと言って安心せず、すべての者が公民としての自覚を持ち新型コロナウイルス感染症を防ぐための事業に一丸となって立ち上がるべきだ」と語り、この時点で、北朝鮮で新型コロナウイルスの感染者はゼロだとした[11]。党機関紙『労働新聞』も二月一五日付記事で、新型コロナウイルス感染者について「全く発生せず」と報じた[12]。同紙二月一八日付記事でも、宋局長の発言を引用し、「現在まで、ただ一人の新型コロナウイルス感染患者も発生していない」と報じた[13]。

二月一日付の『労働新聞』は社説で「国境や地上、海上、空中などすべての空間で新型コロナウイルスが流入する恐れのある通路を先制的かつ完全に遮断、封鎖すべきだ」と呼び掛けた。[14]

『労働新聞』は二月四日付で、「わが国は、衛生防疫体系を国家非常防疫体系へと転換し、中央と地方に非常防疫指揮部が組織されて自らの事業を始めた」と報じ、それまでの「衛生防疫体系」を「国家非常防疫体系」に転換したことを明らかにした。[15] その上で「指揮部の幹部らの周到緻密な作戦と指揮により、全国的に日々三万人余りの保健スタッフが動員され、衛生宣伝活動と検病・検診事業を行っている」とし、感染者がゼロにもかかわらず、全国で三万人が動員されて感染防止に当たっているとした。

北朝鮮は二〇〇三年に「SARS」(重症急性呼吸器症候群)が発生した際に、北京—平壌間の航空路線を遮断し、新義州(シニジュ)の税関を一時閉鎖した。中国など感染地域を経由する外国人や帰国者を、平安南道(ピョンアンナムド)の安州(アンジュ)市や平安北道(ピョンアンプクト)新義州市の隔離施設で一〇日間隔離、検査した。入国者の体温が三七度以上あると本国へ送還したり、病院へ移送したりするなどの措置を取った。外貨稼ぎのために行っていた金剛山(クムガンサン)観光も、SARSのために二〇〇三年四月二五日から六月二四日まで中断した。

二〇一四年に西アフリカを中心に流行するエボラ出血熱が発生した際にも、外国人観光客の受け入れを中止した。観光ではない外交官やビジネスで訪朝した外国人には二一日間、隔離措置を取った。

北朝鮮の医療水準は低く、特に感染症に関する防疫体制は極めて脆弱だ。そこに加えて、経済制裁によって海外からの医薬品の輸入もさらに困難になっていた。そうした北朝鮮にとって、唯一の防疫手段は「隔離」であり、北朝鮮という国自体を世界から「隔離」することが、最善の感染防止手段となっていた。北朝鮮にとっては、新型コロナウイルスとの闘いにおいて、二〇〇三年のSARS、二〇一四年のエボラ出血熱を抑え込んだという「成功体験」こそが、唯一の手段であり、それは北朝鮮という国を国ごと国際社会から「隔離」することだった。北朝鮮はその後も、国内でコロナ感染者は発生していないという立場を続けたが、本当に一人の感染者もいなかったのかという点は極めて疑問であった。しかし、北朝鮮は二〇二二年五月一二日、党中央委第八期第八回政治局会議を開き、平壌でオミクロン株の感染者が確認されたとし、「最大非常防疫体系」への移行を決定した。[16] そして、同年八月一〇日、金正恩党総書記が全国非常防疫総括会議で演説し、「最大非常防疫戦での勝利」を宣言した。[17] 北朝鮮は全国的なコロナ感染をなんとか乗り切ったが、この国ごとの隔離の長期化は北朝鮮経済をはじめ様々な影響を与えることになった。

「経済制裁」に加えて「コロナによる中朝貿易の激減」

北朝鮮は二〇一七年末の国連による経済制裁で、中国への主な輸出品目であった鉄鉱石や石炭、水産物の輸出を禁じられ、石油の輸入にも制限が掛かり、大きな経済的打撃を受けていた。韓国銀行（中央銀行）は、北朝鮮のGDP（国内総生産）成長率を、経済制裁が年末から始まった二〇一七年はマイナス三・五％、経済制裁が本格化した二〇一八年はマイナス四・一％とした。[18] 二〇一九年はプラスに転じたものの〇・四％増にとどまった。[19]

大韓貿易投資振興公社（ＫＯＴＲＡ）によると、二〇一八年の北朝鮮の輸出額は前年比八六・三％減の二億四〇〇〇万ドル、輸入額は三一・二％減の二六億ドルだった。輸出から輸入を差し引いた貿易収支は二三億六〇〇〇万ドルの赤字で、前年から一七・五％膨らんだ。貿易総額（南北間除く）は二八億四〇〇〇万ドルで前年比四八・八％減少しほぼ半減で、二年連続のマイナスだった[20]。

二〇一九年は輸出が二億六一〇〇万ドルと、さらに前年比二一％減となったが、輸入は二六億八四〇〇万ドルと同一五・六％増で、貿易総額では二九億四五〇〇万ドルで一一％増だった[21]。

同公社によると、二〇一九年の北朝鮮貿易に占める対中貿易の割合は九五・四％になり、対中依存度が極めて高くなった。その中国との国境をコロナ禍で閉鎖したために、北朝鮮経済はさらに深刻な打撃を受けた。

中国税関総署によると、コロナで国境を封鎖した二〇二〇年の北朝鮮の対中輸入は前年比八〇・九％減の四億九一〇六万ドル、北朝鮮の対中輸出は同七七・七％減の四八〇〇万ドルで、中朝貿易の総額は前年比八〇・七％減の五億三九〇六万ドルだった。過去二〇年間で最低水準に落ち込んだ[22]。

北朝鮮は二〇一七年末からの国連による経済制裁で大きな打撃を受けたが、そこにさらにコロナ禍にともなう中朝貿易八割減という大きな打撃を受けた。二〇二〇年にはさらに台風被害もあり、経済制裁、コロナによる中朝貿易激減、水害という「三重苦」に直面した。

しかし、それほど過酷な状況に直面しても金正恩政権の基盤が揺らぐほどの状況にはならなかったことは注目すべきであろう。

コロナは「自力更生の絶好の好機」

コロナは北朝鮮経済に深刻な打撃を与えたが、これは北朝鮮当局による、いわば「セルフ制裁」のようなものであった。国際社会は北朝鮮に過酷な経済制裁をかけることで、核・ミサイル開発を阻止しようとしたが、それでも北朝鮮体制は基本的には揺るがなかった。さらに、そこにコロナにより「国境封鎖」という自らが自らに制裁をかけるような措置を取ったのである。北朝鮮当局による「セルフ制裁」を加えても、金正恩体制が基本的には大きな動揺を見せなかったことは、経済制裁を掛ければ北朝鮮が音を上げて、やむを得ず非核化などの動きに出るだろうという国際社会の一部の見方を打ち消すものであった。

これは、北朝鮮の守旧的勢力にとってチャンスでもあった。北朝鮮は二〇一九年末の党中央委総会で「自力更生」による「正面突破戦」を宣言した。しかし、北朝鮮という国は建国以来、自力更生を叫んできた国だ。北朝鮮住民の立場からすれば「またか！」という感じを持っただろう。北朝鮮は金日成時代から「外交における自主、国防における自衛、経済における自立」を叫んできた。しかし、現実は中国と旧ソ連の間で天秤外交を演じ、中国、ソ連双方から支援を受けることで体制の生き残りを図ってきた。ある意味で、コロナによる「国ごと隔離」という状況は、住民へ「中国を頼りにすることもできない」というメッセージを出すもので、「自力更生」の機会でもあった。

そうした思いは党機関紙『労働新聞』の論調にも現れた。二〇二〇年一〇月一七日付『労働新聞』の「〈みんな八〇日戦闘で栄誉ある勝利者になろう〉［論説］自力更生は八〇日戦闘の威力を発揮する宝剣」と題した記事で「悪性ウイルスの流入を徹底的に遮断するために国境と空中、海上を完全封鎖した今日の現状況は、自らの力と技術、自己の原料、資材に基づいて私たちの内部的力と発電動力を最大限増大させる絶好の機会だと言える」とし、コロナ禍の逆境こそが「自力更生」の「絶好の好機」、「宝剣」であるとした。論説は「われわれに必要なものをわれわれの手でわれわれの地で作らなければならず、またいくらでも作ることができるという透徹した覚悟と度胸を持って、すべての予備と可能性、潜在力を残さず発揮していく壮大な創造闘争の中で、八〇日戦闘の重要闘争課題が成果的に遂行される」とした[23]。

『労働新聞』は同年一一月九日付の「自力更生の大進軍で八〇日戦闘において目ざましい成果を成し遂げよう」と題した社説は「今日われわれの前進途上には、普通ならとうてい堪えることが難しいひどい激難が畳々と立ち並んでいる。横たわった障害と挑戦は簡単ではないが、これはわれわれの自彊力を百倍、千倍に打ち固められる絶好の機会になる」とした[24]。

社説は「世界的な保健医療危機が日を追うごとに深刻になり、直面した問題が避けたり時間が経つからといって解決できるものではない以上、そして試練と難関は厳しいがどんな事があっても今年の闘争課題を必ず遂行すべきである以上、われわれは自力更生の霊剣をさらにしっかりと握りしめなければならない」とし、コロナ禍を乗り越えるのは「自力更生」という「霊剣」であるとした。

『労働新聞』二〇二〇年一一月一三日付の論説「八〇日戦闘に総邁進し第八回党大会を高い政治的熱意と輝く労力的成果で迎えよう」は「現時期、私たちが早急に解決しなければならない問題は輸入病を根絶することだ。輸入病は民族虚無主義と事大主義の表現であり、人民経済の主体性と自立性を阻害する障害物だ」と述べ、輸入に頼る産業構造を「輸入病」と非難した。その上で「世界的な大流行伝染病を徹底的に防ぐための強固な防疫障壁を構築した今は、私たちにとって輸入病を根こそぎ取り出し自立、自力の基盤を固める絶好の機会と言える」とし、コロナ禍は自力更生の機会だとした[25]。

「チュチェ（主体）」を国是とする北朝鮮にとって「自力更生」は建国以来の課題である。北朝鮮住民にとって「自力更生」が可能なら成し遂げたい課題だろう。しかし、建国七〇年以上を経過しても「自力更生」ができていない。むしろ、中国への依存は深まるばかりだ。隣国に、中国という巨大で、しかも比較的労働力の安い国があることは北朝鮮の「自力更生」の阻害要因でもあった。靴一つつくるにしても、北朝鮮で靴工場をつくるよりも、中国から輸入した方が安くてほどほどの物が手に入ってしまう。中国の存在は、北朝鮮にとっては複雑なものであった。

しかし、新型コロナウイルスは中国との間を断絶してしまった。日常用品などの消費財はもちろん、農業に欠かせない肥料などの輸入もストップした。北朝鮮当局がいくら「自力更生」を説いても、中国から簡単に輸入できてしまえば、「自力更生」はスローガン倒れになってしまうし、事実、そうだった。しかし、コロナはその中国への依存を断ち切らざるを得ない状況を作り出した。中国との国境封鎖はコロナ感染を防御するために取らざるを得ない対応であり、それは北朝鮮住民にも受け入れざるを得ないものだ。北朝鮮当局は「コロナ禍」を逆手に取って、「自力更生」路線をさらに強く押し進めた。

北朝鮮憲法と「共産主義」

そして、そうした「自力更生」の訴えは、北朝鮮の理念形成にも影響を与えた。

北朝鮮は一九九二年四月の最高人民会議第九期第三回会議で一九七二年に制定した「社会主義憲法」の一部修正を行った。一九七二年憲法の第四条は「朝鮮民主主義人民共和国は、マルクス・レーニン主義をわが国の現実に創造的に適用した朝鮮労働党のチュチェ思想をその活動の指導指針とする」と規定されていた。これが一九九二年憲法では「マルクス・レーニン主義」の記述が消え、第三条で「朝鮮民主主義人民共和国は、人間中心の世界観であり人民大衆の自主性を実現するための革命思想であるチュチェ思想を自己の活動の指導的指針とする」と改正した。

また、対外関係を規定した一九七二年憲法の第一六条はその後半部分で「国家は、マルクス・レーニン主義とプロレタリア国際主義の原則に基づき社会主義諸国と団結し、帝国主義に反対する世界各国人民と団結し、かれらの民族解放闘争と革命闘争を積極的に支持し声援する」と定めていたが、一九九二年憲法第一七条後半は「国家は、自主性を擁護する世界の人民と団結し、あらゆる形態の侵略と内政干渉に反対し、国の自主権と民族的、階級的な解放を実現するためのすべての国の人民の闘争を積極的に支持し、声援する」と修正した。こうして北朝鮮憲法から「マルクス・レーニン主義とプロレタリア国際主義の原則」という表現が削除された。[26]

北朝鮮憲法のこうした修正は一九八〇年代後半から一九九〇年代初めにかけての社会主義国家の崩壊、東西冷戦構造の激変を受けて、「マルクス・レーニン主義」という枠組みを消し、北朝鮮独自の「チュチェ思想」を基盤とするイデオロギーの自己化、内在化を進めることで体制の維持を図ろうという意思の表明でもあった。

北朝鮮は金日成主席死後の一九九八年九月五日に最高人民会議第一〇期第一回会議を開き、国家主席制や中央人民委員会を廃止する大規模の憲法改正を行った。これまでなかった序文が設けられ、「朝鮮民主主義人民共和国は、偉大な首領金日成同志の思想と領導を具現した主体の社会主義祖国である」とするなど、金日成主席の偉大性と業績が称えられた。そして「朝鮮民主主義人民共和国社会主義憲法は、偉大な首領金日成同志の主体的な国家建設思想と国家建設業績を法にした金日成憲法である」と規定し、さらに北朝鮮の独自性を強めた(27)。

二〇〇九年四月九日には最高人民会議第一二期第一回会議が開かれ、憲法が改正された。この憲法改正では第六の「国家機関」中に「国防委員会委員長」という新たな節が設けられ、第一〇〇条で国防委員長が「朝鮮民主主義人民共和国の最高領導者」であると規定し、国防委員長が最高職責であることを憲法上でも明記した。また、第三条で「先軍思想」が「主体思想」とともに「指導的指針」であると明記した。

このほか第二九条の「社会主義・共産主義は勤労大衆の創造的労働によって建設される」と第四〇条の「すべての人々を自然と社会に対する深い知識と高い文化・技術水準を持った社会主義・共産主義の建設者に育て、インテリ化する」という条項から「共産主義」が削除され「社会主義」だけを残し、北朝鮮憲法から「共産主義」という言葉が消えた[28]。

二〇〇九年の憲法改正でも改正された内容はすぐには公表されず、その全文は北朝鮮の運営するネットサイト「ネナラ（わが国）」で二〇〇九年九月二六日に明らかになった。ちょうど同年九月二六〜二九日に北朝鮮の金剛山で離散家族の再会行事が行われていた。北朝鮮関係者は韓国人記者に対し、北朝鮮憲法から「共産主義」がなくなったことに対し、金正日総書記が「共産主義は把握できない。社会主義は私がやってみせる」と語ったと紹介した。この北朝鮮関係者は「共産主義は把握できない」という意味は「共産主義は搾取階級と被搾取階級の区分のない社会だが、米帝国主義が存在する限り、共産主義は成り立たない」ということだと説明したという[29]。

金正日総書記が語ったという「社会主義は私がやってみせる」という考えを実践したのだろうか、北朝鮮は二〇〇九年一一月三〇日、電撃的にデノミネーション（新ウォンへの通貨切り下げ）措置を行った。その内容は▽旧貨幣を一〇〇対一の比率で新貨幣に交換する、▽交換できなかった旧貨幣は無効にする、▽新貨幣への交換は限度額を設け、それ以上は預金する——などを内容とした。さらに国内での外貨の使用を禁じるとした。北朝鮮当局はこれはインフレを押さえ込み、社会主義経済原則と秩序に基づく経済管理原則の強化のためとしたが、狙いは市場経済化の動きに歯止めを掛け、社会主義統制経済に戻すためとみられた。この背景には、金正日総書記が二〇〇八年夏に健康を悪化させ、二〇〇九年一月に金正恩を後継者に内定したことを受けて、社会主義経済への回帰を狙ったものとみられた[30]。

二〇一〇年九月に開催された第三回党代表者会では、金正恩が党中央軍事委員会副委員長に選出され、後継者として登場した。そして党規約が改正され、党規約序文にから「共産主義」という表現が姿を消した。それまでは「朝鮮労働党は、偉大な首領金日成同志により創建された主体型の革命的マルクス・レーニン主義党である」と自己規定し、「朝鮮労働党の当面の目的は、共和国北半部における社会主義の完全な勝利を成し遂げ、全国的範囲における民族解放と人民民主主義の革命課業を完遂することにあり、最終目的は、全社会の主体思想化と共産主義社会を建設することにある」としていた。

これが改正された新規約では「朝鮮労働党は偉大な首領金日成主席の党である」と自己規定し「朝鮮労働党の当面の目的は、共和国北半部で社会主義強盛大国を建設し、全国的な範囲で民族解放、民主主義革命の課題を遂行するところにあり、最終目的は全社会を主体思想化し、人民大衆の自主性を完全に実現するところにある」となり、「共産主義」が削除され、「自主」が強調された。

しかし、二〇〇九年一一月のデノミネーションの結果は一〇〇対一のデノミをしたにもかかわらず、それが無意味化するようなインフレが発生し、人民生活は大混乱に陥った。住民の強い反発を受け、北朝鮮政府は二〇一〇年一月、住民に謝罪し、外貨の使用禁止や市場への統制などを取り消した。北朝鮮当局が自らの政策の誤りを住民に謝罪し、措置を取り消すというのは極めてまれなことであった。

その後、金正日総書記が死亡し、金正恩政権がスタートした。金正恩政権は二〇〇九年一一月のデノミ政策の大失敗の影響を受け、市場主義的な動きを抑制することをあまりしなかった。むしろ、金正恩政権の初期は農業における分組の小規模化や圃田担当責任制の導入、社会主義企業責任管理制の実施などを通じて、農民や労働者のインセンティブを刺激する政策を取り、ある程度の経済成長を実現した。

金正恩時代になった二〇一二年四月一三日に開催された最高人民会議第一二期第五回会議では、金正恩が国防委員会第一委員長に就任したこともあり、こうした職責を設けた憲法の改正が行われた。これもすぐには発表されなかったが、同年五月三〇日までに「ネナラ」で全文が公表された。

改正憲法はそれまでの憲法序文では金日成主席とその業績だけが賞賛される内容であったが、金正日総書記の死亡にともない、金日成主席と金正日総書記とその業績を称える内容となった。序文では、金正日総書記の業績として「世界の社会主義体系の崩壊と帝国主義連合勢力の悪辣な反共和国圧殺攻勢の中でも、先軍政治によって金日成同志の高貴な遺産である社会主義の獲得物を誉れ高く守護し、わが祖国を不敗の政治・思想強国、核保有国、無敵の軍事強国へと変貌させ、強盛国家建設の明るい大通路を切り開いた」などと称え、北朝鮮を「核保有国」にしたことを業績として憲法に明記した[31]。

そして、序文の最後は「朝鮮民主主義人民共和国社会主義憲法は、偉大な首領金日成同志と偉大な領導者金正日同志の主体的な国家建設思想と国家建設業績を法文化した金日成・金正日憲法である」と規定した。

さらに先述したように、二〇一三年五月に「党の唯一的思想体系の確立のための十大原則」を

「党の唯一的領導体系の確立のための十大原則」に変えた際に、第一条にあった「プロレタリア独裁政権と社会主義の制度を保衛」を「われわれの社会主義制度をしっかりと保衛」に、「社会主義、共産主義偉業を完成させるために」を「主体革命偉業の完成のために」に変えて、「社会主義、共産主義の偉業」を削除し、北朝鮮の独自の政治形態である「主体革命偉業」に書き換えた。

また第七条でも「偉大な首領金日成同志に学び、共産主義的風貌と革命的活動方法、人民的活動作風を持つべきである」とあったものを「偉大な金日成同志と金正日同志に倣い、高尚な精神道徳的風貌と革命的事業方法、人民的事業作風を備えなければならない」とし、「共産主義的風貌」という言葉が消えた。

ハノイ決裂後の社会主義への回帰

しかし、二〇一九年二月の米朝首脳会談の決裂、二〇一九年一二月の自力更生による正面突破戦の宣言を通じ、北朝鮮の社会主義への回帰の流れが強まっていった。

詳しくは後述するが、第一は、金正恩を「首領（スリョン）」の地位に推戴する準備作業がすすめられ、第二は、二〇二一年一月の第八回党大会で明確に打ち出される「社会主義の完全勝利」を推進しようという動きであった。これは農業分野での社会主義的政策への回帰などで特徴的に現れた。

第八回党大会では党規約の改正も行われ、序文にある党の目的に関する部分で「最終目的は人民の理想が完全に実現された共産主義社会を実現することにある」と改正し、党規約から削除された「共産主義」を復活させ、ハノイ会談決裂後の社会主義、共産主義への回帰の流れを明確化した。

『労働新聞』は党中央委第八期第二回総会（二〇二一年二月八～一一日）後の二〇二一年二月一八日付の董泰官（トンテグアン）記者の「新勝利への第一歩を大きく踏み出そう」と題した「政論」で、第八回党大会や党中央委総会の示した路線を全人民が一つになって立ち上がることを訴えた。

その中で、「一人は全体のために、全体は一人のために！」というスローガンを引用し、「健全な集団と社会の強固な団結の中でのみ革命の高まりが起こりうる。社会主義の本態と共産主義的な生活気風を離れて、いかなる勝利についても論じることはできない」とし、人民に「社会主義の本態と共産主義的な生活気風」を求めた。

さらに「新しい勝利はまさに私自身から、誰もがこの志向を抱いて闘おう。あなたと私、私たちの工場、私たちの農場、私たちの軍、私たちの道が皆一緒に立ち上がり、政党、全国、全民が一つに団結していくことがまさに一心団結の真の姿であり、チュチェ思想の旗印の下に社会主義偉業を完成させ共産主義社会を迎えようとする私たちの前進方式だ」と述べ、北朝鮮の歩む道は「チュチェ思想の旗の下に社会主義偉業を完成させ」、いずれは「共産主義社会を迎えよう」というものであるとした。(32)

金正日総書記は二〇〇九年に「社会主義は私がやってみせる」と語ったとされるが、それは二〇一一年一二月の死により「見果てぬ夢」となった。金正恩は米朝首脳会談の決裂、新型コロナウイルス禍を経る中で、父が成し遂げられなかった「社会主義」を「私がやってみせる」と思い始めたように見える。その「見果てぬ夢」の先には、「一人は全体のために、全体は一人のために」という「共産主義社会」を目指す理想論があるように見えた。捨て去ったはずの「共産主義」という「妖怪」が再び北朝鮮に降りてきた。

党機関紙『労働新聞』には以前にもまして「一人は全体のために、全体は一人のために」というスローガンが頻繁に登場するようになった。

註

(1)『朝鮮中央テレビ』2020・01・16「20시 보도」
(2)『朝鮮中央テレビ』2020・01・21「20시 보도」
(3)『労働新聞』2020・01・23「중국에서 신형코로나비루스에 의한 전염병 급속히 전파」
(4)『聯合ニュース』2020・01・22「북한도 우한 폐렴 주의보…중국 발병 주시하며 국경 통제(종합)」
(5)『聯合ニュース』2020・01・31「〝신종코로나 우려〟 북한、중국 오가는 열차・항공편 운행 중단」
(6)『労働新聞』2020・01・30「신형코로나비루스감염증을철저히막자면」
(7)『聯合ニュース』2020・01・31「〝신종코로나 우려〟 북한、중국 오가는 열차・항공편 운행 중단」
(8)『労働新聞』2020・01・30「신형코로나비루스감염증을 철저히 막기 위한 비상대책 강구 위생방역체계를 국가비상방역체계로 전환」
(9)『聯合ニュース』2020・02・02「북한、〝신종코로나 우려〟 평양~블라디 항공편 운항 잠정중단(종합)」
(10)『聯合ニュース』2020・02・04「〝러시아-북한간 여객열차 운행 잠정 중단…신종코로나 확산때문〟(종합)」
(11)『朝鮮中央テレビ』2020・02・02「20시 보도」
(12)『労働新聞』2020・02・15「신형코로나비루스감염증을 철저히 막자 위생방역사업을 더 강하게、더 광범위하게」

(13)『労働新聞』２０２０・02・18「신형코로나비루스감염증을 철저히 막자 순간도 긴장을 늦추지 않고 예방사업에 계속 큰 힘을」

(14)『労働新聞』２０２０・02・01「사설 신형코로나비루스감염증을 막기 위한 사업을 강도높이 전개하자」

(15)『労働新聞』２０２０・02・04「신형코로나비루스감염증을 철저히 막자 주도세밀한 작전과 지휘로 방역사업을 강하게 내밀고있다」

(16)『労働新聞』２０２２・05・12「조선로동당 중앙위원회 제8기 제8차 정치국회의 진행」

(17)『労働新聞』２０２２・08・11「위대한 우리 인민이 쟁취한 빛나는 승리 전국비상방역총화회의 진행 경애하는 김정은동지께서 전국비상방역총화회의에서 중요연설을 하시였다」

(18)『共同通信』２０１９・07・26「北朝鮮ＧＤＰ四・一％減 二年連続、九七年以降最大幅」

(19)『共同通信』２０２０・07・31「北朝鮮三年ぶりプラス成長 韓国推計、回復には遠く」

(20)『共同通信』２０１９・07・19「北朝鮮貿易、制裁で半減 過去一〇年で最低記録」

(21)『共同通信』２０２０・07・23「北朝鮮貿易、低水準続く 韓国分析、制裁強化影響」

(22)『共同通信』２０２１・01・18「中朝貿易、過去二〇年で最低 国境封鎖で前年比八割減」

(23)『労働新聞』２０２０・10・17「〈모두다 80일전투에서 영예로운 승리자가 되자〉［론설］자력갱생은 80일전투의 위력한 보검」

(24)『労働新聞』２０２０・11・09「［사설］자력갱생대진군으로 80일전투에서 혁혁한 성과를 이룩하자」

(25)『労働新聞』２０２０・11・13「〈80일전투에 총매진하여 당 제8차대회를 높은 정치적열의와 빛나는 로력적성과로 맞이하자〉80일전투의 주력군」

(26)『北朝鮮の現況 １９９８』ラヂオプレス、五一〇〜五三〇頁

(27)『北朝鮮政策動向』NO.279

(28)『北朝鮮施策動向』NO.434

(29)『聯合ニュース』２００９・09・28「김정일〝사회주의 제대로 한번 해보겠다〟北인사、김 위원장 언급 소개」

(30)『フォーサイト』２０１０・01、平井久志「北朝鮮がデノミで狙った「市場勢力」の壊滅」

(31)『北朝鮮政策動向』NO.472

(32)『労働新聞』２０２１・02・18「［정론］새 승리를 향한 첫걸음을 크게 내짚자」

第11章
第八回党大会と党規約改正

第八回党大会で金正恩は「党総書記」に

朝鮮労働党は二〇二一年一月五日から一二日まで八日間にわたり、第八回党大会を開催した。北朝鮮はそれまで金日成(キムイルソン)主席を「永遠の国家主席」、金正日(キムジョンイル)総書記を「永遠の総書記」とし、金正恩(キムジョンウン)は二人の就いていた党総書記の座には就かず、二〇一二年四月の党第四回代表者会で「党第一書記」、二〇一六年五月の第七回党大会で「党委員長」に就いた。

しかし、朝鮮労働党は第八回党大会で党規約を改正、党政務局を党書記局に戻し、党総書記の職責を復活し、金正恩が父や祖父と同じ「党総書記」に就いた。

党大会で、金正恩を総書記に推した「推戴の辞」は「革命する党にとって党の首班は全党の組織的意志を体現し、代表する革命の最高首脳、指導の中心、団結の中心として首領の地位を占め、人民大衆の革命偉業、社会主義の偉業遂行で決定的役割を果たす」とした。党の首班、すなわち、党総書記は「首領(スリヨン)の地位」を占めるとし、金正恩はその座に就いた。(1)

党規約改正

北朝鮮は第八回党大会の時点では党規約改正の一部のみを発表したが、韓国政府が改正された規約を入手、韓国メディアが二〇二一年六月になり報道し、その内容が明らかになった。

二〇一六年五月の第七回党大会で改正された旧規約では「序文」の部分は一行四〇字で約一〇〇行を占めた。そのうち、金日成主席と金正日総書記の業績を称えた部分は約三〇行を占めたが、第八回党大会での改正では、その大半を削除し、「朝鮮労働党は偉大な首領たちを永遠に高く奉じ、首班を中心とし、組織思想的に強固に結合した労働階級と勤労人民大衆の核心部隊、前衛部隊である」という簡素な記述となった。「金日成・金正日主義」といった用語を除き、先代、先々代の最高指導者の固有名詞とその革命業績を削除した。同時に「金正恩」という固有名詞も削除し、代わりに一七カ所にわたり「党中央(タンチュンアン)」という言葉が登場した。

金日成主席や金正日総書記の固有名詞や業績の削除は、金正恩政権が先代や先々代の「権威」を借りずとも政権運営を行えるという自信の表れであり、金正恩政権の「独り立ち」を示すものであり、一方で朝鮮労働党を「私党化」するものとも言えた。

「民族解放」路線の削除

旧規約は、序文で「朝鮮労働党の当面の目的は、共和国北半部で社会主義強盛国家を建設し、全国的な範囲で民族解放民主主義革命の課業を遂行することにあり、最終目標は全ての社会を金日成・金正日主義化し、人民大衆の自主性を完全に実現することにある」としていた。これが「朝鮮労働党の当面の目標は共和国北半部で富強で文明的な社会主義社会を建設し、全国的な範囲で社会の自主的で民主主義的な発展を実現することにあり、最終目的は人民の理想が完全に実現される共産主義社会を実現することにある」と改正された。

「全国的な範囲で」という言葉以降の記述は、韓国に対する対応を示す文言であり、韓国への働き掛けを「民族解放民主主義革命の課業を遂行する」から「社会の自主的で民主主義的な発展を実現する」に変えた。北朝鮮の『朝鮮大百科事典・簡略版』（二〇〇四年）によれば、「民族解放革命」とは「民族的隷属から抜け出し、民族の自主権を取り戻すための革命」であり「勝利のためには革命の主体を強化し、武装闘争を基本闘争形態としながら、ここに全人民的抗争を配合しなければならない」としている。すなわち旧規約にある「民族解放民主主義革命」とは、武力闘争を基本に全人民的な抗争で南朝鮮を米帝国主義の隷属状態から解放し、「人民民主主義政権」を樹立することを朝鮮労働党の「当面の目標」にしていた。

新規約にある「社会の自主的で民主主義的な発展を実現する」という表現は言葉を軟らかくしただけで「自主的で」という言葉には、本質において民族解放路線と変わらない意味を内包するものであるという主張があるが、それはあまりに北朝鮮の路線を固定的に見る見方であり、「民族解放」が削除されたことにそれなりの意味を読み取るべきであろう。

北朝鮮が一九八〇年の第六回党大会で「高麗（コリョ）民主連邦共和国」を提唱したことで、北朝鮮は朝鮮戦争のような武力による赤化統一路線を放棄したとの見方もあるが、注目しなければならないのは、北朝鮮は「高麗民主連邦共和国」を提唱しながらも、第七回党大会で改正した党規約では「全国的範囲における民族解放と人民民主主義の革命課業を完遂することにあり、最終目的は、全社会の主体（チユチエ）思想化と共産主義社会を建設することにある」とし、「民族解放」路線を放棄しなかったことだ。

にもかかわらず、続けてそれを北朝鮮が自ら削除したことには意味があろう。さらに、第四条「党員の義務」の第五項にあった「祖国統一を早めるために積極的に闘争しなければならない」という文言も削除した。

北朝鮮は一九九一年に国連に南北同時加盟をした時から、事実上「一つの朝鮮」を放棄し、「二つの朝鮮」政策を容認した。しかし、党規約には民族解放路線、赤化統一路線は残していた。だが、三代目の最高指導者である金正恩党総書記は、「分断」を当たり前として生まれた世代だ。朝鮮戦争の経験もない。むしろ、南北の経済格差が拡大する中で、朝鮮半島の現実は、北朝鮮による「赤化統一」よりは、経済力に勝る韓国による「吸収統一」の可能性の方が高まったといってよい。

そのような状況下で、北朝鮮は二〇一七年末ごろから「わが国家第一主義」を強調し始め、金正恩自身も二〇一九年の「新年の辞」で「わが国家第一主義」を提唱した。この考えは、北朝鮮という国家を第一とする考えである以上、「統一朝鮮」への志向は後退せざるを得ない側面を持っている。これは、父親の金正日総書記が「民族解放」路線を内包した「わが民族第一主義」を提唱したこととは異なる考えだ。北朝鮮自身は「わが国家第一主義」は、「わが民族第一主義」

を発展させたものと主張するだろうが、筆者はその内包する志向には大きな差があると考える。

北朝鮮が党規約から「民族解放」路線を削除したことは、単に規約上の問題にとどまらず、北朝鮮が「二つの朝鮮」を受け入れる転換点になるかもしれないことを示唆しているようにみえた。

党規約の「統一戦線」に関する部分では「朝鮮労働党は、全朝鮮の愛国的民主力量との統一戦線を強化し、海外同胞の民主主義的民族権利と利益を擁護保証し、彼らの愛国愛族の旗幟の下に固く団結させ、民族的自尊心と愛国的熱意を喚起し、祖国の統一発展と隆盛繁栄のための道に積極的に出ていくようにする」という文句が新たに挿入された。

最高人民会議常任委員会第一四期第一八回総会が二〇二一年一二月一四日に開かれ、二〇二二年二月六日に最高人民会議第八期第六回会議を開催することを決めた。同最高人民会議は二月六、七両日平壌で開催され、「海外同胞権益擁護法」が採択された。第八回党大会での党規約改正で「海外同胞の民主主義的民族権利と利益を擁護保証」することを明記したことを受けて、在外同胞への支援と北朝鮮国内の帰国同胞への待遇見直しなどの可能性もある。金正恩の母親の高ヨンヒが帰国同胞である点などを考えれば、北朝鮮が海外同胞への対応を強める可能性があるだろう。

また、旧規約では「朝鮮労働党は、南朝鮮から米帝の侵略武力を追い出し、全ての外勢の支配と干渉を終わらせ、日本軍国主義の再侵略策動を粉砕し、社会の民主化と生存の権利のため、南朝鮮人民達の闘争を積極支持・声援し、わが民族同士の力を合わせ、自主・平和統一、民族大団結の原則により祖国を統一し、国と民族の統一的発展を成し遂げるために闘争する」となっていたが「朝鮮労働党は、南朝鮮で米帝の侵略武力を撤去させ、南朝鮮に対する米国の政治軍事的支配を終局的に清算し、あらゆる外勢の干渉を徹底的に排撃して強力な国防力で根源的な軍事的脅威を制圧し、朝鮮半島の安全と平和的環境を守護し、民族自主の旗幟、民族大団結の旗幟を高く掲げて祖国の平和統一を早め、民族の共同繁栄を成し遂げるために闘争する」と改正した。

注目点の第一は「日本軍国主義の再侵略策動を粉砕し」という文句が削除されたことである。第二は「強力な国防力で根源的な軍事的脅威を制圧し」と、北朝鮮の核・ミサイルなどの「強力な国防力」で米国などの軍事的脅威を「制圧」すると表明したことだ。第三に「民族の共同繁栄を成し遂げるために闘争する」の意味が、「祖国統一」の前段階としての「民族共同繁栄」のプロセスを置いたようにも読み取れる点が注目される。「民族の共同繁栄」という言葉には「統一朝鮮の繁栄」というよりは「南と北のそれぞれが繁栄する」というニュアンスが強い。北朝鮮が統一へ向かうプロセスとして「民族の共同繁栄」という段階を経ることを考慮しているのであれば、興味深いアイデアではあるが、これだけではまだ真意は十分に把握しかねる。

しかし、金正恩党総書記は二〇二三年一二月の党中央委員会第八期第九回総会での報告で、南北関係を「もはや同族関係ではない」とし「敵対的な二国間関係、戦争中にある二つの交戦国関係」と規定、公式化した。さらに「大韓民国の連中とは、いつになっても統一が実現しない」と決め付け、南北の平和統一を志向しない姿勢を示し「有事の際に核戦力を含むすべての物理的手段と力量を動員して南朝鮮の全領土を平定するための大事編の準備に引き続き拍車を掛けていくべきである」とし、有事という条件を付けながらも、核兵器を動員し、南朝鮮を「平定」すると言い切った。「民族解放」路線の復活とも取れる発言であった。

「党中央」の登場

改正された党規約では一七カ所にわたり「党中央」という用語が登場したが、その際の「党中央」という言葉の使われ方には二つのパターンがある。第一はこれまで「党」となっていたものが「党中央」に書き換えられたケースだ。一七カ所の「党中央」の記述のうち一二カ所は「党」を「党中央」に書き換えたものだ。これは金正恩党総書記による「私党化」と言わざるを得ない。

『労働新聞』は二〇二〇年六月一八日付一面で「輝く時代語、党中央決死擁護精神」という用語解説の記事を掲載した。記事は「党中央決死擁護精神、これは最高領導者同志の身辺の安全と権威、思想と業績を、命を捧げて徹底擁護していくわが人民の精神を反映した時代語である」と指摘し、「党中央」とは最高領導者、金正恩のことであることを明確にした[2]。

朝鮮労働党員を規定した第一条は「朝鮮労働党員は、敬愛する金正恩同志の領導によって偉大な金日成同志と金正日同志が開拓し、導いてきた主体革命偉業、社会主義偉業の勝利のためにすべてのものを捧げて闘争する主体型の革命家である」となっていた。これが、改正後の規約では「朝鮮労働党員は、首領の革命思想で徹底的に武装して、党組織規律に忠実で、党中央の領導に従ってわれわれ式社会主義偉業の新たな勝利、主体革命偉業の終局的勝利のために一身すべて捧げて闘争する主体型の革命家である」となった。ここに「首領の革命思想」という言葉が登場したことは注目すべきだ。つまり、党員とは「首領（金正恩総書記）の革命思想」で徹底的に武装し、一身すべて捧げて闘争する主体型の革命家であるとしたわけである。

朝鮮労働党員とは、旧規約では、金日成主席や金正日総書記のつくってきた「偉業」に全てを献げるとなっていたが、改正規約では、首領（金正恩党総書記）の革命思想で武装し、党中央（金正恩党総書記）の領導に従って、「われわれ式社会主義偉業」や「主体革命偉業」の勝利のためにすべてを捧げる革命家であると規定した。先代や先々代からの継承よりは、現在の最高指導者の「偉業」にすべてを捧げよとしたわけである。また、「党中央」が「首領」とほぼ同じ意味を持つ言葉になりつつあることを示した。

また、規律違反の党員に対する処分を規定した第七条、道・市・郡の党委員会に関する規定の第三五条、基層党組織を規定した第四五条、人民軍内の各級党組織について規定した第四九条では「党の唯一的領導」となっていたが、これが「党中央の唯一的領導」に改正された。

権限が強化された党中央検査委員に関する規定の党第三一条でも「党中央の唯一的領導実現に疎外を与える党規律違反行為を監督調査」する、と「党中央の唯一的領導」が書き込まれた。

第二のパターンは「金正恩同志」という固有名詞を「党中央」という表現に変えたものだ。こうしたケースは一七カ所中五カ所だった。これは、「金正恩同志」への忠誠という表現は個人崇拝の色彩を強めるが、「党中央」への忠誠という表現にすれば、それは制度化された最高指導者への忠誠というイメージに転換することが可能だ。個人崇拝という色彩を薄め（実体的には個人崇拝だが）、ある意味で制度化された表現に転換した（しかし、現時点ではその可能性はないが、最高指導者が金正恩から別の人物に変わった場合には、リスクを負う表現でもある。しかし、それでも「金正恩同志」を「党中央」に書き換えたのは、それだけ政権掌握への自信を示しているといえる）。

旧規約では第四条で「党員の義務」について規定しているが、「党員は、偉大な金日成主席と金正日同志を永遠の主体の太陽として高く戴き、敬愛する金正恩同志の領導を、衷情をもって奉じていかなければならない」となっていた。だが、改正規約では「党員は党中央の領導に果てしなく忠実でなくてはならない。党員は首領に対する忠実性を革命的信念と義理として大切に擁護し、党の路線と政策を無条件で受け入れ貫徹し、党の前に無限に誠実で言葉と行動が一致されなければならない」となった。金日成主席や金正日総書記への言及は削除され、「敬愛する金正恩同志」は「党中央」に書き換えられた。すでに党規約改正の段階で金正恩党総書記を「首領」とすることが既成事実化していたことも分かる。

規約改正では金日成主席や金正日総書記の固有名詞を削除し、金正恩同志という固有名詞も削除し、「党中央」という言葉に言い換えた。北朝鮮は「普通の社会主義国家」を目指しており、その意味で、内容的には金正恩党総書記の個人独裁を強化しながらも、用語面では通常の社会主義国家の党規約のスタイルに変えたといえる。

規約改正は、組織としての朝鮮労働党の領導が、最高指導者である金正恩党総書記の領導に置き換えられ、金正恩党総書記の権限、権威強化が進行し、金正恩党総書記による唯一的領導体系（個人独裁）がさらに強化されたといえる。

また、旧規約第二四条では「朝鮮労働党委員長は党の最高領導者である。朝鮮労働党委員長は党を代表し、全党を領導する」となっていたものを「朝鮮労働党の首班は朝鮮労働党総書記である。朝鮮労働党総書記は党を代表し、全党を組織、領導する」と改正した。「全党を組織」という文言が挿入され、党総書記の権限はさらに強化された。同時に「朝鮮労働党委員長は党中央軍事委員長となる」という条項は削除されたが、改正規約第三〇条に「朝鮮労働党総書記は党中央軍事委員会委員長となる」という条項が新たに挿入され、党総書記が党中央軍事委員長を兼務すること自体に変化はなかった。

「党第一書記」ポストの設置

また、党中央委員会全員会議（総会）を規定した第二六条を「党中央委員会全員会議は該当時期、党に提起される重要な問題を討議決定し、党中央委員会政治局と政治局常務委員会を選挙し、党中央委員会第一書記、書記らを選挙し、書記局を組織し、党中央軍事委員会を組織し、党中央検査委員会を選挙する」と改正し、それまではなかった「党第一書記」のポストを新設した。

さらに同条で、党中央委全員会議（総会）は、「党中央委員会に部署（非常設機構を含む）を置き、必要な場合、党規約を修正し、執行し、党大会に提起し、承認を得る。党中央委員会第一書記は朝鮮労働党総書記の代理人である」という条項を追加した。ここで最大の関心事は、新設の「党第一書記」を「党総書記の代理人」と党規約で明記したことである。

北朝鮮では、国家機関としての国務委員会には第一副委員長というポストがあり、崔龍海（チェリョンヘ）党政治局常務委員が就いている。軍を指導する党中央軍事委員会では副委員長ポストがあり、この時点では、李炳哲（リビョンチョル）党政治局常務委員が就いている（規約改正後の二〇二一年六月二九日に開催された朝鮮労働党第八期第二回政治局拡大会議開催で李炳哲が処分を受け、党中央軍委副委員長を解任されたが）。その意味で、党にも党総書記を補佐するポストを新設しても、それ自体はあり得ることだ。しかし、党規約にわざわざ『代理人」と明記した場合、党第一書記は「ナンバー2」としての職責の意味合いを持ち、それは「後継者」の含みすら抱かせることになる。

しかし、ここで言う「代理人」の概念は明確でなく、曖昧だ。最高権力者と同じ権力を付与された存在なのか、最高指導者が外遊や病気などの際に事務的な権限を代行する存在なのか明確ではない。

金正恩党総書記が権力を掌握して一〇年余の歳月が流れたが、この一〇年余の最大の特徴は、金正恩による「唯一的領導体系確立」といわれる一人独裁体制の強化であった。第八回党大会での党規約改正でも、統治方式について、「朝鮮労働党は党中央の唯一的領導体系確立を中核として押し立て、全党を金日成・金正日主義で一色化し、首班を中心とした全党の統一団結を百方に強化し、党中央の領導のもとで組織規律に従い、一つとなって動く厳格な革命的制度と秩序を打ち立てる」としている。

将来の病気などに備えたリスク管理のためかもしれないが、権力の二元化を招きかねないポストをなぜつくったか、その意図は不明だ。考えられるのは、実妹の金与正や将来の後継者候補を今後、このポストに就けることを考えている可能性だ。金正恩にとっては実妹の金与正は間違いなく「代理人」である。筆者は、金与正を金党総書記の「アバター」（分身）だと位置づけてきたが、金与正なら「代理人」として適格だろう。金正恩党総書記を裏切る可能性はなく、一心同体だからだ。

もう一つは、金正恩がすでに自身の「後継者」を視野に入れて、その準備作業に入ったという可能性だ。北朝鮮では、金正恩党総書記が二〇二二年一一月一八日に大陸間弾道ミサイル「火星17」の発射実験に娘を連れて現地視察をし、この娘に関心が集まった。それ以降、北朝鮮メディアは「愛するお子さま」、「尊敬するお子さま」などとこの娘を表現し、二〇二三年末までに約二〇回、北朝鮮メディアに登場した。当初は儒教的意識の強い北朝鮮で女性の後継者は難しいとの見方が強かったが、あまりに頻繁に登場し、韓国政府も後継者の可能性を排除できないとの見方になった。将来、この娘を含め、後継者候補が「党第一書記」の座に就く可能性を排除はできないが、当面は空席が続く可能性が高いとみられる。改正党規約では、党第一書記は、党中央委員会議（総会）で選出される、となっている。ポストは創設したものの、北朝鮮メディアは一度もこの職責を報じていない。

「先軍」から「人民大衆第一主義」へ

また党規約改正では「朝鮮労働党は先軍政治を社会主義基本政治方式として確立し、先軍の旗印の下で革命と建設を領導する」を「朝鮮労働党は人民大衆第一主義を社会主義基本政治方式とする」と改正し、基本政治方式を「先軍政治」から「人民大衆第一主義」に変更した。

金正恩政権は二〇一六年六月二九日の最高人民会議第一三期第四回会議で、先軍政治の中心機関であった国防委員会を国務委員会に改編することで先軍政治を事実上終焉させながらも、党規約上では先軍政治を基本政治方式とする条項を削除せず残した。しかし、第八回党大会の改正で党規約から「先軍」という用語はまったくなくなり、過去のものとなった。これは金正恩政権が先軍政治を「苦難の行軍」のような非常時の政治方式として「歴史化」したことを意味するものであろう。それに代わり、「人民大衆第一主義」を基本政治方式として党規約に明記したことで、金正恩政権の政治方式の核心的な理念であることを明確にした。

金正恩は二〇一三年一月の朝鮮労働党第四回細胞書記大会で「金日成・金正日主義は本質において人民大衆第一主義である」という種子を提示したが、それから八年の歳月を掛けてようやく「人民大衆第一主義」を金正恩時代の中核的な指導理念として制度化した。

党大会の「五年ごと開催」と「党機関決定主義」

規約改正では、党大会を「五年に一回」開催するとし、党中央委員会が数カ月前に党大会招集を発表すると規定した。旧規約では六カ月前に発表となっていたが、これを「数カ月前」に修正した。この党大会の五年ごとの定例化は北朝鮮の今後の政治的な歩みが五年単位で動くことを意味し、すでに二〇二〇年六月の党中央委第七期一三回政治局会議から行われている党政治局会議が党大会後何回目の政治局会議であるかを公表したことなどと合わせ、党の重要会議を通じた統治、党機関決定主義を明確化した。

改正前の党規約では第二七条で、「党中央委員会政治局と政治局常務委員会は、全員会議から全員会議までの間、党中央委員会の名で党のすべての事業を指導する」となっていたが、改正後は党中央委政治局と党中央委政治局常任委員会の役割を分け、明確化した。

また同条は、党中央委政治局は党中央委全員会議と党中央委全員会議の間のすべての事業を組織指導し、党中央委員会全員会議を招集するとした。

第二八条では、党中央委政治局常務委員会は、「政治、経済、軍事的に緊急に提起される重大な問題を討議決定し、党と国家の重要幹部を任命することについての問題を討議する」、「朝鮮労働党総書記の委任によって、党中央委員会政治局常務委員会委員は、政治局会議を司会できる」とした。党政治局常務委員会に党や国家の重要幹部の任命権を付与した。政治局会議の司会代行は党総書記の負担軽減の意味もあるとみられた。

また、規約改正により「党中央委員会検閲委員会」がなくなり、その機能を「党中央検査委員会」が引き継ぐことになった。これまで、党中央検査委員会は党の財政規律違反を検査する機関であったが、党規律違反行為、官僚主義、不正腐敗などを監督調査し、下部からの訴えを受け付ける「申訴(シンソ)苦情願」も扱うなど幅広い権限が与えられた。

さらに党中央委に規律調査部が設置され、党中央委員会から道・市・郡の党委員会に至るまで党規律問題を専任する部署が設けられた。

「並進路線」から「自力更生」へ

旧規約では序文で「朝鮮労働党は、革命隊伍を政治思想的に強固にまとめ上げ、人民大衆中心の社会主義制度を強固に発展させ、経済建設と核武力建設の並進(ピョンジン)路線を堅持し、科学技術発展を確固に先頭に立たせ、国の防衛力を鉄壁に固め、社会主義経済強国、文明国建設を推し進めていく」と「経済建設と核武力建設の並進路線を堅持」を謳っていた。これが、「朝鮮労働党は、自力更生の旗印の下に経済建設を急ぎ、社会主義の物質技術的土台をしっかりと固め、社会主義文化を全面的に発展させて、社会主義の制度的優越性をさらに強固にして発揚させ、社会主義の完全勝利を早めるために闘争する」と改正され、「並進路線」を削除して「自力更生」路線を打ち出した。

朝鮮労働党の並進路線は、二〇一三年三月の党中央委員会総会で打ち出したものであり、二〇一六年五月の第七回党大会で、これが党規約にも書き込まれた。北朝鮮は二〇一七年一一月には新型ICBM「火星15」の発射実験を成功させ国家核武力の完成を宣言した。しかし北朝鮮が二〇一八年二月、平昌冬季五輪に参加したことから始まった対話路線への転換で、朝鮮労働党は二〇一八年四月の党中央委第七期第三回総会で、勝利のうちに並進路線を終了したとした。

国際社会は二〇一七年末から国連で経済制裁強化を決議し、このため、北朝鮮は二〇一九年一二月の党中央委第七期第五回総会で自力更生路線を打ち出した。経済制裁が長期化する中で、北朝鮮は二〇二一年一月の第八回党大会でも「自力更生」路線を打ち出し、党規約もこれに従って改正したものである。

「五大教養」を修正

改正前の党規約では、党員や勤労者への事業として第三五条で「五つの思想教養活動」を強化するとしていた。その五つとは「偉大性教養、金正日愛国主義教養、信念教養、反帝階級教養、道徳教養」であった。

それが改正では、「反帝階級教養、道徳教養」の二つがそのまま残り、「偉大性教養、金正日愛国主義教養、信念教養」が「革命伝統教養、忠実性教養、愛国主義教養」に差し替えられた。

「偉大性教養」について、金正恩党総書記は、二〇一九年三月に行われた「第二回全国党初級宣伝活動家大会」に同六日付の書簡を送り、「(最高指導者に対する)偉大性教育で重要なのは、首領は人民とかけ離れた存在ではなく、人民と生死苦楽をともにし、人民の幸福のために献身する、人民の領導者であるということを、深く認識させることだ」とした。さらに「もし偉大性を際立たせるといって、首領の革命活動と風貌を神秘化すれば、真実を覆い隠すことになる。首領は、人間と生活を熱烈に愛する偉大な人間であり、崇高な意思と情によって人民を導く偉大な同志である。首領に人間的かつ同志的に魅惑されたとき、絶対的な忠実さが湧き上がるものである」とし、「首領の思想理論も人民を尊厳高くよく暮らすための人民的な革命学説であり、首領の領導も人民大衆に基づいてその力を発動させる人民的領導であり、首領の風貌も人民を果てしなく愛し、人民に滅私服務する人民的風貌ということを原理的に、生活的に知らせなければならない」と述べた[3]。

これは金正恩の「首領観」を示す興味深い言葉だ。人民が首領に人間的で同志的に魅了されてこそ「絶対的な忠実性」が生まれるのであり、首領の「神秘化」などは弊害になるという考えであり、金正日総書記の行った金日成主席の神秘化への批判ともとれる発言であった。それは同時に、自身が望む「首領観」であった。

今回の党規約改正の大きな方針の一つは金日成主席、金正日総書記の固有名詞を規約から削除することである。その意味で「金正日愛国主義」は姿を消し、首領（金正恩党総書記）への「忠実性教養」に差し替えられたのであろう。

また「信念教養」が「愛国主義教養」になった背景には、北朝鮮が二〇一八年末ごろから強調している「わが国家第一主義」の反映があるとみられた。また、「金日成・金正日主義青年同盟」の名称を「社会主義愛国青年同盟」に改称したことも、こうした考え方の延長線上にあるとみられた。

「社会主義文化の全面発展」と「社会主義完全勝利」

第八回党大会における党規約改正の全体的な特徴は、先述の序文の改正に見られるように「社会主義」の強調であり、「社会主義文化を全面的に発展」「社会主義の完全勝利」を前面に打ち出した。金正恩政権は、政権スタート時には市場経済的な政策を取り入れたり、文化的にも開放的な姿勢を見せたりしたが、二〇一九年二月のハノイでの米朝首脳会談の決裂以降は、社会主義的な統制強化の方向性を強めた。

北朝鮮は二〇二〇年一二月の最高人民会議常任委員会第一四期第一二回総会で「反動思想・文化排撃法」を制定し、反社会主義、非社会主義的傾向を法で取り締まることにした。

二〇二一年一月の第八回党大会や、同年四月末に開かれた「社会主義愛国青年同盟」の大会でも反社会主義、非社会主義的傾向との闘争が強調された。

金正恩党総書記は青年同盟に送った書簡で、「今の青年世代は国が試練を経ていた苦難の時期に生まれ育ったため、朝鮮式社会主義の真の優越性に対する実際の体験やイメージに欠けており、はなはだしくは一部間違った認識まで持っている」と指摘した。

これは一九九〇年代後半の「苦難の行軍」を経験した若者世代が社会主義の恩恵を受けず、市場によって生き延びてきたため、反社会主義、非社会主義的傾向に染まっているとの危機認識とみられる。まだ当時、三七歳の金党総書記にとって、「社会主義強国」を打ち立てるためにも、この苦難の行軍世代、市場世代の思想教育は体制の存続に影響を与える重大な問題という認識なのであろう。

註

（１）『労働新聞』２０２１・01・11「추대사」
（２）『労働新聞』２０２０・06・18「〈빛나는 시대어〉 당중앙결사옹위정신」
（３）『労働新聞』２０１９・03・09「경애하는 최고령도자 김정은동지께서 제2차 전국당초급선전일군대회 참가자들에게 서한《참신한 선전선동으로 혁명의 전진동력을 배가해나가자》를 보내시였다」

第12章 「人民的首領」への道と「金正恩革命思想」の登場

「首領」呼称の登場

党機関紙『労働新聞』と党理論誌『勤労者』は二〇二〇年一〇月三日、「人民のために滅私奉仕するわが党の偉業は必勝不敗である」と題した共同論説を発表した。[1] 党創建七五周年の一〇月一〇日を前にした共同論説であり、金正恩(キムジョンウン)政権になり六回目の共同論説であった。

この共同論説は朝鮮労働党が人民大衆第一主義に則った人民に滅私奉公する党であることを強調しながら、朝鮮労働党があれば、いかなる困難も突破できるという論旨であった。この共同論説で、特に注目されたのは「最高指導者金正恩元帥はわが党を人民のために滅私奉仕する革命的党として絶えず強化、発展させていく人民の偉大な首領(スリョン)である」とし、金正恩を「人民の偉大な首領」と呼称したことだった。

さらに「わが人民は自分の家の心配よりまずわれらの元帥が苦労する考えでより胸を痛める人民である。人民の不幸は首領がみな癒してくれるが、彼の千万の苦労は数千万人民も代わることができないので、元帥の姿にお目にかかる時にはどうすることなく熱い涙からこぼすのがわが人民である」とした。「元帥」は金正恩であり、それを「首領」と表現した。

共同論説は九回にわたり「首領」という言葉を使っているが、そのうち四回は「首領さまたち」と複数形で金日成（キムイルソン）主席、金正日（キムジョンイル）総書記を指していた。党機関紙と党理論誌が党創立七五周年を前に出した共同論説で金正恩を金日成主席や金正日総書記と同じように「首領」と表現したことは、今後、党の意思として金正恩を「首領」の呼称で奉じる意思とみられた。

第八回党大会で「人民的首領」として党総書記推戴

朝鮮労働党第八回党大会が二〇二一年一月五日から一二日まで開催され、五日目の一月九日に党規約が改正され、第二四条で「朝鮮労働党の首班は朝鮮労働党総書記である」と規定し、党の最高職責をこれまでの党委員長から党総書記にした。これに伴い、七日目の一月一〇日に党総書記の推戴が行われた。李日煥（リイルファン）党書記が「推戴の辞」を述べて金正恩を党総書記に推戴した。「推戴の辞」は「革命する党にとって党の首班は全党の組織的意志を体現し、代表する革命の最高首脳、指導の中心、団結の中心として首領の地位を占め、人民大衆の革命偉業、社会主義の偉業遂行で決定的役割を果たす」と述べ、朝鮮労働党の首班は「首領の地位」を占めるとした[2]。

「推戴の辞」は「時代と革命が付与した最も責任的かつ重大な使命を担った党の首班は全党を代表し、賢明に指導することができる特出した資質と能力を備えていなければならない」とし、「首領の偉大さであると同時に党の偉大さであり、国と民族の強大さであり、革命偉業の不敗性である」とした。

そして「金正恩元帥は、指導者としてだけでなく、革命家として、人間として身につけなければならない風貌をもっとも崇高な高さで体現している人民的首領である」と称え、金正恩をここでも「人民的首領」とした。

前述したように、朝鮮労働党は党規約改正で、党員の義務として「首領の革命思想」で徹底的に武装することを求めており、この「首領」は金正恩党書記であり、「金正恩党総書記の革命思想」への忠誠を義務としていた。

二〇二一年五月から「首領」キャンペーン

そして党機関紙『労働新聞』では二〇二一年五月ごろから、金正恩党総書記を「首領」とする記事が頻繁に登場するようになった。

『労働新聞』は五月一四日付で「人民の忠僕の党」と題された「政論」を掲載した。[3]「政論」は、朝鮮労働党が「母なる党」であるためには「人民の忠僕の党」でなければならないと訴えながら「これは偉大な首領たちを推し戴いたように、人民に対する滅私奉仕を畢生のいちずな心に刻んだ人民的首領である総書記だけが闡明できる高貴な呼び名である。それは偉大な金正恩時代を象徴するもうひとつの激動的な時代語であり、総書記が導く朝鮮労働党の真の姿、栄光に輝く戦闘的な旗印である」とし、金正恩総書記を「人民に対する滅私奉仕を畢生のいちずな心に刻んだ人民的首領」と表現した。その上で金正恩が「私の思想はいくら展開しても人民の忠僕にならなければならないということ、それ以上のものは出てこない」と懇切に述べたとし、「古今東西にどの首領、どの偉人がこのように深遠かつ胸を打つ心中をこのように熱く披瀝した例があっただろうか。わが党と人民の偉大な首領である金正恩同志の革命思想、政治哲学は、時代と歴史、革命と建設の各分野に全面的で、細部的で、深奥ながらも独創的な答えを示す真理と勝利の大百科全書、現代人類知性の最高精粋を成している」と称えた。そして、最後は「世紀の太陽、人民の首領である金正恩同志の党、朝鮮労働党に栄光、栄光あれ！」という言葉で長い賞賛を終えた。金正恩を「首領」として称賛するキャンペーンの開始であった。

首領へ「報恩」しろという統治イデオロギー

北朝鮮では二〇二一年五月ごろから、金正恩党総書記を「首領」と表現することが一般化し始めるが、これと同時に、人民に滅私奉公する「人民的首領」に対する人民の「忠誠」を要求するキャンペーンが展開された。首領である金正恩党総書記が「人民大衆第一主義」を掲げて党幹部らに、滅私奉公を求めるが、人民はそうした首領の恩に報いなければならないという論理だ。先述した『労働新聞』と『勤労者』の共同論説や、政論「人民の忠僕の党」の中にもそういう論理が含まれていた。

『労働新聞』五月一三日付は、「首領への忠実性は革命家の基本的表徴」と題した論説を掲載した[4]。この論説は、故金正日総書記の「首領への忠実性は革命戦士の第一生命である」との言葉を引用し、「首領への忠実性は、革命家の第一生命であり、基本的表徴である。忠実性が高くてこそ、首領の構想と意図に忠実に従ってその実現のために自分のすべてを捧げて闘うことができる」、「党政策貫徹における差は、実力の差である前に忠実性の差である」、「科学技術を知る前に首領をまず知り、首領の恩恵に報いることのできる熱血の忠臣になろう、これがわが人民の信念の叫びである」、「首領を限りなく信頼し、仰ぐ人民は何によっても屈服させることができず、いかなる困難も切り抜けて行くことができる」とした。

また同日付の『労働新聞』は、「偉大な首領が偉大な人民を育てる」という金正恩総書記の〝名言〟の解説記事を掲載した。「名言」には、「偉大な首領をおし戴いた人民だけが偉大な人民として育つようになるという高貴な哲理が盛り込まれている」とした上で、「間違いなく代々、首領運、将軍運に恵まれるのは太陽民族の誇りであり、自負であり、わが人民が与えられた幸運中の幸運である」、「すべての幹部と党員と勤労者は限りないこの栄光を心に銘じ、総書記同志の思想と指導に忠実にしたがっていかなければならない」と論じた[5]。

こうした北朝鮮メディアの論調は、金正恩党総書記が掲げる「人民大衆第一主義」という最高指導者の人民重視に対し、人民が首領への忠実性で報恩しなければならないという論理で成立するものであった。

『労働新聞』は五月一七日付でさらに、「敬愛する金正恩同志に限りなく忠実な真の革命戦士、信念と信義の人間になろう」と題した社説を掲載した。

社説は「首領の思想と指導に忠実に従うのはわが人民の誇らしい伝統である」、「世界革命運動史上初めて、首領に対する忠実性の伝統が創造され継承・発展してきた誇らしい歴史として輝いている」、「首領に対するわが人民の絶対的な忠実性はこんにち、金正恩同志を首位におしいただき、崇高な高さで発揮されている」、「金正恩同志に対するわが党員と勤労者、人民軍将兵の限りない忠実性は、傑出した首領、不世出の愛国者、卓抜した革命家、偉大な人間に対する限りない魅惑と烈火のような欽慕心の噴出である」とした[6]。

このように、金正恩総書記を「首領」と位置づけるキャンペーンと同時に、金正恩が掲げている「人民大衆第一主義」に人民が応え、人民が「首領に報いる忠誠」を要求されている。「人民大衆第一主義」を、論理の逆転で「首領第一主義」へと読み換えるキャンペーンとみていいのかもしれない。

人民の「偉大なオボイ（慈父）」

朝鮮語で「オボイ」とは父母の意味だが、北朝鮮ではかつて、金日成主席に対して「オボイ首領様（スリョンニム）」という表現が使われた。「人民の慈父である首領様」という意味である。

金正恩は政権をスタートした直後の二〇一二年一月の旧正月にあたり、万景台（マンギョンデ）革命学院を訪問し、学生や教職員と記念写真を撮った。党機関紙『労働新聞』は一月二五日付でこれを報じ、金正恩を待っていた学生や教職員の様子を「瞬間、敬愛するオボイを待ちながら、撮影台に立っていた教職員、学生たちは天地を揺るがせるような爆風のような『万歳！』の歓呼と『金正恩決死擁衛！』のスローガンを叫びながら熱狂的に歓迎した」と報じ、当時わずか二八歳の金正恩を「オボイ」と表現し、話題になった[7]。

しかし、北朝鮮では「オボイ首領様」という表現は金日成主席だけを指す言葉であり、こうした例外を除いて、金正恩を「オボイ」と表現する報道はほとんどなかった。

だが、朝鮮総連は二〇一六年元日の金正恩に宛てた新年の祝賀文で「在日同胞の慈愛あふれるオボイであられる敬愛する金正恩元帥様」という表現を使い、金正恩に「オボイ」の呼称を使い始めた[8]。朝鮮総連は二〇二一年元日の祝賀文でも「二一世紀の偉大な太陽で、総連と在日同胞の慈愛に満ちたオボイ（慈父）であられる敬愛する最高領導者、金正恩元帥様に謹んで捧げる」と題された書簡を送った[9]。

しかし、北朝鮮内部では控えられていた金正恩に対する「オボイ」という表現が最近次第に増え始め、『労働新聞』は二〇二一年一〇月二二日付で「運命も未来もみな担い気を配る偉大なオボイを首領として高く戴いた人民の栄光は限りない」と題した論説を掲載した[10]。

儒教精神が色濃く残る北朝鮮社会で執権一〇年、わずか三七歳で金正恩は「オボイ」、つまり「国父」になったということである。北朝鮮は金正恩総書記を「オボイ」とし、朝鮮労働党を「母なる党」とする国家となった。

論説は「金正恩元帥はわが人民をまたとなく神聖視し、彼らの肌に社会主義の恩恵が一つでもより多く行き届くようにするために、不眠不休の労苦を重ねていく偉大なオボイである」と称えた。そして、「施される愛と恩恵に報いを追随させるのは人間の当然な道義である。自分を守ってくれ、抱き推し立て導く偉人なオボイの大いなる愛に涙を流し、万歳を叫ぶだけで報いることができないなら、それよりひどい背恩忘徳はない」と指摘し、ここでも人民の首領に対する「報恩」が強調された。その上で「敬愛する総書記同志を革命の偉大な首領として高くおしいただいた、大きな誇りと自負心に満ちているわが人民は、党大会決定貫徹のための今日の闘争で精神力の強者、不可能を可能にする偉勲の創造者としての高貴な生を織り成していくだろう」とし、第八回党大会が決定した国家経済発展五カ年計画の初年の目標達成に力を尽くせと訴えた。

また、『労働新聞』は党創建七六周年の二〇二一年一〇月一〇日に「人民大衆第一主義の旗印を高く掲げて進む朝鮮労働党の偉業は必勝不敗である」と題した社説を掲載した[11]。

同社説は「わが党を永遠に金日成・金正日主義党に輝かして行かなければならない」とし、朝鮮労働党は「永遠に」、金日成・金正日主義党として歩まなければならないとした。

その上で「わが党の指導思想である金日成・金正日主義を人民大衆第一主義に定式化し、人民大衆第一主義政治を党の存亡と社会主義の成敗を左右する根本問題、基本政治方式と推した方が総書記同志である」とした。

従来は「金日成・金正日主義は本質において人民大衆第一主義」であるという表現だったが、これを「わが党の指導思想である金日成・金正日主義を人民大衆第一主義に定式化」したとし、「金日成・金正日主義=人民大衆第一主義」へと格上げした。

さらに「金正恩元帥は天才的な思想的・理論的英知と非凡で特出した指導力、偉大な風貌を備えているわが党と国家、人民の偉大な首領である」とし、社説で、金正恩を「わが党と国家、人民の偉大な首領である」と規定した。

「首領」とは

それでは、北朝鮮における「首領」とはいかなる存在なのだろうか。

北朝鮮の『朝鮮大百科事典』（簡略版、二〇〇四年）では「首領」とは「労働階級の革命偉業を勝利へ導く党と革命の最高領導者」とある。

さらに「社会政治生命体の最高脳髄として人民大衆の中で絶対的な地位を占める。首領は人民大衆の自主的要求と利害関係を統一させ、それを人民大衆の創造的活動として実現していくことにおいて、その中心。首領はまた労働階級の革命闘争で決定的役割を遂行し、革命の指導思想創始、深化発展、人民大衆を組織化、意識化し、一つの政治的力量として結束。革命を勝利へと組織領導、首領の後継者を正しく選定し、高く奉じていくようにし、首領の革命偉業継承問題を輝かしく解決し、革命の終局的勝利のために、決定的担保を確固として準備する」としている。

韓国にいる脱北者の知識人に「首領とは何か」と尋ねてみると「自分たちは『首領とは革命の党を創始し、その党の思想を創出した人』と学んだ」という。この人の受けた教育では、朝鮮労働党を創始し、その指導理念であるチュチェ思想を創出した人ということになる。そうなると「首領」は金日成主席しかいない。

事実、金正日総書記は、自分が生きている間は、自身を「首領」と呼ばせなかった。「偉大なる首領」とは金日成主席一人であった。

金日成主席も最初から「首領」を名乗ったのではない。文献上では、北朝鮮では最初は「首領」はスターリンに対して使われたという。[12] 金日成は一九四六年八月一〇日に重要産業交通通信運輸銀行等の国有化方案の発布に関する演説でスターリンを「ソ連人民の偉大な首領」と呼んだ。

朝鮮労働党内部では、金日成らの抗日パルチザンがソ連派、延安派、国内派などを粛清し、次第に支配を強めて行った。金日成主席が「首領」を名乗るのはそうした党内闘争に勝利し、満州パルチザン派による勝利を固めた以降であった。

文献上、金日成主席が最初に公式の場で「首領」と呼ばれたのは一九五二年一二月一五日の朝鮮労働党中央委第五回全員会議（総会）の際に、金日成が演説を終えた際に「われわれの敬愛する首領、金日成同志に栄光あれ」という歓声が起きたのが最初だという[13]。

朝鮮総連の韓徳銖（ハンドクス）議長は一九六四年に金日成首相に送った新年の挨拶の賀状で「敬愛する首領」という形容詞を付け、その後もそれが続いた[14]。

北朝鮮で、金日成主席に対して「首領」と呼ぶようになったのは一九六六年九月三〇日、黄長燁（ファンジャンヨプ）・金日成総合大学総長（当時）が同大学創立二〇周年にあたり「党と首領に対する忠実性は総合大学の第一生命であり、栄光ある伝統である」と題した演説を行って以降、一般化したという[15]。

そして、一九六七年五月四日から八日まで党中央委第四期第一五回総会が秘密裏に開催され、朴金喆（パククムチョル）党政治委員会常務委員らが「ブルジョワ分子、修正主義分子」として粛清され、「党の唯一思想体系を確立することについて」を採択した。金日成はそこで初めて、自らに対し「首領」という言葉を使ったとみられている[16]。

さらに一九六九年四月に開かれた全国社会科学者討論会で「首領」は「党と権力機関、勤労団体などを唯一的に指導する最高脳髄」と定義した[17]。

金日成主席に対する「首領制」の形成も長いプロセスが存在した。それだけに、金正恩に「首領」という概念が使われ始めた意味をわれわれはより多面的に考えなければならないだろう。

北朝鮮における「首領」という概念はチュチェ思想を基盤とする「唯一思想体系」というイデオロギー的統制と一体となって登場した。「首領」は先述の百科事典にあるように「社会政治生命体の最高脳髄として人民大衆の中で絶対的な地位を占める」と純化し、唯一思想体系の確立とは、すなわち、首領制の確立であった。

そして『朝鮮大百科事典』の記述や、知識人脱北者が語っているように「首領が成立」するには「革命の指導思想創始、深化発展」が求められる。金正恩が「首領」を名乗ることは、北朝鮮体制内の論理に従うなら、新たな「首領」としての「革命思想の創始、深化発展」が求められると考えるべきであろう。

金正日はチュチェ思想の解釈権を独占し、「首領」を金日成主席だけのものに純化していく作業を行った。金正日は一九七四年に「党の唯一思想体系確立の十大原則」を発表し、首領への絶対的な忠誠を求めた。

金正日は「偉大なる首領」である金日成主席を「唯一的」最高指導者にしたから、自身が「首領」を名乗ることはできなかった。一九七四年に金正日が後継者に決定し、その後は金日成主席と金正日総書記による権力の二元化が進行したが、「首領」は「唯一」のものであるため、金正日総書記は自身のつくり出した論理により、自らが「首領」を名乗らなかった。それは一九九四年に金日成主席が亡くなってからも変わらなかった。

この「唯一思想体系の確立」は一九八〇年代に入り、金正日による「革命的首領観」や「社会政治的生命体論」の発表へと進化し、チュチェ思想を統治理念化し、自身の後継体制確立のために活用した。

金正日は一九八一年三月の全国の党宣伝活動家会議での結語「党の思想活動をさらに改善するために」で「革命的首領観」を明らかにした。結語は「首領にたいする忠実性を革命的信念とするためには、革命的首領観を確立しなければならない。首領にたいする忠実性を革命的信念とするということは、とりもなおさず革命的首領観を確立することを意味する。革命的首領観は、歴史の発展と革命闘争における首領の決定的な役割にたいする科学的認識と歴史的体験にもとづいている。労働者階級の首領が革命闘争において決定的な役割を果たすということは、これまでの共産主義運動の歴史によって実証された真理である。この革命の真理を体得して革命的首領観を確立するとき、いかなる試練や逆境にあっても、確固たる信念をもって首領に忠誠をつくすことができる」とし、「革命的首領観」を明らかにした。

さらに金正日は一九八六年七月一五日、党中央委活動家への談話「主体思想教養に提起されるいくつかの問題について」において「社会政治的生命体」論を明らかにした。

ここでは、社会政治的存在である個々人は党の領導のもとで首領を中心にして組織思想的に結合すれば、社会政治的な生命体として永生するという有機体国家論を主張した。首領は生命体の脳髄の役割とされた。

「社会政治的生命体論」では、首領は「脳髄」であり、党は首領と人民大衆を結合させる「血管」や「神経」であり、人民大衆は「生命体」であるとされ、人民大衆、党、首領が統一体になって社会政治的生命体がつくられるとした。社会政治的生命体では構成員は、ブルジョワ社会のように権利と義務の関係ではなく、同志愛と革命的義理によって規定されるとした。

主体思想は、人間は主体性を持った存在とされたが、革命的首領観や社会政治的生命体論によって、人民は首領と党の指示に従うことでその生命体の能力を発揮できるとされてしまった。指導理念である主体思想は、革命的首領観や社会政治的生命体論に集約される中で、統治理論に転化していった。

一方、人民大衆の側から見れば、「革命的首領観」や「社会政治的生命体論」は、人民大衆が首領や党の従僕となることを意味した。「生命体」である人民大衆は、脳髄たる「首領」や血管や神経たる「党」の存在なくして生きていけない存在になってしまった。

先に、金正恩への「首領」呼称の始まりとともに、人民大衆が首領の人民への思いに「報恩」することを求められるキャンペーンが始まったことを指摘したが、北朝鮮におけるこれまでの「革命的首領観」からすれば、これは当然の帰結であった。「社会政治的生命体」の一部である人民大衆は、首領や党の領導に従うしかないことになる。

これは金正恩時代の「首領論」が、表現上は「人民的首領」という新たな表現形態を取りながら、その論理的展開は「革命的首領観」の枠組みの中にあることを意味している。

「首領」の条件としての「革命思想の創始、深化発展」

このように、金日成が「首領」となるまでも様々な紆余曲折があった。北朝鮮は二〇二〇年一〇月ごろから金正恩に対して「首領」という呼称を使い始め、二〇二一年五月ごろからその頻度が増えていった。それは北朝鮮が金正恩を絶対的な権力者にしていくと同時に、金正恩にそういう歴史的な背景を持つ「首領」の役割を負わせるという両面性があることを指摘する必要があろう。

先述した『朝鮮大百科事典』における「首領」の説明を見ても「首領」にはいくつかの条件が課せられている。それは①人民大衆の自主的要求と利害関係を統一し、実現する、②労働階級の革命闘争で決定的役割を遂行し、革命の指導思想創始、深化発展させる、③人民大衆を組織化、意識化し、一つの政治的力量として結束させる④革命を勝利へと組織領導する、⑤首領の後継者を正しく選定し、首領の革命偉業継承問題を輝かしく解決する――ことなどがある。

金正恩が「首領」を名乗る時、最大の課題となるのは②の「革命思想の創始、深化発展」であろう。

金正恩は三七歳にして生きて「首領」を名乗った以上、新たな「革命思想の創始、深化発展」を求められることになった。金日成主席が「首領」を名乗ることで、朝鮮労働党は金日成主席の党となった。同じように金正恩が「首領」を名乗るということは朝鮮労働党を金正恩の私党化することである。これは第八回党大会の持つ大きな意味でもあった。また、それは同時に、新たな

「革命思想の創始、深化発展」を求められる。

「金正恩同志の革命思想」

韓国の情報機関、国家情報院は二〇二一年一〇月二八日、国会情報委員会で、北朝鮮では党の会議室などから金日成主席や金正日総書記の写真を外し、北朝鮮内部で「金正恩主義」という言葉が使われはじめている、と報告した[18]。

北朝鮮は公式には、党規約で「朝鮮労働党は偉大な金日成・金正日主義を唯一の指導思想としたチュチェ型の革命的党である」と規定している。

しかし、『労働新聞』など北朝鮮メディアでは本稿執筆時点ではまだ「金正恩主義」という言葉は確認されていない。

だが、二〇二一年に入り、北朝鮮メディアで「金正恩同志の革命思想」という言葉が散見されるようになった。

朝鮮労働党は同年一月五日から第八回党大会を開催したが、『労働新聞』は一月一〇日付で金正恩が行った事業総括報告に対する平壌市党委員会の金ポンソク副委員長の寄稿を掲載した[19]。金ポンソク副委員長はこの中で「敬愛する最高領導者同志の攻撃的な革命思想と老熟し洗練された領導、全人民的決死戦のもたらした輝く勝利であった」と述べ、「敬愛する最高領導者同志の攻撃的な革命思想」という表現を使った。

また、四月六日から八日まで平壌で朝鮮労働党第六回細胞書記大会が開催された。『労働新聞』（四月七日付）によると、趙甬元（チヨヨンウオン）党中央委政治局常務委員は「党細胞の戦闘力と闘争力をいっそう強めて第八回党大会が示した五カ年計画を無条件決死の覚悟で遂行しよう」と題した報告を行った。趙甬元はこの報告で「総書記同志への全ての党員と人民、人民軍将兵の絶対的な崇拝心が日増しにいっそう強烈になり、社会主義の高い頂上に向かって限りなく飛躍しているこんにちの現実はみんなが金正恩同志の革命思想と革命観でしっかり武装することを切実に求めている」、「党細胞書記が時代と革命に対して担っている歴史的任務の重要性を心に深く刻み付けて、全党と全社会が金正恩総書記の革命思想で呼吸し、動くようにするための聖なる偉業の実現に邁進し、総書記同志の唯一的指導の下、一糸乱れず動く強い革命的規律と秩序を立てること」、「総書記同志の革命思想と指導に忠実に従って第八回党大会が示した新たな五カ年計画を無条件に、決死の覚悟で実行する火線戦闘員、先鋒闘士になるべきだ」と述べ「金正恩同志の革命思想」という言葉を使った。

『労働新聞』は四月八日付の「朝鮮労働党第六回細胞書記大会二日会議行われる――朝鮮労働党中央委員会政治局常務委員会委員で党中央委員会組織書記である趙甬元同志と党中央委員会書記が会議を指導」の記事でも「討論者は、わが党の末端基層組織である党細胞を総書記同志の革命思想と指導を一意専心で従う忠誠の前衛隊伍に強化して、党大会決定を貫徹するための闘いで画期的前進を遂げる固い意志を披瀝した」と報じ、討論者が「総書記同志の革命思想」という言葉を使ったと報じた[20]。

『労働新聞』は二〇二一年四月九日付の「朝鮮労働党第六回党細胞書記大会が閉幕－朝鮮労働党

総書記である金正恩同志が綱領的な結語を述べる」の記事でも「大会の参加者は、総書記同志の革命思想と指導を忠実に支え、党細胞を党政策決死貫徹の前衛隊伍に打ち固めて全党の団結力と戦闘力を絶え間なく強化していくことに寄与するという非常に高い熱意に満ちていた」と報じ、「総書記同志の革命思想」という表現を使った[21]。

それ以前にも「金正恩同志の革命思想」という表現が使われた可能性はあるが、この言葉の使われ方が明らかに一つの方向性を持っているように見える。

「金日成・金正日主義」と「金正恩同志の革命思想」

また、『朝鮮中央テレビは一一月一一日の午後八時ニュースで、平安北道雲山郡（ピョンアンプクトウンサン）の温泉を利用した保養施設「ウンドクウォン」の一一月一〇日行われた竣工式を報じたが、画面では左側に「偉大な金日成・金正日主義万歳！」、右側に「偉大な金正恩同志革命思想万歳」という赤地のスローガンが掲げられていた[22]。

「偉大な金日成・金正日主義」と「偉大な金正恩同志の革命思想」が並列的に、同格で扱われていることに注目せざるを得ない。

金正日総書記の一〇周忌である二〇二一年一二月一七日、平壌の金日成広場で中央追悼大会が行われ、崔龍海（チェリョンヘ）最高人民会議常任委員長が追悼の辞を読み上げた[23]。崔龍海は追悼の辞の中で「革命思想」という言葉を三回使ったが、「金日成同志の革命思想」、「金正日同志の革命思想」、「金正恩同志の革命思想」と三代の最高指導者の革命思想を同列に表現した。

写真4　平安北道雲山郡の保養施設「ウンドクウォン」で2021年11月10日行われた竣工式で掲げられた「偉大な金日成・金正日主義万歳！」（左）と「偉大な金正恩同志革命思想万歳」（右）のスローガン（『朝鮮中央テレビ』11月11日20時ニュースより）

その上で「金正恩同志の革命思想でしっかり武装し、全党と全社会に党中央の唯一的指導体系をより徹底的に確立し、金正恩同志の構想と意図を一心同体となって忠実に奉じなければならない」とした。

これは金正恩党総書記の「革命思想」を、金日成、金正日両首領の「革命思想」と同等に扱い「金正恩同志の構想と意図を一心同体となって忠実に奉じ」ることを求めるものだ。

「全党、全社会を金正恩同志の革命思想で一色化しよう」

『朝鮮中央テレビ』は二〇二一年一二月四日の午後八時ニュースで、平安北道で水飴などをつくる「八月食料素材加工工場」の竣工式の様子を報じた。その画面では先述の保養所の竣工式と同じように左側に「金日成・金正日主義万歳！」のスローガンが、右側には「偉大な金正恩同志の革命思想万歳！」のスローガンが掲げられた。

さらに後ろの建物には「全党、全社会を金正恩同志の革命思想で一色化しよう」というスローガンが掲げられていた。[24]

また二〇二二年一月七日の『朝鮮中央テレビ』も平安北道で党中央委第八期第四回総会の決議の貫徹のための決起大会が開かれたことを報じたが、この中でも「全党と全社会を金正恩同志の革命思想で一色化しよう！」の横断幕が掲げられていた[25]。

写真5　2021年12月に行われた平安北道の「8月食料素材加工工場」の竣工式で掲げられた「金日成・金正日主義万歳！」（手前左）と「偉大な金正恩同志の革命思想万歳！」（手前右）のスローガンと後ろの建物に掲げられた「全党、全社会を金正恩同志の革命思想で一色化しよう」というスローガン（12月4日『朝鮮中央テレビ』20時ニュースより）

『労働新聞』は二〇二一年一二月五日付で「われわれ式社会主義の全面的発展は思想・技術・文化の三大領域における新しい革命である」と題した論説を掲載したが、論説は「全党と全社会を総書記同志の革命思想で一色化するのは、今日の思想革命の最も重要な課題である。総書記同志の革命思想を信念化、体質化するための思想教育を一瞬も中断することなくさらに攻勢的に展開し、大衆の精神力を引き続き高めていく時、社会主義建設のすべての戦線で新たな高揚が起き、絶えざる奇跡的成果が収められるようになるであろう」とし、「全党と全社会を総書記同志の革命思想で一色化」が「今日の思想革命の最も重要な課題」とした[26]。

さらに朝鮮労働党は二〇二一年一二月二七日から三一日まで党中央委員会第八期第四回総会を開催し、その結果を二〇二二年元日に「報道」の形で発表した[27]。

写真6　2022年1月に行われた平安北道での決起大会で掲げられた「全党と全社会を金正恩同志の革命思想で一色化しよう！」のスローガン（上部）（『朝鮮中央テレビ』1月7日20時ニュースより）

この報道の中に「人民軍は、全軍を党中央の革命思想で一色化し、党中央の指導に絶対忠誠、絶対服従する革命的党軍に強化するための活動を絶えず深化させ、訓練第一主義と武器、戦闘技術機材の経常的動員準備、鋼鉄のような軍紀確立に総力を集中しなければならない」という部分があった。

党中央委員会総会の結果を発表する「報道」で「全軍を党中央の革命思想で一色化」することが求められた。先述のようにこの「党中央」とは「金正恩総書記」のことであり、「全軍を金正恩総書記の革命思想で一色化」することを求めたわけである。

朝鮮労働党は二〇二一年一月に党大会を開催し、党規約改正でそれまでの「朝鮮労働党は偉大な金日成・金正日主義を唯一の指導思想とするチュチェ型の革命的党である」を「金日成・金正日主義はチュチェ思想に基礎を置き、全一的に体系化された革命と建設の百科全書であり、人民大衆の自主性を実現するために実践闘争の中で、その真理性生活力が検証された革命的で科学的な思想である。朝鮮労働党は金日成・金正日主義を唯一の指導思想とする主体（チュチェ）型の革命的党である。朝鮮労働党は全社会の金日成・金正日主義化を党の最高綱領とする」と改正した。つまり「金日成・金正日主義」がいかなる思想であるかを説明し、朝鮮労働党は「全社会の金日成・金正日主義化」を「党の最高綱領」であることをわざわざ書き加えたわけである。

しかし、二〇二一年末に起きている現象は「金日成・金正日主義」が「唯一の指導思想」ではなく、「偉大な金正恩同志の革命思想」が登場し、「全社会の金日成・金正日主義で一色化」ではなく「全党と全社会を金正恩同志の革命思想で一色化」することを求めている。

「一色化」というのは一つの理念でなければならないことだが、北朝鮮でこの時期に進行している現象は依然として「金日成・金正日主義」を中心的な理念としながらも「金正恩同志の革命思想」が急速に台頭している印象を与えた。

「金日成・金正日主義」を純粋理念化し、「偉大な金正恩同志の革命思想」を実践理念と見る見方もあり得るが、これはやはり不自然だ。

北朝鮮の指導理念はまず「主体思想」が生まれ、金正日総書記がその「主体思想」を「金日成主義化」することで指導理念を統治理念に転化させた。あくまで「主体思想」が純粋理念であり、「金日成主義」は金正日総書記が自らの後継体制をつくるために統治理念化させた作業であった。

金正恩政権がスタートした際に「金日成・金正日主義」を指導理念としてスタートさせたが、「金日成・金正日主義」とは何かという思想的な核は不在であった。それがために「自主」「先軍」「社会主義」というアイテムでその思想的な核を代弁させた。

一般的に考えれば、「金日成・金正日主義」の思想的な核は突きつめれば「主体思想」と「先軍思想」だ。しかし、金正恩時代のこの一〇年の特色は「先軍」からの離脱であった。「先軍」

は一九九〇年代の苦難の行軍時期という「非常時」の思想であり、国家が正常化すれば思想も非常時の思想から離脱し、正常化しなければならない。「金日成・金正日主義」は金正恩政権がすでに過去のものとして「歴史化」しようとしている「先軍思想」を内包したイデオロギーであり、国家を正常化させるためには「先軍」すなわち「金正日主義」は必要がなくなる。

さらに言うなら「金日成・金正日主義」は祖父と父の理念であり、金正恩の理念ではない。金正恩は自身の思想的な核を生み出さなければならない。おそらく、それは「人民大衆第一主義」と「わが国家第一主義」であろう。

金正恩政権は「わが国家第一主義」を提唱し、それを定式化した際に、金正日総書記が提唱した「わが民族第一主義」を否定しなかったし、否定できもしなかった。金正恩政権が取った方法は、「わが国家第一主義」は「わが民族第一主義」を昇華発展させたものだと定義することであった。

まだ作業は始まったばかりだ。方向性は明確ではないが、「金日成・金正日主義」を「金正恩同志の革命思想」に昇華発展させようとしている可能性があるように見えた。ただし、「金日成・金正日主義」を「金正恩主義」に昇華発展なら分かりやすいが、「金正恩同志の革命思想」への昇華発展は奇妙である。これは「金正恩主義」とする場合、「金日成・金正日主義」を否定して「金正恩主義」に塗り替える印象が生まれることを避けるためではないかとみられる。「金正日同志の革命思想」という言葉を使うことで、「金日成・金正日主義」との対立的印象を回避する狙いがあるのではないかとみられるのである。

また、「金正恩同志の革命思想」も「総書記同志の革命思想」とか「党中央の革命思想」という言い方もされている。これも「金日成・金正日主義」との共存をしやすくするためであろう。

「人民大衆第一主義」のジレンマ

『労働新聞』など北朝鮮メディアの金正恩総書記に対する「首領」呼称の使用頻度は、その時その時でばらつきがある。北朝鮮住民にとって「オボイ首領さま」や「首領さま」は依然として金日成主席である。『朝鮮中央テレビ』の住民インタビューなどを見ていても、金正恩総書記に対して「首領さま」の呼称を使う人はまだ、筆者は確認できていない。北朝鮮住民にとっては、まだ金正恩は「元帥さま」「総書記同志」などが馴染み易いようである。

党機関紙『労働新聞』は二〇二二年一月一一日に「党中央の周りに千万が固く団結した一心団結の不敗の力でさらなる勝利を成し遂げよう」と題した社説を掲載した[28]。社説は「全人民が首領の周りに一心同体となって固く団結し、首領の思想と指導を忠実に従うのはチュチェ朝鮮特有の誇らかな国風である。ただ首領だけを絶対的に信頼し従い、首領と思想と志、歩調を共にする偉大な団結の力があったのでわが革命は歴史の未踏の雪道を屈することなくかき分け、上昇一路をたどることができた。首領の指導に従って革命偉業の勝利のために不死身のようにたたかう人民には打ち負かせない強敵はなく、成せない大業はないということが長く久しい朝鮮革命史が教える高貴な真理である」と述べ、この時期の社説では目立つほど「首領」を強調しながら、首領の周辺に団結することを訴えた。

そして「金正恩同志の革命思想でしっかり武装しなければならない。金正恩同志の革命思想は、われわれの時代の革命と建設の偉大な実践綱領である」とした。その上で「総書記同志の革命思想、偉大な闘争綱領があるのでわれわれの勝利は確定的であるという鉄石の信念を抱き、党の指した進軍方向に沿って前進また前進していかなければならない」とし、「全党と全社会に党中央の唯一的指導体系をより徹底的に確立してわが革命隊伍を総書記同志と思想と志、行動を共にする一つの生命体に作らなければならない」とした。

さらに二〇二二年一月二五日、平壌で「金正恩同志の偉大さと不滅の業績を深く体得するための中央研究討論会」が開催された[29]。金正恩の思想部門についての研究討論会が開催されたのはこれが初めてではないかとみられた。

研究討論会には李日煥（リイルファン）党書記、姜潤石（カンユンソク）最高人民会議常任委員会副委員長、ハン・チャンスン金日成軍事総合大学総長、キム・スンチャン金日成総合大学総長兼教育委員会高等教育相、シム・スンゴン社会科学院院長、リ・ソンハク副首相らが参加した。

研究討論会では、金正恩が「偉大な首領さま（金日成主席）と偉大な将軍さま（金正日総書記）の革命思想を金日成・金正日主義と定式化」し、「全社会の金日成・金正日主義化をわが党と共和国政府の最高の綱領に、社会主義国家建設の総体的方向、総体的目標と打ち出すことによってチュチェ革命偉業の終局的達成を目指す進路を明示した」と称えた。

そして、金正恩が打ち出した「人民大衆第一主義」と「わが国家第一主義」の意義を強調した。その上で「わが国家第一主義時代は、総書記同志が人民大衆第一主義を党と国家の政治理念と掲げ、わが共和国を尊厳ある人民の国に、思想的一色化が実現された一心一体の国としてより輝かしてくれることによって到来したチュチェ革命の新時代」であると「人民大衆第一主義」と「わが国家第一主義」の関係性を規定した。

さらに、金正恩が「誰も追いつくことができない胆大(タムデ)な度胸と卓越した指導で自衛的国防建設の急速な発展を導いて、わが祖国の永久の安泰と未来をしっかり保証できる絶対的な力を与えてくれた」とし、「いかなる高貴な代価を払ってでも、なんとしても強力な国家防衛力を築いてわが国の平和を守ろうとする鉄石の意志」を称えた。

この討論研究会の内容を見ても、北朝鮮がすぐに「金正恩革命思想」や「金正恩主義」に向かうのではなく、この時点では依然として「金日成・金正日主義」を最高綱領に掲げていることが分かる。

そして、金正恩の一〇年間の執権の思想・理論的成果として「人民大衆第一主義」と「わが国家第一主義」を「金日成・金正日主義」の両輪のような実戦理念としている枠組みを理解することができる。そして、それを支えている一〇年間の最大の業績として「国防力の強化」を挙げている。

二〇二一年一月の第八回党大会の持つ大きな意味の一つは、金正恩がこれまで「永遠の欠番」としていた父や祖父と同じ「党総書記」の職責に就くことで、父や祖父と同じような指導者の地位に立つことであった。そして、それと相前後して、金正恩はわずか三〇代後半で生きながらにして「首領」の地位に就いた。「首領」の座に就くということは「新たな思想」の枠組みを要求される。金正恩は当面は「金日成・金正日主義」という最高綱領を維持しながらも、「人民大衆第一主義」と「わが国家第一主義」を両輪にして「金正恩同志の革命思想」を体系化する作業を進めているように見えた。当面は二〇二六年に予定されている第九回党大会までにこの作業がどこまで進むかだ。金正恩は執権一〇年で「唯一的領導体系の確立」という絶対的な権力強化には成功した。

北朝鮮はまだ「金日成・金正日主義」を指導理念とする位置づけを公式的には維持している。「金正恩同志の革命思想」への置き換え作業はまだ現在進行形であり、始まったばかりだ。定式化にはまだ時間が掛かるだろう。

第一には「金正恩同志の革命思想」をより深い内容を持ったものに思想化する作業がまだ不十分である。その中身の人民大衆第一主義とわが国家第一主義、国防力の強化をどのように関連させ、どのように位置づけ、親人民的な思想として深化させるのかという作業にはまだ時間が掛かるだろう。

そして、何より、まだ「人民生活の向上」は実現していない。おそらく「金日成・金正日主義」を「金正恩同志の革命思想」に置き換えるには、その主たる思想的基盤が「人民大衆第一主義」である以上、「人民生活の向上」がどの程度実現するのかという問題と密接に関係するだろう。「国防力の強化」という成果だけでは「首領」の新たな思想は実現しない。「人民大衆第一主義」の最大の命題は「人民生活の向上」だ。これが実現してこそ、金正恩は「金日成・金正日主義」という父、祖父の思想的枠組みを抜け出し、自らの「革命思想」を定式化することが可能になる。強権を持って、それをやることは可能だが、「人民生活の向上」なき、「人民大衆第一主義」は人民の本当の意味での支持を得ないだろう。

「金正恩同志の革命思想」が、「金日成・金正日主義」に置き換わるには、第一に「金日成同志の革命思想」や「チュチェ思想」との関係をどう定立するのか。第二に、党の指導理念などから姿を消し、北朝鮮の困難な時期を乗り越えた時期の思想として歴史化されつつある「先軍思想」や「先軍政治」との関係をどう整理するのか、第三に、前述したような金正恩政権の過去一〇年間にわたって提起してきた様々な思想や路線をどう整理し、体系化するのかという課題が残されている。

おそらくは、「金正恩同志の革命思想」は金日成主席の「チュチェ思想」を継承、発展させたものであり、その中核的な思想として「人民大衆第一主義」と「わが国家第一主義」を二本柱に、この間に提唱してきた思想や路線をこの二つの「第一主義」の枠組みの中で体系化していく作業になるのではないかと思われる。「先軍思想」、「先軍政治」は歴史化されていくであろう。

しかし、「金正恩同志の革命思想」が北朝鮮の指導理念として定立するために必要なのは、そうした理論的なアプローチだけでなく、本当の意味で「人民が主人公である」ということを人民が実感できる「人民生活の向上」であろう。独裁政権下では、人民生活を無視し、「首領」に忠誠を尽くす体制をつくるための理論整備は可能である。しかし、それが人民にどれほどの意味があるのだろうか。

註

(1)『労働新聞』2020・10・03「《로동신문》、《근로자》 공동론설 [론설] 인민을 위하여 멸사복무하는 우리 당의 위업은 필승불패이다」

(2)『労働新聞』2021・01・11「추대사」

(3)『労働新聞』2021・05・14「인민의 심부름꾼당」

(4)『労働新聞』2021・05・13「수령에 대한 충실성은 혁명가의 기본징표」

(5)『労働新聞』2021・05・13「위대한 수령이 위대한 인민을 키운다」

(6)『労働新聞』2021・05・21「경애하는 김정은동지께 무한히 충실한 참된 혁명전사、신념과 의리의 인간이 되자」

(7)『労働新聞』2012・01・25「조선인민군 최고사령관 김정은동지께서 설명절에 즈음하여 만경대혁명학원을 방문하시고 교직원、학생들을 축하하시였다」

(8)『労働新聞』2016・01・01「재일동포들의 자애로운 어버이이신 경애하는 김정은원수님께 삼가 드립니다」

(9)『労働新聞』2021・01・01「21세기의 위대한 태양이시며 총련과 재일동포들의 자애로운 어버이이신 경애하는 최고령도자 김정은원수님께 삼가 드립니다」

(10)『労働新聞』2021・10・22「운명도 미래도 다 맡아 보살펴주시는 위대한 어버이를 수령으로 높이 모신 인민의 영광 끝없다」

(11)『労働新聞』2021・10・10「인민대중제일주의기치를 높이 들고나가는 조선로동당의 위업은 필승불패이다」

(12)鐸木昌之『北朝鮮首領制の形成と変容——金日成、金正日から金正恩へ』明石書店、二〇一四年、一三五頁

(13)前掲書、一三五頁

(14)『労働新聞』1964・01・01「조선인민의 경애하는 수령 김일성원수앞」

(15)『労働新聞』1966・10・01「당과 수령에 대한 충실성은 종합대학의 제일 생명이며 영광스러운 전통이다」

(16)『조선로동당략사』제9장 제8절「당중앙위원회 제4기 제15차전원회의 당으 유일사상체계를 튼튼히 세우며 온 사회를 혁명화、로동계급화하기 위한 투쟁」

(17)『북한 지식사전』(통일부)「수령론」

(18)『聯合ニュース』2021・10・28「국정원 "김정은 20kg 감량, 건강 이상무… '김정은주의' 행보"」

(19)『労働新聞』2021・01・10「〈당의 령도력과 전투력을 백방으로 강화하며 우리 식 사회주의건설의 새 승리를 쟁취하기 위한 진로를 밝힌 불멸의 대강-경애하는 최고령도자 김정은동지께서 조선로동당 제8차대회에서 하신 보고에 접한 각계의 반향〉 우리 당과 혁명력사에 특기할 정치적사변」

(20)『労働新聞』2021・04・08「조선로동당 제6차 세포비서대회 2일회의 진행 조선로동당 중앙위원회 정치국 상무위원회 위원이며 당중앙위원회 조직비서인 조용원동지와 당중앙위원회 비서들이 회의 지도」

(21)『労働新聞』2021・04・09「조선로동당 제6차 세포비서대회 폐막 조선로동당 총비서이신 경애하는 김정은동지께서 강령적인 결론을 하시였다」

(22)『朝鮮中央テレビ』2021・11・11「20시 뉴스」

(23)『労働新聞』2021・12・18「위대한 령도자 김정일동지는 영원히 우리 인민과 함께 계신다 중앙추모대회에서 한 조선로동당 중앙위원회 정치국 상무위원회 위원이며 조선민주주의인민공화국 국무위원회 제1부위원장이며 최고인민회의 상임위원회 위원장인 최룡해동지의 추모사」

(24)『朝鮮中央テレビ』2021・12・04「20시 뉴스」

(25)『朝鮮中央テレビ』2022・01・07「20시 뉴스」

(26)『労働新聞』2021・12・05「[론설] 우리식 사회주의의 전면적발전은 사상, 기술, 문화의 3대령역에서의 새로운 혁명이다」

(27)『労働新聞』2022・01・01「〈위대한 우리 국가의 부강발전과 우리 인민의 복리를 위하여 더욱 힘차게 싸워나가자〉 조선로동당 중앙위원회 제8기 제4차전원회의에 관한 보도」

(28)『労働新聞』2022・01・11「[사설] 당중앙의 두리에 천만이 굳게 뭉친 일심단결의 불가항력으로 더 큰 승리를 이룩해나가자」

(29)『労働新聞』2022・01・26「우리 당의 위대한 혁명사상과 불멸의 업적을 깊이 체득하고 사회주의의 전면적발전을 이룩해나가자 중앙연구토론회 진행」

第13章
「農村革命綱領」＝「新農村テーゼ」の提唱

農業重視の新政策方針

北朝鮮は二〇二一年九月二八、二九日の両日、平壌で最高人民会議第一四期第五回会議を開催した。金正恩党総書記は二日目の会議に出席し、「社会主義建設の新たな発展のための当面の闘争方向について」と題した「施政演説」を行った[1]。

金正恩は同年八月の米韓合同軍事演習に反発して遮断していた南北間の通信を一〇月初めに再開すると表明し、米国に対しては、敵視政策を変えていないと批判するなど南北関係や対米関係にも言及した。

さらに、金正恩党総書記は「施政演説」で、金正恩政権が指導理念として掲げる「人民大衆第一主義」と「わが国家第一主義」について言及した。

金正恩党総書記は「人民大衆第一主義」について「わが党の人民大衆第一主義理念を社会主義の基本政治方式に徹底的に具現する過程で国家活動に人民的性格がはっきり発現され、幹部の活動方法と作風が著しく改善されて党と国家に対する人民の信頼が厚くなり、愛国的熱意と積極性が向上した」と評価した。その上で「人民大衆第一主義をわが国家の政治風土、国風に強固にするための活動をさらに実質的に、目的指向性あるものに展開すること」について言及した。

また、「わが国家第一主義」については「偉大な金日成・金正日主義を指導指針にして勝利に向けて前進してきたわれわれ式の社会主義建設は朝鮮労働党第八回大会を契機にわが国家第一主義を全面的に具現していく画期的な発展段階に入った」と述べた。

その上で「全社会的にわが国家第一主義を鼓吹し、全面的に具現する活動をよく行わなければならない」と述べ、「すべての公民が日常の活動と生活のすべての面で強い国の人民らしい気品と人格が発揚されるように正しく導くことをはじめ、社会主義の政治・思想陣地をいっそう強化するうえで提起される問題」について明らかにした。

金正恩の「施政演説」は、「人民大衆第一主義」と「わが国家第一主義」が金正恩時代の主軸となる理念であることを明確にした。

内政面で注目されたのは、金正恩の「人民生活の向上」についての認識や農業政策についての言及であった。

金正恩党総書記は「施政演説」で「人民に安定して裕福な生活を提供するには農業発展に優先的な力を入れなければならない」と述べ、「農業生産を飛躍的に発展させて近い将来に食糧問題を完全に解消するというわが党の確固不動の意志と決心」を披瀝したとした。

金正恩党総書記はこの上で、今後の農業政策について具体的に言及した。

第一は災害性異常気象への対応や品種改良であった。金正恩は「不利な気象気候条件の下でも農業生産の安定的かつ持続的な発展を成し遂げられるように農業発展戦略を正確に作成して徹底的に実行し、特に災害性異常気象に耐えながらも収量の高い種子を育種、改良することに焦点を置いて種子問題を解決しなければならない」と述べた。

第二は栽培作物の小麦・大麦への転換だった。金正恩党総書記は「農作物の配置を大胆に変えて稲作と小麦、大麦の栽培に方向転換をするという構想」を明らかにし、「全国的に稲と陸稲の栽培面積を増やし、小麦、大麦の播種面積を二倍以上に保障し、ヘクタールあたりの収量を高めて人民に白米と小麦粉を保障して食生活を文化的に改善することのできる条件を整えなければならない」と述べた。

第三は先進営農方法の導入だった。金正恩党総書記は「農業部門で災害性異常気象による被害を最小限にとどめるための方策のひとつとして品種の配置と種まきの時期を合理的によく調節することをはじめ、新しい先進営農技術と方法を積極的に研究、適用し、先進単位の優れた成果と経験を互いに共有し、普及する活動を広範に手配し、展開すること」について述べた。

北朝鮮が第八回党大会で党の基本政治方式として「人民大衆第一主義」を掲げたが、そこで最も切実に求められるのは「人民生活の向上」であり、その核心は「食の問題」の解決であることは誰の目にも明らかであった。そうである以上、金正恩政権が農業重視の姿勢を取ることはある意味で、極めて当然の帰結であった。

朝鮮労働党は二〇二一年一二月二七日から三一日まで党中央委員会第八期第四回全員会議（総会）を開催した。同総会では六議案が提出されたが、最も注目されたのは第三議案として提出された「わが国の社会主義農村問題の正しい解決のための差し当たっての事業について」であった。

金正恩党総書記は同総会二日目の一二月二八日に第三議案に対し、「歴史的な報告」を行った。金正恩総書記は「われわれ式社会主義農村発展の偉大な新時代を開いていこう」と題した報告を行った。[2]

「新農村テーゼ」という位置づけ

この報告の全文は公表されなかった。このため、現時点では『労働新聞』が二〇二二年一月一日付で報じた党中央委員会第八期第四回総会に関する「報道」をもとに議論するしかない。「報道」によると、金正恩党総書記は「党創立の初期から農村問題を重視してきたわが党の政策とその実現のための歴史的道程」について概括し、「現時期、社会主義農村問題の正しい解決が持つ重要性と意義」を明らかにした。

そして「新世紀の社会主義農村問題解決のすばらしい展望と青写真を示した金正恩総書記の報告は、わが国の社会主義農村発展の新時代を告げる偉大な闘争綱領であり、われわれの力、われわれの知恵、われわれの奮闘によって社会主義楽園をこれ見よがしに建設するという朝鮮労働党の強烈な意志と決心の表出である」とした。

その上で「新しい社会主義農村建設綱領は、偉大な社会主義農村テーゼの深化、発展として、農村革命の炎を強く燃え上がらせて社会主義の全面的繁栄を促し、わが人民の世紀的宿望を一日も早く実現する上で重大な変革的意義を持つ記念碑的文献となる」と位置づけた。

すなわち、この金正恩の「報告」は、一九六四年二月二五日の朝鮮労働党中央委員会第四期第八回総会で採択された金日成主席の報告である「わが国における社会主義農村問題に関するテーゼ」（社会主義農村テーゼ）を「深化、発展」させた「記念碑的文献」であると位置づけたのである。

金日成主席の「社会主義農村テーゼ」は長く、北朝鮮の農村問題解決の教科書的論文として位置づけられてきたものだ。金正恩総書記の「報告」（「新しい社会主義農村建設綱領」）は、この金日成論文を現状況に合わせて「深化、発展」させたもので、いわば「新農村テーゼ」（ここではそういう表現はしていないが）と位置づけたわけである。これはある意味で、金日成主席の「農村テーゼ」を過去のものとして歴史化し、自らの報告を「新農村テーゼ」として打ち出すものと言えた。金正日総書記は、金日成主席の農村テーゼを「上書き」することはしなかったが、金正恩党総書記はそれを行った。先代、先々代を乗り越えようという金正恩総書記の強烈な意思の反映と見られた。

農村の「思想革命」を優先、「三大革命」の推進

金正恩党総書記は「農村を革命的に改変する」とし、「わが党の社会主義農村建設の目標は、全国の農村をチュチェ思想化し、物質的に裕福につくることである」と述べた。

そして「農業勤労者の思想意識水準の向上、農業生産力の飛躍的発展、農村生活環境の根本的な改変が朝鮮式農村発展において達成すべき目標」とし、達成すべき目標として①農民の思想改

造、②農業生産力の向上、③農村生活環境の改善——を挙げた。

金正恩党総書記が示した「新農村テーゼ」で、最も重点が置かれたのは農民の思想改造であった。金正恩党総書記は「農業勤労者を農村革命の担当者、主人につくるのは、社会主義農村建設において提起される最も主たる課題」であるとし、「農業勤労者の思想を改造し、政治意識を高めることに優先的な力を入れて農業勤労者のみんなを党の社会主義農村建設構想を忠実に支える農村革命家にしっかり準備させることが何よりも重要である」とし、「生産の向上」よりは、「農業勤労者の思想意識水準の向上」を求めた。

さらに「農村で思想、技術、文化の三大革命（サムデヒョンミョン）を力強く促すのは社会主義農村問題の解決において提起される最も重要な課題である」と、農村で「三大革命」を推し進めるとした。

この「思想、技術、文化の三大革命」というのは、金日成主席が提唱した「思想」、「技術」、「文化」の三分野における革命である。これを社会運動化したのが金正日（キムジョンイル）総書記であった。金正日が後継者に決定した直後の一九七〇年代に、「三大革命小組運動」を、思想運動、大衆運動として展開した。比喩が正確ではないかもしれないが、北朝鮮版紅衛兵運動といわれた運動であった。中央から派遣された少人数の青年知識人の「小組」が、通常の党の上意下達の組織的なプロセスを飛ばし、直接的に「思想、技術、文化の三大革命」を要求する運動であった。金正日が自身の後継体制確立のために繰り広げた親衛隊運動であり、官僚主義的な党組織への批判を通じた整風運動でもあった。金正日は「三大革命小組」を通じて、後継体制を強化、整備していった。金正日は自らの後継体制が確立されると、「三大革命小組」は党の下部組織に吸収されていった。

しかし、金正恩政権になると、二〇一三年二月に「全国三大革命小組組員熱誠者大会」を、二〇一五年一一月に「第四回三大革命赤旗争取運動先駆者大会」を開催し、再び「三大革命小組」を活用し、金正恩政権の基盤を強化するという姿勢を見せた。金正恩党総書記は「新農村テーゼ」で父、祖父を乗り越えようとしたが、そのテーゼ実現の方法論は、祖父が提唱し、父が運動化した「三大革命小組」の活用であった。

金正恩党総書記は二〇二一年一一月の三大革命第五回先駆者大会へ書簡を寄せ、「この運動を市・郡、連合企業所へと拡大することは正しい」とし、「全国二〇〇あまりの市・郡が三大革命の旗を高く掲げて力強く立ち上がることになれば、地方が変わる新たな局面が切り開かれ、近い将来、われわれの農村は現代的な技術と文明を兼ね備えた豊かで文化的社会主義農村へと変貌するであろう」とした[3]。金正日時代の「三大革命小組運動」は主に一般の職場などで展開され、金正日の後継体制確立に活用された。金正恩はそれを地方へ波及させ、農村で展開しようとしたわけである。

金正恩党総書記は「新農村テーゼ」で、①農民の思想改造、②農業生産力の向上、③農村生活環境——を三本柱としたが、これは「三大革命」の「思想、技術、文化」の三つの分野の革命とパラレルな関係性を示したものだ。農業生産の拡大を、市場経済主義的な要素の導入で農民の労働意欲を刺激するやり方ではなく、農民の思想水準向上、科学技術的なアプローチで実現するとしたわけだ。

金正恩党総書記は「報告」(「新農村テーゼ」)で「農村で思想、技術、文化の三大革命を力強く促すのは社会主義農村問題の解決において提起される最も重要な課題である」とし、「農村で三大革命を力強く繰り広げてこそ、農業勤労者を政治的・思想的面においても技術知識と文化生活面においても根本的に開明させられるというのは、わが国の社会主義農村建設の歴史と現在の実態がよく示している」と強調し、農村で「三大革命」運動を展開せよと訴えた。

食糧問題解決へ今後一〇年の目標設定

金正恩党総書記が農村発展の目標として第二に掲げた目標が、「農業生産力の向上」であった。金正恩党総書記は「報告」で「農業生産を増大させて国の食糧問題を完全に解決することを農村発展戦略の基本課題に規定し、今後の一〇年間に段階的に達成すべき穀物生産目標と畜産物、果物、野菜、工芸作物、養蚕業生産の目標」を明らかにした。

各穀物などの生産目標の数値などは公表されなかったが、金正恩党総書記はこの「報告」を通じて、各穀物や畜産物、果物、野菜、工芸作物、養蚕業生産などの今後一〇年間に達成すべき生産目標を段階的に提示したとみられた。そして「一〇年後」に「国の食糧問題を完全に解決する」という大目標を設定したのである。

金正恩政権は二〇一六年五月の第七回党大会で「国家経済発展五カ年戦略」(二〇一六年〜二〇二〇年)を掲げたが、二〇一七年末からの国連制裁などで「甚だしく未達成」(二〇二〇年八月、党中央委員会第七期第六回総会決定書)に終わった。[4]

第7章でも述べたように、金正恩は二〇二〇年一〇月一〇日の党創建七五周年の「慶祝閲兵式」（軍事パレード）で演説を行い、「天のようで、海のようなわが人民のあまりにも厚い信頼を受けるだけで、ただの一度も満足に応えることができず、本当に面目ない」、「私は、全人民の信頼を得て、金日成同志と金正日同志の偉業を継承して、この国を導いていく重責を担っているが、まだ努力と真心が足りず、わが人民は生活上の困難を脱することができずにいる」と人民に謝罪し、涙ぐんだ⑸。

先述のように、金正恩党総書記は二〇二一年九月の最高人民会議第一四期第五回会議での「施政演説」で「農作物の配置を大胆に変えて稲作と小麦、大麦の栽培に方向転換をするという構想」を明らかにし、「全国的に水稲と陸稲の栽培面積を増やし、小麦、大麦の播種面積を二倍以上に保障し、ヘクタール当たりの収量を高めて人民に白米と小麦粉を保障して食生活を文化的に改善することのできる条件を整えなければならない」と述べた。

金正恩党総書記は食糧の自給自足を達成し、それだけでなく、主食の大きな部分を占めていたトウモロコシを減らし、住民たちがパンや麺などの小麦粉食品を楽しむという質的な向上を目指した。スイス留学をしたという金正恩党総書記だけに、北朝鮮住民がパンやスパゲティを食べるという光景が見られるようになるのかという期待が膨らんだ。

長期的な視点に立てば、北朝鮮住民の食生活の改善や、トウモロコシよりは麦は地力消耗が少なく合理的な判断と思われた。

しかし、これまでトウモロコシを植えろといわれた畑を、急にイネや麦を栽培する田んぼに変えろといわれても簡単ではない。トウモロコシは荒れた土地でも栽培が可能で、食糧難の北朝鮮をそれなりに救ってきた作物だ。北朝鮮はトウモロコシ栽培については、それなりのノーハウを持っている。だが、北朝鮮当局がしきりに言っている「適地適作」の原則は無視され、党の方針のもとで麦作が強制的に拡大された。土壌調査やその土地に適した品種の確保などの「科学農業」が無視され、当局の号令で麦作、特に小麦の栽培拡大が強行された。

北朝鮮は二〇二一年一月の第八回党大会で「国家経済発展五カ年計画」（二〇二一～二五年）をスタートさせた。しかし、経済制裁に加えて、二〇二〇年初めから生じた新型コロナウイルスの防疫のための国境封鎖が続き、貿易の九割以上を占める中朝貿易は激減した。農業部門でも中国からの肥料の輸入などに大きな障害が生まれた。二〇二二年春に干ばつが襲い、同年四月末から北朝鮮内でコロナ感染が拡大した。コロナ感染者の発生で、例年行われる軍人や都市の若者を田植えに動員する「田植え闘争」にも支障が出た。「新農村テーゼ」の初年である二〇二二年は最悪の状況でスタートした。

「一二の重要高地」のトップは穀物生産

こうした中で、朝鮮労働党は二〇二二年一二月二六日から三一日まで党中央委員会第八期第六回総会拡大会議を開催した。金正恩党総書記は会議での報告で「新年度（二〇二三年）に人民経済の各部門で達成すべき主要経済指標と一二の重要課題を基本目標に定め、その達成方途を具体的に明示し、二〇二三年の計画遂行が経済発展の中・長期戦略遂行へつながるようにすることに作戦と指導の中心を置くこと」について強調した。

金正恩党総書記は二〇二二年九月の最高人民会議第一四期第七回会議で行った施政演説で、国家経済発展五カ年計画で「二〇二五年末には二〇二〇年の水準より国内総生産額は一・四倍以上、一般消費財の生産は一・三倍以上伸びる」と述べ、五カ年計画期間の年平均経済成長率を七％に設定していることを明らかにした[6]。

しかし、二〇二〇年から始まった新型コロナウイルスの感染拡大影響で、中朝貿易は激減し、経済制裁、コロナと中朝貿易激減、水害の三重苦に襲われた。韓国の中央銀行、韓国銀行はコロナ禍以降の北朝鮮の経済成長率は二〇二〇年がマイナス四・五％、二〇二一年がマイナス〇・一％、二〇二二年はマイナス〇・二％と推定した。二〇二一年から始まった「国家経済発展五カ年計画」の年平均七％成長の目標達成は最初の二年でほぼ絶望的になった。

北朝鮮はそうした状況の下、二〇二二年一二月の党中央委第八期第六回総会で「達成すべき主要経済指標」として「一二の重要高地」を提示したわけである。ここで二〇二三年に達成すべき産業分野ごとの数値目標が設定されたとみられた。「五カ年計画」の目標達成が困難になったために、一二の産業分野で二〇二三年に獲得すべき目標が設定されたとみられた。

党機関紙『労働新聞』などの公式メディアは「一二の重要高地」がどういう産業分野なのか報じなかった。そうした中で、北朝鮮の平壌のメーデー競技場で一月五日、「全員会議（党中央委総会）の決定を貫徹するための平壌市決起大会」が開かれた。『朝鮮中央テレビ』がこの決起大会について報じる中で、競技場の電光掲示板に「一二の重要高地」の産業分野が紹介された。これによれば、①穀物、②電力、③石炭で、それ以降は④圧延鋼材、⑤有色金属、⑥窒素肥料、⑦

セメント、⑧木材、⑨布、⑩水産物、⑪住宅、⑫鉄道貨物輸送――という順序、内容であった。[7]「一二の重要高地」の優先分野が穀物、電力、石炭という順番であることを見ても、食糧、エネルギー問題が依然として北朝鮮の最も深刻な課題であることが分かった。中でも穀物生産の行方が国家の最優先課題であった。北朝鮮当局は二〇二三年の最重要政策として穀物生産を挙げ、灌漑施設の整備や農業支援など穀物生産の向上に全力を注入した。

各地方で進められた農村住宅の建設

「新農村テーゼ」の三番目の重要政策が、農村生活環境の改善であった。金正恩政権は特に、農村の住宅建設への取り組みを進めた。

これに先立ち、北朝鮮では二〇二〇年八月上旬に集中豪雨があり、『朝鮮中央通信』は八月七日、金正恩党委員長（当時）が黄海北道銀波郡大青里（ファンヘプクト ウンパ テチョンリ）一帯の洪水被害状況を現地視察したと報じた。金正恩党委員長は日本車のレクサスに乗り現地入りした。その上で、国務委員長戦略予備分物資を解放・保障するよう命じ、被害を受けた住宅の復旧を指示した。

続いて八月下旬には台風八号、九月上旬には台風九号、一〇号により、それぞれ大きな被害が出た。

金正恩党委員長は九月五日に被災地に入り、党中央委政務局拡大会議を現地で招集、被災地を見て回った。会議は専用列車内で開かれたとみられた。

政務局拡大会議では「党咸鏡南道（ハムギョンナムド）委委員長の金成日（キムイルソン）を解任し、党中央委組織指導部の副部長を新たに咸鏡南道党委員長に任命した」とした。北朝鮮メディアの報道では金成日党咸鏡南道委委員長を呼び捨てにしており、台風対応への不備で更迭されたとみられた。

金正恩党委員長は現地で、首都、平壌の全党員へ公開書簡を出し、中核党員一万二〇〇〇人による「首都党員師団」を咸鏡南・北道にそれぞれ派遣することを決心したとし、これに応じるように訴えた。

北朝鮮は二〇二一年一月の第八回党大会で国家経済発展五カ年計画を発表したが、この中で平壌に毎年一万戸ずつ、計五万戸の住宅建設を行うとともに、非鉄鉱物生産基地である検徳（コムドク）地区に二万五〇〇〇世帯の住宅を建設するとした。

また、二〇〇〇年の水害を受けた農村の住宅建設をしたことの延長で、全国各地の農村で住宅建設が行われた。

金正恩政権発足直後の建設事業は平壌市内のレジャー施設や地方の観光施設建設に重点が置かれたが、第八回党大会以降には住民生活と直結した住宅建設に力を入れ始めた。金正恩政権が掲げる人民大衆第一主義による方針とみられた。

こうした農村住宅建設のモデルとなったのは「革命の聖地」とされる白頭山の麓の三池淵（サムジヨン）市における住宅建設であった。北朝鮮は二〇一八年から三池淵市建設計画に本格的に着手し、二〇一九年末には中心地区の建設が終わった。これに続き、二〇二〇年から周辺地区や農村地区の再開発が進められ、二〇二一年一一月に工事が終了した。金正恩党総書記は二〇二一年一一月に工事が終了した三池淵市を現地指導し、「三池淵市建設過程を通じておさめた成果と経験と基準はわが党の地方建設政策を正しい方向に推進することのできる明確な指針となる」と言い、「これは地方の変革する新しいスタートを開くためのこんにちの闘いで大きな意義を持つ」と述べた[8]。

金正恩党総書記は「新農村テーゼ」で「近い将来に全国の全ての農村を三池淵市の農村の水準に、裕福で文化的な社会主義理想村につくろうというのが、わが党の農村建設政策である。この構想と政策を実現するのは全人民が望み、歓呼する人民的な事業であり、われわれの時代の新しい社会主義農村文明、地方が変わる新世界を開く政治的事業であり、社会の進歩と繁栄のための事業であり、わが共和国の全般的発展を成し遂げる歴史的な事業である」と強調した。

日本の「アジアプレス」の石丸次郎氏が入手した二〇二〇年二月二七日に開催された朝鮮労働党中央委員会政治局拡大会議での金正恩の発言に関する資料がある。公式には公表されなかった内容だが、この資料には興味深い金正恩の言葉があった。

ここで、金正恩は「ここ数年、建設を大々的に進めたが、多くの場合、観光名勝地や休養地、体育文化施設を設け、工場、企業所を改築・現代化したことをはじめ、国家の地位を高める見地から掲揚・推進されているため、主要道所在地、特に平壌市に不足する住宅の建設は低迷している」としたうえで、「党の建築発展構想と建設政策により、建設で人民大衆第一主義を具現するといいながらも、人民の利益と便宜を最優先、絶対視する原則から建設を進めることはできなかった」、「観光名勝地、休養地をいくら別天地のように設けても、生活をする家の問題で不便を感じる人はそれを歓迎するはずがない」と述べ、自身の政権初期に多くの記念碑的建築物や観光施設を作ったが、党が掲げる人民大衆第一主義の観点から誤りだったのかもしれないとの自己批判とも取れる言葉を述べた。

金正恩は「建築部門で人民大衆第一主義を徹底的に具現するには建設で提起されるすべての問題を人民の利益と便宜を最優先、絶対視という原則から政策化して解決していかなければならない」と述べた。

金正恩は「このような見地から見て、過去の期間に人民の住居問題を解決するための事業がともに進まなかった。平壌市に一〇万世帯の住宅を建設すると言ってから一〇年余りの歳月が経ったが、いまだに龍城（リヨンソン）―西浦（ソポ）―力浦（リヨクポ）鉄道周辺の二万世帯の住宅建設に関心を向けなかった。この事業を内閣だけに任せておいて国家的な対策がないため、人民の前に頭をもたげて話す体面もなくなった」と自己批判までした。

金正恩はこの党政治局拡大会議でのこうした発言を背景に二〇二一年一月の第八回党大会で平壌一〇万戸住宅建設や地方の農村の住宅建設に乗り出したわけである。人民大衆第一主義の良い面が反映した施策とみられた。

二〇二一年一一月の三池淵に「山間文化都市」を建設した以後、二〇二三年一〇月までに、朝鮮中央通信が伝えた平壌以外の地方において住宅を建設し、住民が新居に入居したことを伝えた記事を筆者なりにチェックしてみた。漏れている事案もあるかもしれないが、表2の通りである。

これを見れば、金正恩政権が全国各地の農村などに住宅を建設したことが分かるが、正確な建築戸数などは次第に報道されなくなって、不明だ。

これに関連し、『労働新聞』は二〇二三年五月一八日付「偉大なわが党だけが構想し実現でき

▽2023、02・25、平安北道の雲山郡泥踏里、郭山郡草庄里、龍川郡東新里、平安南道の价川市宝富里、黄海北道の松林市チョンウン里、谷山郡文陽里、遂安郡山北里、咸鏡北道の延社郡三浦里、花台郡楊村里、富寧郡沙河里、明川郡古站里、咸鏡南道の咸興市興南区域麻田里、会上区域東興里、沙浦区域湖田洞の農場で新居入り。

▽2023・02・28、平安北道鉄山郡元世平里、黄海北道勝湖郡三青里、慈江道雩時郡テウン里、咸鏡北道の清津市羅南区域龍岩里、青岩区域富巨洞、咸鏡南道の栄光郡楮洞里、徳城郡獐興里、南浦市大安区域多美里の農場に住宅が建設され、新居入り。

▽2023・03・02、咸鏡南道の耀徳郡、高原郡、南浦市の温泉郡、港口区域の農場村で新居入り。

▽2023・03・07、黄海北道の祥原郡と麟山郡、開城市の開豊区域と板門区域に農民の住宅建設、新居入り。

▽2023・04・14、江原道・文川市館豊洞、黄海南道・延安郡羅津浦里、黄海北道・銀波郡楚邱里に数百世帯分の住宅が建てられて新居入り。

▽2023・04・18、平安南道・檜倉郡新芝洞里、黄海北道・平山郡青鶴農場、黄海北道・瑞興郡文武里、黄海南道・載寧郡新換浦里、黄海南道・青丹郡新生里、黄海南道・甕津郡大機里の農村住宅を建設、新居入り。

▽2023・04・28、平安北道枇峴郡松亭里、昌城郡檜徳里、黄海北道金川郡峴内里、黄海南道海州市長芳里、銀川郡馬頭里に住宅建設、新居入り。

▽2023・05・05、平安北道の亀城市上端洞、宣川郡コンボン里、雲田郡雲何里、東林郡保聖里、朔州郡青水野菜農場に住宅を建設、新居入り。

▽2023・05・08、黄海南道白川郡域久道里と平安北道雲田郡三光里で住宅建設、新居入り。

▽2023・05・12、慈江道熙川市地新野菜農場で新居入り。

▽2023・05・15、平安北道の寧辺郡龍花里、博川郡箕松里、黄海北道の新溪郡院橋里、延山郡玉徳里、新坪郡仙岩里、中和郡ウォルウン里、兎山郡陽寺里、江原道の通川郡鳴阜里で住宅建設、新居入り。

▽2023・05・21、平安北道天摩郡新市農場、平安南道安州市松鶴農場、黄海南道長淵郡石長農場、江原道安辺郡桑陰農場、南浦市龍岡郡後山農場で住宅建設、新居入り。

▽2023・06・04、黄海南道の峯泉郡石沙里、新院郡月堂里、三泉郡古縣里、信川郡松梧里で住宅建設、新居入り。

▽2023・06・09、平安北道・碧潼郡松連里、平安南道・成川郡温井里、黄海南道・碧城郡チャンヘ里、黄海南道・殷栗郡二道浦里、黄海南道・苔灘郡釜洋里、黄海南道・松禾郡九灘里、両江道・白岩郡マンジョン里、両江道・甲山郡沙坪里、開城市・長豊郡大徳山里で住宅建設、新居入り。

▽2023・06・20、平安北道の義州郡西湖里、慈江道の楚山郡央土里、時中郡ヤクセム里、長江郡長坪里、江原道の板橋郡支下里、伊川郡チダン里、法洞郡龍浦里、両江道の大紅丹郡三長里で住宅建設、新居入り。

▽2023・06・27、平安南道の徳川市新城里、文徳郡立石里、殷山郡崇化里、大同郡馬山里に住宅建設、新居入り。

▽2023・07・10、慈江道の江界市恩情野菜農場、東新郡邑農場、前川郡鶴舞野菜農場、城干郡東山農場、香山郡太平農場、松源郡邑農場、古豊郡文徳農場、中江郡中徳農場、慈城郡雲峰農場で住宅建設、新居入り。

▽2023・07・12、北朝鮮の西北端の、思いがけない災難に見舞われた平安北道薪島郡緋緞島労働者区に住宅を建設、新居入り。

▽2023・07・23、江原道・川内郡豊田里、高城郡順鶴里、洗浦郡縣里、平康郡ジアン里で住宅建設、新居入り。

▽2023・08・09、平安南道、慈江道、江原道、両江道の農村に文化住宅を建設、新居入り（具体的な地名は報道されず）。

▽2023・10・05、両江道の金正淑郡松田農場、金亨権郡直雪畜産農場、道農業経営委員会堡城農場、普天郡佳山農場、雲興郡深浦農場、豊西郡隅浦畜産農場で住宅を建設、新居入り。

▽2021・12・09（『朝鮮中央通信』報道日、以下同）、開城市開豊区域海坪里と板門区域新興里で百数十世帯が新居入り
▽2021・12・13、2020年に慈江道で数千世帯の住宅が、平安北道亀城市と平安南道平原郡では各々数百世帯が建設され、新居で生活を始めた。
▽2022・01・01、鉱山地域である咸鏡南道・検徳地区の端川市のクムコル1洞、クムコル2洞、クムコル3洞、大興2洞、白金山洞、探査洞の数千世帯が新居入り。
▽2022・04・13、咸鏡南道咸興市会上区域、新興郡と黄海南道載寧郡墻菊里に数百世帯分の住宅が建設され、新居入り。
▽2022・08・13、黄海北道黄州郡長川里に、600余世帯分の農村文化住宅が新しく建設され、新居入り。
▽2022・08・26、黄海南道青丹郡錦鶴地区の200余世帯が新居入り。
▽2022・09・14、黄海北道延山郡公浦里に数百世帯分の農村文化住宅が新しく建設され、新居入り。
▽2022・09・14、黄海北道・光川の養鶏工場従業員社宅が建設され、新居入り。
▽2022・11・07、南浦市温泉郡金城里の数百世帯が新居入り。
▽2022・11・15、江原道高山郡雪峰里に、百数十世帯分の住宅が建設され、新居入り。
▽2022・11・15、江原道高山郡雪峰里で百数十世帯分の住宅が建設され、新居入り。
▽2022・11・21、咸鏡南道・連浦温室農場の1000余世帯分の住宅と学校、文化会館、総合便益施設などが建設され、新居入り。
▽2022・11・25、咸鏡南道・金野郡龍源農場の農産第1、2両作業班、北青郡文洞果樹栽培農場の農産第3作業班と、開城市徳岩農場の機関所在地の村に数百世帯の農村住宅が建設され、新居入り。
▽2022・11・28、羅先市羅津区域新海洞で、住宅の新居入り。
▽2022・12・07、平壌市の恩情区域裵山野菜農場、力浦区域小新野菜農場、平安南道平城市慈山農場、平安北道泰川郡龍興農場に数百世帯分の住宅が建設され、新居入り。
▽2022・12・20、平壌市楽浪区域南寺農場の機関所在地、江原道元山市チュンヨン里の機関所在地、咸鏡北道漁郎郡八景台農場の機関所在地、咸鏡南道長津郡白岩農場の農産第2作業班、南浦市江西区域徳興農場の農産第1、2の両作業班、羅先市羅津区域の羅津上下水道事業所武倉農産・畜産物生産分事業所の機関所在地と畜産作業班、先鋒区域の先鋒幼児食品工場クリョンピョン畜産物生産分事業所の所在地に住宅を建設、新居入り。
▽2022・12・22、平壌市と平安北道、咸鏡北道、咸鏡南道の農村に住宅を建設、新居入り。
▽2022・12・27、平壌市の寺洞区域五柳野菜農場の所在地、江南郡長橋農場の所在地、平安北道の定州市新川農場の所在地、塩州郡内中農場、球場郡水口工芸作物農場、咸鏡北道の清津市漁遊農場と農産第2作業班、畜産作業班、咸鏡南道の端川市直節野菜農場の野菜第2作業班、咸州郡連浦農場の農産第4、5の両作業班にそれぞれ住宅を建設、新居入り。
▽2022・12・31、平壌市農業経営委員会の長水院農場の機関、九瑞農場の第2、5の両作業班、黄海北道沙里院市の嵋谷農場の農産第5、9の両作業班、黄海南道安岳郡の屈山農場の農産第2作業班、康翎郡のピョンム農場の農産第1、2、6の各作業班、咸鏡北道慶源郡の沙水農場の農産第1作業班、南浦市千里馬区域の古倉野菜農場の野菜第2作業班と農産第7作業班、龍岡郡の後山農場の所在地に住宅を建設、新居入り。
▽2022・12・31、咸鏡南道・端川市の探査洞、白金山洞、大興第2洞に鉱山労働者のための住宅を建設、新居入り。
▽2023・01・19、平安北道農業経営委員会の仙上農場、平安南道順川市のプンタン農場、平原郡雲峰農場の農産第2、6、10作業班、黄海北道農業経営委員会の恩情畜産農場、黄州郡長川農場の農産第9、12作業班、黄海南道クァイル郡月沙農場の農産第4、5作業班と独立第1分組、慈江道満浦市煙浦農場第2作業班と独立第1分組、咸鏡北道金策市臨溟農場の野菜作業班、茂山郡篤所農場、咸鏡南道咸興市東興山区域富民農場の野菜第1作業班、興徳区域龍新農場の農産第3作業班と野菜第3作業班、新興郡昌瑞農場の農産第3作業班、南浦市臥牛島区域嶺南農場の所在地で住宅を建設、新居入り。
▽2023・01・21、平安南道、黄海北道、咸鏡北道、咸鏡南道の多くの農場で新居入り（具体的な農場名や地名は報道せず）

表2　農村の住宅建設（2021年12月～2023年10月）

る世紀を画する変革――社会主義全面的発展の気概を誇示する近代的な農村住宅建設の新しい歴史を伝えて」と題した記事の中で、「各々の郡で平均百数十世帯の農村住宅を建設する計画が立てられた。これは農村住宅建設を初年度から実質的に進めて党の恩恵が実質的に人民の肌に届くようにできる最も現実的な方途であった」と報じた[9]。北朝鮮には約二〇〇の市・郡があるので、各々の郡に平均百数十世帯の農村住宅を建設するなら、全国で二万戸から四万戸の住宅を建設することになる。

一方、金正恩党総書記は二〇二三年一二月末に開催した朝鮮労働党第八期第九回総会拡大会議での報告で、「(二〇二三年の)農村住宅建設計画は、二〇二二年の二倍以上である五万八〇〇〇余世帯で、四〇余りの市、郡ではすでに建設を終えたし、他の市、郡でも新年度の春季まで計画された住宅の建設を全般的に完工することになる」と述べた。この報告通りなら、二〇二二年に二万数千戸、二〇二三年には五万八〇〇〇戸と二年余で八万戸以上の農村住宅が建設されることになる。これが農村住宅全体のどれくらいの割合なのかは不明だが、金正恩政権が政権発足当時の平壌を中心とした記念碑的建造物やレジャー施設から経済格差が大きい地方の農村住宅の建設に取り組んでいることは「人民大衆第一主義」の立場からも、その方向性は評価されよう。

さらに、金正恩党総書記は「報告」(新農村テーゼ)で「協同農場(ヒョプトンノンジャン)が国家から貸付金をもらって償還できなかった資金を全て免除する特恵の措置」を宣布した。農業協同組合の国への負債を免除する、一種の徳政令であった。

また、「内閣をはじめ国家経済機関と関連単位が農業部門に対する投資分を系統的に増やし、設備と資材、資金を計画通りに無条件に保障する強い制度と秩序を確立すべきである」と述べ、農村への投資や技術支援も強調した。

ここまで見れば、金正恩政権が食糧問題の解決のために大きく動き出したという印象を与えるが、現実は異なった。

「新農村テーゼ」を「農村革命綱領」と表現

北朝鮮メディアはこの金正恩党総書記が行った「われわれ式社会主義農村発展の偉大な新時代を開いていこう」と題された報告を「新しい社会主義農村建設綱領」と表現した。この「農村建設綱領」という言葉は金日成主席の「社会主義農村テーゼ」についても使われてきた言葉であった。

そして、『労働新聞』二〇二二年八月三日付は二面で「わが党の農村革命綱領は、新時代の農村振興の輝かしい設計図」と題した論説を掲載し[10]、この金正恩党総書記が二〇二一年一二月の党中央委第八期第四回総会で打ち出した「報告」(新農村テーゼ)を「農村革命綱領」と表現した。

そして、北朝鮮メディアでは金正恩党総書記の「新農村テーゼ」について「農村建設綱領」という表現と「農村革命綱領」という表現がともに使われるようになった。「農村建設綱領」という表現は、元々は金日成主席の「農村テーゼ」に使われてきた言葉なので、金正恩党総書記の「新農村テーゼ」に対して「農村革命綱領」という新たな表現を使って差別化を図ったとみられた。

金正恩党総書記は、祖父の金日成主席が提示した「社会主義農村テーゼ」を「深化、発展」させた「農村革命綱領」（新農村テーゼ）を示し、農民の思想を改造し、農業生産の大幅増、農村の改良を叫んで動き出したが、事態はそう簡単ではなかった。

二〇二二年八月ごろ、北朝鮮から「協同農場」が消えた？

金正恩党総書記が二〇二一年一二月に「新農村テーゼ」を発表し、北朝鮮の農業分野でいろいろな変化が生まれた。

北朝鮮の『労働新聞』や『民主朝鮮』などの公式メディアで二〇二二年八月以降に興味深い変化が見られた。北朝鮮の農業形態の一つである「協同農場」という言葉が登場しなくなったのだ。記事中に「協同農場」という言葉が出る時は「〇〇協同農場（当時）」という表現になった。

二〇二二年七月三〇日付『労働新聞』の「自分の故郷に宿る首領の領導業績を深く刻み込もう」という記事では「チュンソクファ協同農場」と「トクチョン協同農場」という記述が含まれている。[11] しかし、同八月七日付『労働新聞』に掲載された「朝鮮中央通信詳報　社会主義祖国に黄金蜂を繰り広げる愛国青年たちの献身と威訓」という記事では「ウナ協同農場（当時）」、「チョンサン協同農場（当時）」という記述になった。[12] 金日成主席や金正日総書記が協同農場を訪問したことを回顧するような記事で「〇〇協同農場（当時）」と表現されている。それ以降は「〇〇協同農場」という表現が使われていないようにみられる。

これが何を意味するのか明確ではないが、それまで「〇〇協同農場」とされていた名称から

「協同」が削除された可能性があった。

北朝鮮では日本の植民地からの解放後、重要産業の国有化が行われたが、農地は国有化されず、小作農などに分配し、個人所有を認めた。そして、朝鮮戦争後に農業の協同化の方針が打ち出され、一九六二年から「農業協同組合」が「協同農場」へ改称された。北朝鮮の農業は一部の国営農場を除き、多くの農地は「協同的所有」のもとで、協同農場を生産単位としてきた。

北朝鮮の公式メディアから「協同農場」の表現が消えたことをどう理解すればよいのか。まだ情報不足だが、農地の協同所有という形態が変化しないまでも、農場に対する国家の統制が強化された可能性がある。

「糧穀販売所」の設置で食糧流通に支障か

「生産」現場である農村で市場主義的な要素が否定され、社会主義的な集団農場方式が復権する動きを見せつける一方で、食糧の「流通」でも大きな変化が起きた。

北朝鮮では配給制度が崩壊し膨大な餓死者が出た一九九〇年代の「苦難の行軍(コナネヘングン)」以降、人々は「食糧供給所」に配給票を出し国定価格で穀物を買い、足らない分量を市場で購入する形態を取ってきた。社会主義の配給制と、市場での食糧販売が共存してきたわけだ。配給が滞っても、市場の機能により何とか住民に食糧を供給してきた。

ところが、二〇二一年になり「糧穀販売所」というものが登場した。北朝鮮メディアに「糧穀販売所」という言葉が初めて登場したのは二〇二一年九月一六日付の『民主朝鮮』だった。

『民主朝鮮』は九月一四、一五、一六日の三回にわたり「修正、補充された糧政法について」という法規解説記事を掲載した[13]。この三回目の記事で「中央農業指導機関と地方農業指導機関、該当機関は食糧供給対象人員の分布状態、地域的特性に応じて食糧供給所、糧穀販売所を配置しなければならない」と報じており、「糧政法」の改正で、「糧穀販売所」が設置されたとみられた。住民への食糧供給で、それまであった「食糧供給所」に加えて「糧穀販売所」が設置された。

『労働新聞』は二〇二一年一一月三日付で、金徳訓首相が平壌市一万世帯住宅の建設現場を視察すると同時に、平壌近郊の順川市の農業部門活動を視察したと報じた[14]。同紙は、金徳訓首相が「順川市のプンタン協同農場、ピョンリ協同農場と糧穀販売所を訪問しながら稲の総合脱穀機を効果的に利用することをはじめ、今年の農作業の締めくくりをうまくやるための対策をきちんと立て、糧穀販売所の運営を綿密に行い、来年の農業準備を実質的に進めるうえで幹部が責任性と役割をいっそう強めることについて指摘した」と報じた。この記事で「糧穀販売所」が実際に設置され、運用されていることが確認された。

北朝鮮メディアはその後、金徳訓首相が咸鏡南道の定平郡と高原郡（二〇二二年三月二一日報道[15]）、平安北道と平安南道（同年一〇月一五日報道[16]）、黄海北道と黄海南道（同年一〇月二〇日報道[17]）、平安南道（同一一月一日報道[18]）、黄海北道と黄海南道（二〇二三年一月二六日報道[19]）、平安南道と平安北道（同一月二八日報道[20]）、南浦市（同二月七日報道）の各糧穀販売所を視察したと報じた[21]。金徳訓首相がこれほど長期にわたり、何度も各地の糧穀販売所の運営実態を視察していることを見れば、糧穀販売所の設置、運営が大きな問題となっていることを示唆した。

北朝鮮の食糧事情

韓国の聯合ニュースは二〇二三年二月六日、対北消息筋の話として、北朝鮮の開城市で食糧事情が悪化し、一日に数十人の餓死者が発生していると報じた[22]。北朝鮮で開城は、比較的豊かな地域とされていただけに大きな衝撃を与えた。開城で一日に数十人が餓死するような状況なら、経済的に困難とされる山間部などの食糧事情はさらに深刻とみられたからだ。

北朝鮮の食糧事情については、金正恩党総書記が二〇二一年六月の党中央委員会第八期第三回総会で「農業部門が昨年の台風被害によって穀物生産計画に達しなかったことで、現在人民の食糧事情は緊迫（切迫）している」と食糧不足を認めたことがあった[23]。『朝鮮中央テレビ』は二〇二二年二月一日に金正恩党総書記の二〇二一年の活動を振り返る記録映画を放送し、その中で北朝鮮当局が非常用食糧の拠出を「何度も行わないわけにはいかなかった」という説明を報じた[24]。

韓国の権寧世（クオンヨンセ）統一部長官は二〇二三年二月一五日の国会外交統一委員会で「餓死者が続出するほどではないとみている」と答弁した。北朝鮮では一九九〇年代後半に数十万人が餓死するような危機に直面したが、統一部はそれほどの状況ではないと判断した[25]。

韓国の韓国農村振興庁は二〇二二年一二月に北朝鮮の同年の食糧作物生産量は前年より一八万トン減の四五一万トンと推定した[26]。内訳はコメ二〇七万トン（前年比マイナス九万トン）、トウモロコシ一五七万トン（同マイナス二万トン）、ジャガイモ・サツマイモ四九万トン（同マイナス八万トン）、麦一八万トン（同プラス二万トン）、豆一八万トン（同マイナス一万トン）とした。同庁は麦の生産は旱魃や収穫期の集中豪雨などの被害で単位面積当たりの収穫は減少したが、作付面積が約三〇％増加したために収穫高は二万トン増加したとした。北朝鮮当局は麦の作付面積を二倍以上にせよとしたが、韓国当局は三〇％程度と見ていた。

韓国の統一部は北朝鮮の年平均食糧不足は約八〇万トンと予測していた[27]。韓国の推定が事実であれば、北朝鮮の食糧事情はそれほど深刻な状況ではない。

金正恩党総書記は二〇二三年一二月に開催された党中央委第八期第九回総会での報告で「特に喫緊の問題として提起されたのは昨年（二〇二二年）の農業を立派に営めなかったことによって生じた深刻な食糧難を解決することであった」と語り、二〇二二年の農業が不振であったことを認めた。これに対し、二〇二三年の実績については「穀物生産目標を超過遂行したことを二〇二三年度の経済活動で達成した最も貴重で高貴な成果」と、二〇二三年の豊作を誇った。

個人の穀物取引を取り締まり

韓国の統一部は二〇二三年二月一六日、記者たちに対し、北朝鮮が二〇二二年一〇月に新たな糧穀政策を導入し、個人間の穀物取引を取り締まっていると述べた。統一部は「完全に（個人的な穀物売買が）中止しようとしたとは言えないが、チャンマダン（農民市場）を通じた食糧取引が以前のように自由ではないという話があちこちから聞かれる」とした。市場での穀物取引を完全に禁止したかどうかはまだ確認できないが、かなりの統制を受けているのは事実だという認識だった[29]。

統一部当局者は「昨年末から北韓（北朝鮮）の食糧事情が深刻だというシグナルが見える。まだ年の初めなので、昨年生産した穀物がなくなったということではないだけに、絶対量の問題というよりは『分配の問題』が発生した状況」と説明した。

北朝鮮当局は道端や市場での穀物販売を統制し、新たに設置した「糧穀販売所」で穀物を買うように住民たちを誘導しているとみられた。

最初は住民にも人気だった「糧穀販売所」

北朝鮮の食糧供給は配給品を渡す「食糧供給所」と「市場」が共存することで成り立っていた。北朝鮮当局はこの「市場」の機能を「糧穀販売所」へ移管し、食糧供給全体を国家統制下に置こうとしたとみられた。完全な配給制を復活することはできないが、配給制度を補完するための主食の売買は国家が統制しようとしたとみられた。

このため、北朝鮮当局は国営の「糧穀販売所」のコメの価格を当初は市場の価格よりも低く設定し、住民の購入を誘導した。住民たちも安くコメを買えると当初は人気だったという。しかし、コメを安く売ると国が経費を負担しなければならない。これを避けるために農場からの購入価格を安く抑えた。

すると農場側は生産物を国に安く買いたたかれるために、拠出を渋り出した。さらに、品質の悪いものを糧穀販売所に出し、品質の良いものを市場に出すようになった。農場は国にコメなどを買いたたかれるくらいなら、高くなるまで貯蔵しようとし、市場の流通が妨げられるようになった。糧穀販売所で売られるコメの質が低下し、消費者から不満が出た。消費者は糧穀販売所での購入を止め、再び市場で購入するようになった。このため、こうした動きを阻止するために二〇二二年一〇月ごろから、市場での穀物売買を統制する動きを強めた。

金徳訓首相が全国の食糧供給所と糧穀販売所の視察を続けた背景には、こうした状況を把握しようとするものだったとみられた。

「農場法」と「糧政法」を修正、補充

二〇二二年一二月に最高人民会議常任委員会常務会議が開かれ、「農場法」、「糧政法」の修正、補充が行われた[30]。「糧政法」の修正は、先述の糧穀販売所の設置を決めた二〇二一年九月ごろの修正に続くものだった。『労働新聞』(二〇二二年一二月八日付)は、農場法について「社会主義農業企業体としての農場の定義、穀物予想収量の判定、穀物義務買付け計画の示達、農場活動の条件保障に関する条項が修正された」とした。糧政法については「糧穀の買い上げや加工、販売などにおいて制度と秩序を厳格に打ち立て、糧政事業を発展させるための重要な諸問題が補充された」とした。

農場を「社会主義農業企業体」とするのはこれまでにあまりない表現だった。北朝鮮が農村を思想革命する中で生まれた言葉だけに、市場経済的な意味合いを強めたというよりは、収穫から流通の全段階で当局の統制を強めることで、農場経営の効率化や生産性の向上を目指したもので

ある可能性が高い。

「糧政法」の改正は農場からの穀物買い上げや、販売について国家統制を強化するものとみられた。農場には穀物を市場に売らせず、消費者は市場で穀物を購入せずに糧穀販売所で購入するように統制を強めたのではないかとみられた。こうした措置により、北朝鮮の食糧流通はさらに硬直したものになっていった。

党中央委で農村問題を討議するが、生産向上の具体策なし

そして、朝鮮労働党は二〇二三年二月二六日から三月一日まで「農村問題の最終的解決」を掲げて党中央委員会第八期第七回総会拡大会議を開催した[31]。党中央委総会は二〇二二年一二月末に開催されたばかりで、約二カ月で再び党中央委総会を開催するのは異例であった。

党中央委総会の第一議題は「新時代の農村革命綱領実現のための初年の闘争状況と一連の重要課題について」であった。

金正恩党総書記は第一議題についての「結語」で「社会主義農村建設目標の達成は壮大で深刻な革命であるため、農村問題を成功裏に解決するためには科学的な段階と目標を設定し、目的指向的な闘いを展開しなければならない」とし、「現段階の闘いにおいて農村を革命的に一新させることを国家の富強・発展と人民の福祉増進を成し遂げるための重大な革命課題」とした[32]。

その上で「穀物生産目標の達成を人民経済発展の一二の重要目標の第一の目標に掲げた党中央の意図と今回の総会拡大会議の基本目的が言及され、主な農業発展目標と課題」が提起された。

公表された内容では、農業生産を向上させるための具体的な施策はあまり明らかにされていないが、国家経済発展五カ年計画の終わる二〇二五年までに灌漑システムの完備を急ぐことが強調された。さらに、干拓地の開墾や耕地面積を増やし、一ヘクタール当たりの収穫高を上げることなどが求められた。

しかし、北朝鮮の食糧問題逼迫の原因となっているとみられる糧穀販売所の設置や市場での穀物取引の是非など「流通」問題についてはまったく言及がなかった。「協同農場」の名称が消えたことや、圃田担当責任制の実施などについても言及はなかった。

党機関紙『労働新聞』は三月三日付で、朱哲奎（チュチョルギュ）副首相兼農業委員会委員長が寄稿で「これまでわれわれが農業をしっかりと営むことができなかった根本の原因は、農業指導機関の幹部らが営農物資保障条件や災害性異常気候にかこつけて農事の作戦と指揮を、責任を持って行わなかったところにある。こうした思想観点と事業姿勢では、いつまで経っても国の穀物生産を増やすことができず、党と人民の前に負っている重い責任を果たすことができないという教訓をいま一度骨身に染みて胸に刻んだ」と自己批判を行った。張賢哲（チャンヒョンチョル）平安南道農業科学研究所所長・博士も寄稿で「道の農業科学研究機関に責任を負っている幹部として、農業科学者の一人として、あまりにも遠くかけ離れていたという罪責感に頭を上げることができない」と自己批判した[33]。

党中央委員会総会が「農村問題の最終的解決」を掲げて開催されたが、農業生産を向上させるための具体的な方策は灌漑システムの整備以外には挙がらなかった。また、食糧不足を起こしている原因とみられる「糧穀販売所」の設置や運営の問題点を含めた「流通」の問題についても言及はなく、農業担当者の責任や決意だけが問われるという形で終わってしまった。

金正恩政権初期の市場経済的な改革志向の後退

金正恩政権は、政権発足直後には市場経済的な要素を取り入れた対応でそれなりの成果を上げた。農業でも協同組合内部の作業班である「分組」を家族単位まで小規模化して、生産性を上げた。北朝鮮はさらに二〇一三年から本格的に「圃田(ポジョン)担当責任制」を実施し、ノルマ以上の生産については農民が市場などで処分することを容認した。こうした農民の労働意欲を刺激する措置が農業生産を向上させた。

しかし、「農村革命綱領」には、このような市場経済的要素を組み込んだ農業政策に言及はなく、むしろ、改革的な農業政策は後退した。農民を共産主義的人間に改造することが優先される中では、市場経済的な働きかけで農民の労働意欲を刺激しようという方向性は抑制されていった。

金正恩自身の考え方も、政権スタート時には、発展した現実に合わせ、「われわれ式の経済管理方法」を研究、完成していくべきとして、一定の枠内ではあるが経済改革を推し進める姿勢を示していた。しかし、二〇一九年二月のハノイでの米朝首脳会談の決裂を受けたのちには、自力更生による「正面突破戦」を主張し、最高指導者の経済政策は改革ではなく、社会主義的な方向へ回帰してしまった。

北朝鮮の食糧問題は深刻ではあるが、市場が運営されていることで配給制度の不備を補い、何とか餓死者を出さない程度の低空飛行を続けてきた。

しかし、金正恩党総書記は金日成主席の一九六四年の「社会主義農村テーゼ」を進化、発展させたという「農村革命綱領」を掲げ、農村に「三大革命」を持ち込み、農民の思想革命を起こすという社会主義への復帰ともいうべき道を歩んでいる。農村では当初は成果を上げた圃田担当責任制などが消えつつあるという指摘もあり、社会主義的な集団営農へと回帰しつつある。これでは「働いても、働かなくても同じ」という状況に陥り、生産性は上がらないだろう。

また、金正恩党総書記は会議で穀物生産の向上を叫ぶだけで、自らは農場に足を運んでいない。農場や工場の生産現場へ行って、現場での現地指導（ヒョンジチド）をメディアで伝え、生産向上を図るというのが、金日成主席、金正日総書記から続く伝統だったが、金正恩党総書記は、ほとんど現場に出向かなくなった。出向くのは「完成」が予見されている建設現場がほとんどで生産現場に足を運ばない。ほとんどは金徳訓首相に丸投げし、自身は党の会議などで檄を飛ばすだけだ。農業生産が向上しない責任を取りたくないためかもしれない。

北朝鮮当局の動きは、市場での穀物取引を強く制限し、食糧の販売を国家統制の下に置こうとしているように見える。配給制を完全に復活できるほど食糧確保ができないために、市場が持っていた市場機能を奪い、国営の糧穀販売所で市場に奪われた食糧販売権を国家が取り戻そうとしているようだ。

この時期の北朝鮮の食糧難は、金正恩党総書記が掲げた「農村革命綱領」で農村の革命化を優先し、農民の思想改造などという理念先行で、農民の労働意欲やインセンティブを無視した政策の結果のように見えた。さらに、農場への統制を強化し、糧穀販売所の設置などで食糧販売を国家統制しようとする社会主義的統制による流通政策の失敗だった。

註

（1）『労働新聞』2021・09・30「경애하는 김정은동지께서 력사적인 시정연설《사회주의건설의 새로운 발전을 위한 당면투쟁방향에 대하여》를 하시였다」。

（2）『労働新聞』2022・01・01「〈위대한 우리 국가의 부강발전과 우리 인민의 복리를 위하여 더욱 힘차게 싸워나가자〉조선로동당 중앙위원회 제8기 제4차전원회의에 관한 보도」

（3）『労働新聞』2021・11・19「김정은 3대혁명의 불길을 세차게 지펴올려 사회주의의 전면적발전을 이룩하자 제5차 3대혁명선구자대회 참가자들에게 보낸 서한」

（4）『労働新聞』2020・08・20「조선로동당 중앙위원회 제7기 제6차전원회의 결정서 조선로동당 제8차대회를 소집할데 대하여」

（5）『労働新聞』2020・10・10「조선로동당창건 75돐경축 열병식에서 하신 우리 당과 국가、무력의 최고령도자 김정은동지의 연설」

（6）『労働新聞』2021・09・09「조선민주주의인민공화국 최고인민회의 제14기 제7차회의에서 하신　경애하는 김정은동지의 시정연설」

（7）『聯合ニュース』2023・01・10「북、올해 목표과제 〝12개 고지〟로 표현…1번 알곡・2번 전력 순」

（8）『労働新聞』2021・11・16「경애하는 김정은동지께서 삼지연시를 현지지도하시였다」

（9）『労働新聞』2023・05・18「위대한 우리 당만이 구상하고 펼칠수 있는 세기적인 변혁 사회주의전면적발전의 기상을 과시하는 현대적인 농촌살림집건설의 새 력사를 전하며」

（10）『労働新聞』2022・08・03「우리 당의 농촌혁명강령은 새시대 농촌진흥의 휘황한 설계도」

（11）『労働新聞』2022・07・30「자기 고장에 깃든 수령의 령도업적을 깊이 새겨안자」

（12）『労働新聞』2022・08・07「조선중앙통신사 상보 사회주의조국에 황금벌을 펼쳐가는 애국청년들의 헌신과 위훈　농촌청년분조、청년작업반운동이 발단되여 지난 45년간 당의 농업정책관철과 3대혁명수행에서 거대한 생활력을 발휘한데 대하여」

(13)『民主朝鮮』２０２１・09・16「〈법규해설〉수정보충된 량정법에 대하여（３）」
(14)『労働新聞』２０２１・11・03「김덕훈 내각총리 평양시 1만세대 살림집건설장을 현지료해」
(15)『労働新聞』２０２２・03・21「김덕훈 내각총리 함경남도의여러 부문 사업을 현지료해」
(16)『労働新聞』２０２２・10・15「김덕훈총리 평안북도、평안남도의 여러 부문 사업 현지료해」
(17)『労働新聞』２０２２・10・20「김덕훈총리 황해남도와 황해북도의 농업、량정부문 사업 현지료해」
(18)『労働新聞』２０２２・11・01「김덕훈총리 평안남도와 평안북도의 농업、량정부문 사업 현지료해」
(19)『労働新聞』２０２３・01・26「김덕훈총리 황해북도、황해남도의 농업부문 사업 현지료해」
(20)『労動新聞』２０２３・01・28「김덕훈총리 평안남도、평안북도의 여러 부문 사업 현지료해」
(21)『労働新聞』２０２３・02・07「김덕훈총리 함경남도와 남포시의 여러 단위 현지료해」
(22)『聯合ニュース』２０２３・02・06「〝北 개성에 하루 수십명씩 아사자…김정은、두차례 간부 파견〟」
(23)『労働新聞』２０２１・06・16「조선로동당 중앙위원회 제8기 제３차전원회의 개회」
(24)『朝鮮中央テレビ』２０２２・02・01「위대한 승리의 해 ２０２１년」
(25)『聯合ニュース』２０２３・02・15「권영세、北 김주애 부각에〝4대 세습 미리 준비…백두혈통 결속〟（종합）」
(26)『聯合ニュース』２０２３・02・14「올해 북한 식량 ４５１만ｔ 생산…작년보다 18만ｔ 감소」
(27)『聯合ニュース』２０２２・08・29「통일부〝北 인도쌀 1만ｔ 수입〟보도에〝확인해줄 사항 없어〟」
(28)「OECD–FAO Agricultural Outlook 2023–2032」
(29)『聯合ニュース』２０２３・02・16「통일부〝북、작년 10월 신양곡정책 도입으로 식량 분배에 문제〟」
(30)『労働新聞』２０２２・12・08「조선민주주의인민공화국 최고인민회의 상임위원회 상무회의 진행」
(31)『労働新聞』２０２３・03・02「〈숭고한 리상과 포부를 안고 농촌진흥의 새시대、자립경제발전의 전성기를 더욱 힘차게 열어나가자〉조선로동당 중앙위원회 제8기 제7차전원회의 확대회의에 관한 보도」
(32) 同上
(33)『労働新聞』２０２３・03・03「당의 농촌발전전략실행의 강력한 견인기로」

第14章
「わが国家第一主義」の統治理論化

「わが国家第一主義」の変容

　北朝鮮は二〇二〇年一〇月に党機関紙『労働新聞』と党理論誌『勤労者』の共同論説で、金正恩（キムジョンウン）を「人民の偉大な首領（スリョン）」と位置づけ、金正恩を「首領」の地位に推し上げた。さらに、二〇二一年一月の第八回党大会で金正恩は祖父、金日成（キムイルソン）主席や、父、金正日（キムジョンイル）総書記と同じ「党総書記」の地位に就くと、金正恩党総書記に対する「首領」キャンペーンが二〇二一年春から本格的に展開された。

　金正恩が「首領」の地位に就くと、金正恩時代の核心的理念であった「わが国家第一主義」も次第に変容を示すようになった。

　その変容を示す一つが「わが首領第一主義」との関係性であった。北朝鮮においては、「わが首領第一主義」というスローガンは金正恩時代以前からあった。金正日総書記は自らを「首領」とは位置づけなかったため、「わが首領第一主義」とは金日成主席への忠誠であり、人民に「首領決死擁護」を求めるスローガンであった。それは当然に、そうした理念構成をつくり上げた金正日総書記への忠誠システムの構築でもあった。

金正日時代の二〇〇五年八月七日付『労働新聞』二面に「わが祖国は偉大な首領様の尊さで輝く金日成朝鮮」という論説が掲載された。[1] この論説は祖国解放六〇周年を前に発表されたもので、「首領はまさに祖国の権威であり象徴である。首領の偉大さによって国と民族の偉大さが決まる。革命の首領が持つ偉大な思想と領導力、高貴な徳性が具現される時、国の尊厳と威力が非常に高くなり、祖国が首領の尊さと共に光を撒くことになる。まさにこれが朝鮮革命の聖なる歴史によって確証された偉大な祖国建設の合法的過程だ」とした。

論説は「人民大衆の最高脳髄、国と民族の唯一の中心は首領であり、わが民族第一主義はすなわちわが首領第一主義というのが偉大な将軍さま（金正日総書記）の鉄石のような信条だ。偉大な首領様の思想と尊さでわが祖国を万代に永遠に輝かせるための敬愛する将軍さまの革命領導は独創的な首領中心論で一貫している」とした。

金正日総書記が提唱した「革命的首領観」や「社会政治的生命体論」に従い、「首領の偉大さによって国と民族の偉大さが決まる」、「人民大衆の最高脳髄、国と民族の唯一の中心は首領」と規定し、「わが民族第一主義はすなわちわが首領第一主義」というテーゼが提示された。ここでは「わが民族」＝「わが首領」という位置づけがされた。

論説は「わが祖国の歴史は偉大な首領様（金日成主席）の思想と尊さで朝鮮を輝かせるための敬愛する将軍さま（金正日総書記）の愛国衷情史である」とし、「偉大な将軍さまの革命歴史こそ、首領様の思想と業績を擁護・固守するための最も堅牢な首領擁護の歴史、首領様が前面に掲げた主体（チュチェ）の社会主義祖国を無敵の銃隊として死守するための先軍（ソングン）領導の歴史、首領様が強盛大国を建設する構想を現実に花咲かせるために愛国献身的な歴史として輝いている。金日成朝鮮は偉大な主体の伝統が堅固に固守され、続く不敗の国だ」とし、「首領」である金日成主席の思想と業績を擁護、固守しようとした金正日総書記の革命業績を称えた。

『労働新聞』二〇〇五年一〇月二〇日付の論説「一九七〇年代の活動家が持っていた忠実性[2]」では「わが革命は偉大な思想と領導で祖国と人民を勝利と栄光の道に導く偉大な首領、偉大な領導者の偉業であり、わが首領第一主義のスローガンを高く掲げた軍隊と人民の首領擁護闘争だ。領導者に対する絶対的な忠実性は、わが革命の指揮成員である活動家たちの基本徴候、最高人格であり、代々最後まで輝かせていかなければならない第一の伝統だ」と述べ、「わが首領第一主義」は、軍と人民による「首領擁護闘争」であるとした。

『労働新聞』二〇〇八年四月二八日付論評「わが首領第一主義を確固たる信念に」は、金正日総書記が「わが首領」、「わが思想」、「わが軍隊」、「わが制度」の四つの「第一主義」を強調しながら、最も基本であり、重要なのは「わが首領第一主義」であるとしたことを紹介した[3]。金正日総書記は自らを「首領」と名乗らなかったため、金正日時代の「わが首領第一主義」は金日成主席を「第一」と位置づけ、これを継承し、この首領擁護の枠組みをつくった最高指導者、金正日総書記の尊厳を称えるというのが基本的な論理構成であった。

「わが国家第一主義」＝「わが首領第一主義」

しかし、金正恩時代に入ると、金日成主席の尊厳と業績を称える「わが首領第一主義」にも変化が生まれ始めた。

二〇一八年八月五日付の『労働新聞』に掲載された論説「社会主義最後の勝利は、信念が強い人民のものである[4]」は「自分の力に対するわが人民の確信と高い自負は、本質において、わが首領第一主義である。天才的な英知で、わが革命の百年の計の戦略を明らかにし、優れた政治実力と無限の愛民献身で社会主義楽園を造っていく敬愛する最高指導者の指導から、わが軍隊と人民は、金日成民族、金正日朝鮮の輝かしい明日を確信している」とし、「敬愛する最高指導者（金正恩）」の指導が「金日成民族、金正日朝鮮の輝かしい明日」を導くとした。金正恩を直接的に「わが首領」の範疇に入れていないが、金正恩（「敬愛する最高指導者」）の指導により、人民は「金日成民族」、「金正日朝鮮」の明日が輝かしいものになると確信しているとした。

二〇一九年一月一三日付『労働新聞』に掲載された論説「奇跡を生む母――精神力[5]」は「わが人民の精神力の根本的核心は首領決死擁護精神である。すべての幹部は、党員と勤労者たちが首領決死擁護の根本的要求を生の信条にし、情勢と環境がどのように変わろうとも、わが首領第一主義、わが国家第一主義の信念を満装弾して、わが党の指導業績を賢固に擁護固守し、党の思想と路線を決死貫徹する闘争に、こぞって奮い立つようにすべきである」とした。ここでは「わが首領第一主義」と「わが国家第一主義」は並列的に語られているが、「わが国家第一主義」と

「わが首領第一主義」の関係性を明確には示していない。

その後、党機関紙『労働新聞』と党理論誌『勤労者』は二〇二〇年一〇月の共同論説で金正恩を「人民の偉大な首領」と規定し、二〇二一年一月の第八回党大会で金正恩は党総書記に就任した。これを受け、「わが首領第一主義」にも変化が始まる。

党機関紙『労働新聞』は二〇二一年四月二日、「金正恩元帥はわが国家第一主義時代を開いた不世出の愛国者である」という論説を掲載し、[6]この中で「わが国家第一主義はすなわちわが首領第一主義である」とした。金正恩党総書記が「首領」になったことを受け、「わが国家第一主義」は明らかに変化を見せた。

論説は「わが国家第一主義はすなわちわが首領第一主義である。首領が偉大であってこそ祖国も輝き、人民も強くなる。わが国家第一主義時代は朝鮮労働党総書記である金正恩同志の卓越した思想と指導、人民への烈火のような愛のたまものである」とし、「わが国家第一主義」と「わが首領第一主義」を等価のものであると規定した。それまでは金正恩を明確に「わが首領」と位置づけることは避けていたが、ここでは金正恩こそが「首領」であると位置づけた。

金正日時代には「『わが民族第一主義』はすなわち『わが首領第一主義』である」というテーゼが示されたが、金正恩が「首領」になったことを受けて「わが民族第一主義」を「わが国家第一主義」に置き換えたように、「わが民族第一主義はすなわちわが首領第一主義である」を「わが国家第一主義はすなわちわが首領第一主義である」に置き換える作業へと導かれていった。

論評は「今日わが共和国は長く久しい発展行路で最も尊厳高く、誇らしい時代、わが国家第一主義時代を迎えた」と述べ、金正恩時代とは「わが国家第一主義時代」であるとした。そして「わが国家第一主義時代は人民大衆第一主義政治によって党と人民の渾然一体がよりいっそう打ち固められる偉大な時代である」とした。さらに「時代を進ませる担当者が人民大衆なら彼らの力を最大に発揚させる秘訣は政治にある。人民という大地にたくましく根を下ろした政治、人民の絶対的な支持と信頼を受ける政治が偉大な時代を産む」とし、人民に依拠した「政治」の役割を説く。

「わが国家第一主義」が提唱された背景にはある程度の経済建設の成果、ＩＣＢＭの完成などに裏打ちされた国防力の強化などがあったが、金正恩が「首領」の地位に就き、党総書記に就任したことで、「わが国家第一主義」＝「わが首領第一主義」という定義がなされるようになった。これは「人民大衆第一主義」を指導理念として掲げながら、「国家」の依って立つ基盤は人民大衆でなく、首領であるという論理へと導かれていく。ここに「わが国家第一主義」が統治理念へと変容していく姿を確認することができる。

論説は金正日総書記が指導する「この崇高な世界」で「わが国家の自衛的国防力を強めるという路線、経済建設に総力を集中して社会主義建設の進軍速度を加速化しようとする思想、自力更生の旗印を高く掲げてわれわれの主体的力、内的動力を絶えず拡大強化しようとする思想が提示されるようになった」と金正恩の指導力を評価した。

こうして、「人民大衆第一主義」が人民の首領への報恩論理で統治理論に転化したように、「わが国家第一主義」は、「国家」＝「首領」という意義づけにより「わが首領第一主義」という統治理論へと変容していった。その結論が「『わが国家第一主義』はすなわち『わが首領第一主義』である」というテーゼとなった。「わが国家」の経済建設などの成果、国防力強化は、人民大衆の努力の結果ではなく、「わが首領」(金正恩党総書記)の指導力の成果となった。

「金正恩党総書記への忠誠」への転化

『労働新聞』は二〇二一年六月二七日付で論説「わが国家第一主義時代の息吹が脈打つ名作を作ろう」を掲載した[7]。この論説は金正恩も参観した国務委員会演奏団の公演が人気を集めていることを伝えながら、「わが国家第一主義」の息吹を伝える作品をつくろうと訴えたものだ。論説は「敬愛する総書記同志は、わが国家第一主義時代にふさわしい文学芸術建設のために不眠不休の労苦と献身を捧げている」と金正恩を称え、創作関係者は「何よりもわが国家第一主義時代を開き、輝く新しい勝利に革命と建設をリードしていく敬愛する総書記同志に対する千万人民の烈火のような信頼心を反映した名作を創造しなければならない」と述べ、金正恩への人民の信頼心を示す作品をつくれと訴えた。「わが国家」を「第一」にするために邁進している「人民」を描くのではなく、「敬愛する総書記同志」に対する人民の信頼心を描けとしたのである。

その上で「わが国家第一主義は、すなわちわが首領第一主義である。わが国家第一主義時代は、敬愛する金正恩同志の卓越した思想と領導、人民に対する烈火のような愛が新たな勝利をもたらし、社会主義の万福を花咲かせる時代だ」とした。ここにおいて「わが国家第一主義は、すなわちわが首領第一主義である」という命題を引くことで、「わが国家第一主義」の息吹が脈打つ作品とは、金正恩同志の卓越した思想や領導を表現することだとなった。

『労働新聞』は同年八月二五日付でも「われわれの時代、わが人民の思想・感情にふさわしい名作を創作しよう」と題した論説を掲載した。[8] この論説でも「わが国家第一主義は、すなわちわが首領第一主義であり、透徹な革命的首領観はわれわれの時代、わが人民の思想・感情で精髄をなす中核である」とし、「文学・芸術部門では総書記同志の偉大さを感銘深く形象化した時代の名作を創作創造することによって千万人民の胸に偉大な党に従い革命の千万里を力強く歩む信念の柱をよりしっかりと立ててやる革命の武器としての使命を立派に遂行すべきである」とした。わが国家第一主義時代の優れた文学・芸術部門の作品の第一の課題は、「わが国家第一主義は、すなわちわが首領第一主義である」というスローガンを通して、金正恩党総書記の偉大さを表現することであるとされた。

『労働新聞』は二〇二二年九月七日付で「偉大な首領をおし戴き人民が全魂で持ち上げるわれわれの社会主義祖国は永遠に必勝不敗である　強国の人民が発する心臓の叫び─わが国家第一主義はわが首領第一主義である!」と題した論説を掲載し、[9] よりストレートに「わが国家第一主義」が偉大な首領をおし戴いた結果であると主張した。

建国記念日(九月九日)を前にしたこの論説は「わが国家第一主義! 決して若干の人々の体験だけでは、このような呼び声が響くことはない。これは、この地に生きる数千万人民が心で体感し全魂で確信する偉大な祖国、偉大な国家に対する限りない自負と誇りであり、熱烈な愛情である」と北朝鮮の状況を表現した。

その上で「偉大な歴史の体験者、目撃者であるわれわれの心の中には、わが国家第一主義という誇らしい呼び掛けとともに響く、もう一つの吐露がある」とし、「まさしくそれは、わが国家第一主義こそわが首領第一主義という厳粛な運命の真理である。わが国家第一主義はわが首領第一主義である！」と結論づけた。論説は「偉大な首領が偉大な国家と偉大な人民を産む！」とし、すべての成果は「首領」によって生み出されると断言し、「わが国家第一主義」は見事に「わが首領第一主義」という統治論理に集約されていった。

『労働新聞』は二〇二二年一月一八日付で「わが国家第一主義を全人民的な思想・感情に昇華させて新しい時代精神を創造しよう」と題した社説を掲載した[10]。

社説は「今日わが人民は、わが国家第一主義の旗印を高く掲げて各分野で強国の体裁に見合う新しい革新と発展を起こすための果敢な闘争を展開している」とし、「偉大な創造と変革の時代にはそれを先導する時代精神がある。偉大な時代精神は革命と建設全般を飛躍的に上昇させる威力ある武器である」と指摘し、「わが国家第一主義」がそうした「時代精神」であるとした。

その上で「わが国家第一主義はすなわち、わが首領第一主義であり、わが国家第一主義時代が誕生した道程は朝鮮革命の苦難の歴史が圧縮された激難が幾重にも重なった峻厳な行路であった」とし、「わが共和国が運命的な国難と厳しい挑戦を退け、世界的な強国に高く昇り立つことができたのは超人間的な精力で未曾有の変革的課題、国家重大事を完璧に解決した総書記同志の献身的な指導を離れては考えられない」とした。「わが国家第一主義」が生まれた道程は金正恩党総書記の指導のたまものであるとする。

そして「それゆえわが人民の胸中には総書記同志がするように言った通りにだけすれば社会主義強国の明日が引き寄せられ、われわれが理想とするすべての幸福と文明が輝かしい現実に広がるようになるという信念だけが満ち溢れている。総書記同志の思想と指導に絶対忠実な全社会的気風をさらに高く発揚させていく時に、わが国家特有の政治的・思想的威力はより力強く轟かされ、新しい時代精神が創造されるようになるであろう」とし、金正恩党総書記への忠誠が「新しい時代精神」を創造する源泉であるとした。

「国家」＝「金正恩同志」

そして、党機関紙『労働新聞』は二〇二三年九月二三日付一面トップで「わが国家第一主義はすなわちわが首領第一主義である」と題した論説を掲載した[11]。

金正恩党総書記のロシア訪問（九月一二日〜一八日）の直後に出たこの論説は「いまわが人民は精力的な対外革命活動で反帝・自主を理念的基礎にする朝ロ関係の新たなページを開き、国際政治の地形における根本的な変化をもたらしてわが共和国の国際的地位と影響力を万邦に高く宣揚してくれた総書記同志を敬虔に仰ぎ慕いながら首領の偉大さであると同時に祖国の偉大さであるという哲理を再び熱く刻み付けている」とし、金正恩党総書記のロシア訪問が「首領の偉大さ」と「祖国の偉大さ」を人民に刻み付けているとした。

論説は「国と人民の運命は首領と切り離して考えることはできず、首領によってのみ祖国と人民の運命が守られ、保障される」という金正恩党総書記の言葉を引用し、「わが祖国は偉大な金正恩強国であり、わが国家第一主義時代は栄えある金正恩時代である」とした。

ついに「わが国家第一主義時代」は「金正恩時代」となった
そして「わが国家は総書記同志の思想と権威が輝く偉大な国である。首領の思想と権威は国家の生命である」とし、「首領の思想を抜きにした国家の存在と発展を考えることはできず、首領の権威を切り離して国家の尊厳と栄光を語ることはできない」と主張した。

「わが国家第一主義」は「わが首領第一主義」であり、すなわち「金正恩同志第一主義」となったのである。

すなわち「国家」＝「金正恩同志」という命題を定式化させたといえる。

「わが国家第一主義」というスローガンは、金正恩政権初期の一定程度の経済成長やICBMの発射実験の成功という経済と国防力の成果を背景に二〇一七年秋に登場した。しかし、これは金正恩の父、金正日総書記の提唱した「わが民族第一主義」とどう調和を取るかということもあり、二〇一九年正月の金正恩の「新年の辞」でようやく、金正恩時代の正式のスローガンとして定式化された。

一方、「わが民族第一主義」から「わが国家第一主義」への転換の中には、金正恩時代の南北関係への変化も読み取れた。南を内包する「わが民族」から、朝鮮民主主義人民共和国という社会主義国家を第一とする「わが国」への転換は、「一つの朝鮮」から「二つの朝鮮」への変化を示唆した。それは南北関係の転換でもあった。二〇一九年二月のハノイでの二回目の米朝首脳会談が決裂すると、北朝鮮は社会主義路線への回帰を鮮明にしていくが、それは社会主義国家・朝鮮民主主義人民共和国を「第一」とする「わが国家第一主義」となっていった。
　そして金正恩が首領、党総書記に就任すると、「わが国家第一主義」は「わが首領第一主義」と等価のスローガンとするキャンペーンが進み、金正恩への忠誠強化の統治理念の色彩を強めていったのである。

註

（1）『労働新聞』２００５・08・07「우리 조국은 위대한 수령님의 존함으로 빛나는 김일성조선」
（2）『労働新聞』２００５・10・20「１９７０년대 일군들이 지녔던 충실성」
（3）『労働新聞』２００８・04・28「우리 수령제일주의를 확고한 신념으로」
（4）『労働新聞』２０１８・08・05「사회주의최후승리는 신념이 강한 인민의것이다」
（5）『労働新聞』２０１９・01・13「기적을 낳는 어머니-정신력」
（6）『労働新聞』２０２１・04・02「위대한 김정은동지는 우리 국가제일주의시대를 열어놓으신 절세의 애국자이시다」
（7）『労働新聞』２０２１・06・27「우리 국가제일주의시대의 숨결이 맥박치는 명작들을 창조하자」
（8）『労働新聞』２０２１・08・25「우리 시대、우리 인민의 사상감정에 맞는 명작들을 창작하자」
（9）『労働新聞』２０２２・09・07「〈위대한 수령을 모시고 인민이 온넋으로 받드는 우리의 사회주의조국은 영원히 필승불패이다〉 강국의 인민이 터치는 심장의 웨침 우리 국가제일주의는 우리 수령제일주의이다！」
（10）『労働新聞』２０２２・11・18「〈사설〉 우리 국가제일주의를 전인민적인 사상감정으로 승화시켜 새로운 시대정신을 창조하자」
（11）『労働新聞』２０２３・09・23「우리 국가제일주의는 곧 우리 수령제일주의이다」

第15章
「金日成・金正日主義」の継承・深化・発展

革命思想による党・社会の一色化

北朝鮮では二〇二二年に入り「金正恩（キムジョンウン）同志の革命思想」を強調するキャンペーンが続いた。そして、「金正恩同志の革命思想」は「金日成（キムイルソン）・金正日（キムジョンイル）主義」と対立するのでなく、「金日成・金正日主義」の本質である「人民大衆第一主義」を理論的・実践的に明らかにしたものであるという整理が進んだ。それは金正恩執権一〇年へ向けた指導理念の整理でもあった。

党機関紙『労働新聞』は三月二七日付社説「党中央（タンチュンアン）の革命思想でしっかり武装し、徹底的に具現しよう」で、「党中央の思想を漏れなく体得し徹底的に具現することは、全党と全社会に総書記同志の唯一的領導体系をさらに徹底的に確立するための必須の要求である」とし、金正恩党総書記の革命思想を体得することが、金正恩総書記の「唯一的領導体系」確立の必須の要求とした。その上で「総書記同志の革命思想は、われわれ式社会主義の全面的発展のための不滅の大綱領であり、わが人民の生と闘争の教科書である」とした(1)。

さらに、金正恩党総書記は二月二八日、朝鮮労働党第一回宣伝部門活動家講習会の参加者に

「書簡」を送った。党宣伝扇動部門の活動家を集めて初めて行われた講習会は、北朝鮮の思想教育の重視を示すものであったが、金正恩は「形式主義を打破し、党の思想活動を根本的に革新するために」と題した「書簡」で、党の思想宣伝を担当する党宣伝扇動部の動きが鈍いと批判した。(2)

金正恩党総書記はこの書簡で「思想が全てのものを決定し、人々の思想を発揮させればやり遂げられないことがないというチュチェの思想論は、今日も、明日も永遠にわが党の革命指導原則、政治哲学としての正当性と生命力を余すところなく誇示するであろう」とし、「チュチェの思想論を変わることなくとらえていくわが党にとって、思想活動は党活動の中核の中の核である」と述べ、「チュチェの思想論」を強調した。

その上で「思想第一主義、まさにこれが難局を打開し、新しい勝利を収められるようにする根本秘訣であり、朝鮮労働党の固有な革命方式である。思想の威力で革命の勝利的前進を促し、しっかり保証するために、党中央委員会は思想戦線に第一の意義を付与している」と「思想第一主義」を強調した。

金正恩党書記はこの書簡で「全党と全社会を党中央の革命思想で一色化するということは一言で言って、党中央の思想と意図が社会の全ての構成員の闘争と生活を唯一的に支配するようにさせるということを意味する」と述べ、自ら「党中央（金正恩党総書記）の革命思想で一色化」する重要性に言及した。その上で「党中央の革命思想で全党と全社会を一色化する偉業は、思想活動において一大革命を起こすことを緊迫に求めている」と強調し、「党中央の革命思想で全党と全社会を一色化する」ことを要求した。

金正恩党総書記は書簡で「思想教育において基本は、偉大性教育、忠実性教育である」とし、「活動家と党員と勤労者の間に党の偉大さを深く植えつけ、その指導に忠実に従うように教育することを抜きにした思想的一色化は空言にすぎない」と決め付け、「偉大性教育」と「忠実性教育」の貫徹を要求した。つまり、「党中央の革命思想で全党と全社会を一色化する」ということは、人民が「首領」の「偉大性」を深く自分自身に刻み、「首領」に「忠実性（忠誠）」を捧げることであるという「統治イデオロギー」となる。

また「革命事績教育、党の領導業績を通じた教育はわが党の思想活動の根であり、思想教育はこのことから始まると言える。革命事績事業、指導業績を通じた教育はすなわち、革命伝統教育であり、偉大性教育、忠実性教育である」と最高指導者の現地指導などの実績学習や党の業績学習を含む「革命伝統教養」を「偉大性教養」、「忠実性教養」と並んで重要な教養と強調した。

朝鮮労働党は二〇二一年一月の第八回党大会で「思想教養活動」の「五大教養」を、それまでの「偉大性教養、金正日愛国主義教養、信念教養、反帝階級教養、道徳教養」から「革命伝統教養、忠実性教養、愛国主義教養、反帝階級教養、道徳教養」に変えた。「反帝階級教養、道徳教養」は残り、「偉大性教養、金正日愛国主義教養、信念教養」が「革命伝統教養、忠実性教養、愛国主義教養」に差し替わった。「偉大性教養」は党規約からは消えたが、忠実性教養を支える思想教養として実体的には「忠実性教養」の中に内包されたということであろう。

また、この書簡でも「人民大衆第一主義」と「わが国家第一主義」の重要性が強調された。

李日煥（リイルファン）党書記がこの講習会で報告を行ったが、報告は「全党と全社会を金日成・金正日主義化するのは現時期、わが党の思想活動の基本任務であり、総体的目標である」と言明し、「党宣伝部門の活動家が金正恩総書記の革命思想で全党と全社会を一色化する聖なる偉業の遂行において前衛闘士になること」を強調した[3]。

ここでは報告は党宣伝部門の活動家たちに「全党と全社会を金日成・金正日主義化する」ことを基本任務としながら、同時に「金正恩党総書記の革命思想で全党と全社会を一色化する聖なる偉業の遂行」を求めている。「金日成・金正日主義」と「金正恩党総書記の革命思想」を対立的に捉えずに、金日成・金正日主義の上で、金正恩党総書記の革命思想による一色化があり得るように読み取れた。

朝鮮労働党第一回宣伝部門活動家講習会議が二〇二二年三月三〇日に閉講したが、『労働新聞』(三月三一日付)は「講習では、全党と全社会を金正恩同志の革命思想で一色化することを党の思想活動の総体的方向、総体的目標としてとらえていくことについて強調された」とした。さらに「卓越した思想・理論活動で金日成・金正日主義の本質を人民大衆第一主義に定式化し、それに基づいて人民の理想社会を建設するうえで提起される理論的・実践的問題を全面的に明らかにした金正恩同志の革命思想で全党と全社会を一色化する活動の本質的内容と重要性について言及した」と整理した[4]。

つまり、「金正恩同志の革命思想」とは「金日成・金正日主義の本質」である「人民大衆第一主義」を建設するための「理論的・実践的問題を全面的に明らかにした」ものという位置づけだ。『労働新聞』はこの三月三一日付記事で、党の思想活動を「金正恩同志の革命思想で一色化」する方向で推進していくことを確認した。

その上で「わが党の思想活動は、全人民を首領の革命思想で武装させて社会主義政治・思想陣地をうち固め、大衆の精神力を高く発揚させるための活動だ」とし、「現時期、党の思想活動で堅持すべき原則と課題を具体的に解説した」とした。

さらに「全国が党中央と思想と志、行動を共にする一つの生命体になるようにすることに党の思想活動の火力を総集中させ、このための段階別計画を具体的に立て、すべての行程と契機に徹底的に具現すべきだと指摘した」とした。これは、金正日総書記が提唱した社会政治的生命体論と重なり合う主張だ。

そして「全社会の金日成・金正日主義化綱領宣布一〇周年になる歴史的な年に開かれた朝鮮労働党第一回宣伝部門活動家講習会は社会主義建設の新しい発展段階の要求に即して党の思想活動を根本的に革新してチュチェ革命の勝利的前進を力強く促すうえで画期的意義を持つ重要な転換の里程標になった」とした。

こうした報道を見れば、朝鮮労働党の当面の目標は「金正恩同志の革命思想」で社会を「一色化」することだが、それは「金日成・金正日主義」の枠組みの中での作業としているように見えた。

「偉大な金正恩同志の革命思想で徹底的に武装しよう！」

党機関紙『労働新聞』は二〇二一年四月四日付一面トップに「偉大な金正恩同志の革命思想で

写真7　党機関紙『労働新聞』2022年4月4日付1面トップに掲載された「偉大な金正恩同志の革命思想で徹底的に武装しよう！」と書かれた横断幕（『労働新聞』2022年4月4日より）

徹底的に武装しよう！」と書かれた横断幕の写真を掲載し、その下に「党中央の革命思想を満装弾する時、できないことはない」と題した論説を掲載した。『労働新聞』が金正恩同志の革命思想のスローガンを一面トップの写真で掲載するのは初めてではないかとみられた。

この論説は「偉大な金正恩同志の革命思想で徹底的に武装しよう！」、「偉大なわが国家の富興のための闘争、社会主義建設の全面的発展のための果敢な攻撃戦が力強く繰り広げられる全国どこでも見られるこの信念のスローガン」と述べ、この時点で、このスローガンが全国どこでも見られるスローガンになっているとした[5]。

論説は「試練に打ち勝ち、奇跡的勝利だけを収めてきたこれまでの一〇年間、偉大な党中央の革命思想が千万の心臓の中に血のしずくのように流れ込んだ」とした。「今のような困難な状況と環境で」、試練に打ち勝ってきたのは「金正恩同志の革命思想」のおかげだと主張した。「偉大な金正恩同志の革命思想こそ、無から有を創造し逆境を順境へと手なずけ、勝利と栄光の一路にだけ力強く進むことができるようにする輝かしい灯台であり、万能の宝剣である」とした。

『労働新聞』四月八日付論説「敬愛する総書記同志の革命思想は勝利と繁栄の新時代を開く偉大

な力である」は、金正恩が二〇一二年の金日成主席誕生一〇〇周年の演説で「自主の道、先軍の道、社会主義の道」に言及したことを記しながらも、この一〇年で示した偉大な思想の提示は「自主の道」、「社会主義の道」を挙げ、「先軍の道」を入れなかった。そして「金日成・金正日主義は本質において、人民大衆第一主義であると定式化した」ことを挙げ、「人民大衆第一主義」について「わが祖国を年代と年代を飛び越えて世紀的変革を成し遂げる奇跡の国、不敗の強国へと転変させる独創的な思想が生まれた」と称えた。

そして「深奥な思索と探究、精力的な思想・理論活動で、金日成・金正日主義の宝物庫を絶えず豊富にしたその業績」を称え、金正恩の活動は「金日成・金正日主義の宝物庫」を埋めるものであり、「金日成・金正日主義」の枠組みの中での活動という位置づけをした[6]。

「金正恩同志の革命思想で一色化」を信念のスローガンに

平壌では二〇二二年四月一〇日「敬愛する金正恩同志がわが党と国家の最高首位に推戴された一〇周年慶祝中央報告大会」が開催され、会場の四・二五文化会館には金正恩の大きな肖像画が掲げられた。金日成主席や金正日総書記の肖像画はなかった。金正恩は参加しなかった。

崔龍海(チェリョンヘ)党政治局常務委員が「偉大な金正恩同志の思想と指導を体してチュチェ革命偉業を最後まで完成させよう」と題した報告を行った[7]。

崔龍海常務委員は報告で「総書記同志は、偉大な金日成・金正日主義を党の永遠なる指導思想と、全社会の金日成・金正日主義化を党の最高綱領と宣布して朝鮮労働党の建設と活動の不変のの永遠なる指導思想」とし、「全社会の金日成・金正日主義化」を「党の最高綱領」としたことを業績として称えた。「偉大な金日成・金正日主義の本質を人民大衆第一主義と規定」し、「わが党は、人民大衆の心の中に深く根をおろし人民大衆と渾然一体を成した党へとより強化発展された」とした。

そして「新たな並進路線」で「国家核武力完成の歴史的大業をついに実現した」とした。また「敬愛する総書記同志が、並進路線の偉大な勝利に基づいた大胆な路線転換と絶妙で攻撃的な外交戦略で大国との関係を新たに定立し、敵対国でさえわが国家と人民を尊重するようにしたことは、世の中が驚嘆する不滅の功績である」とし、二〇一八年からの首脳外交を称えた。

その上で「われわれは全党と全社会を金正恩同志の革命思想で一色化しようという信念のスローガンを高く掲げて、わが党と革命隊伍を総書記同志と思想と志、息づかいと歩調を共にする思想的純潔体、組織的全一体に打ち固めなければならない」とし、全党と全社会を「金正恩同志の革命思想で一色化」して「組織的全一体」に打ち固めようと訴えた。

そして「われわれ式社会主義の政治的・思想的優越性と人民的性格を高く宣揚させ、自立、自力の旗の下に、経済建設全般を持続的に上昇させ、人民に裕福で文明的な生活を抱かせるための活動を力強く推し進めてわが国家第一主義時代を万邦に輝かしていくべきである」とした。

党機関紙「労働新聞」は四月一九日には「党中央の革命思想で全党と全社会を一色化するための思想攻勢を強く展開しよう」と題した社説を掲載し、金正恩同志の革命思想で全党、全社会の一色化を訴えた。

社説は、金正恩党総書記が朝鮮労働党第一回宣伝部門活動家講習会に送った書簡で「党中央（金正恩党総書記）の革命思想で全党と全社会を一色化することをわが党の思想活動の基本的任務」として提示したとした。

同社説は「わが党は五年を周期として一度ずつ大きく跳躍することで、遠くない将来に全人民が裕福で文化的な生活を思う存分享受できるようにするための雄大な設計図を広げた」と指摘し、「旧態依然とした思想観点と普通の働きぶり、平素の準備程度では、わが党が掲げた重い課題を豊かな実りで鈴なりにできない」とした。「人民生活の向上」を実現するには「人民大衆の思想精神力を第一の武器として握りしめ、それをすべての方面で発揮すべきである」とした。[8]

「人民の卓越した首領」

北朝鮮では二〇二二年四月末から新型コロナウイルス感染が全国へ拡大したが、北朝鮮は各都市を封鎖することで乗り切り、八月一〇日に「最大非常防疫戦での勝利」を宣言した。

『労働新聞』は八月二〇日付で「偉大な人民の慈父がいらっしゃれば、われわれはこれ以上なく幸福で、祖国はいつも堅固だ」と題した記事を掲載した。この記事は金正恩党総書記が八月一八日にコロナ禍に対応した「人民軍軍医部門の戦闘員ら」と会見して演説を行ったことを報じた記事であった。

同紙の記事は「わが人民の卓越した首領であり、慈悲深い父である敬愛する総書記同志に似た軍隊、あの方の思想と意図、祖国と人民に対する無限大の愛と犠牲精神までも、自分の全霊と心に不変の信念と意志で刻んだ党のため、悪性ウイルス撃退戦でも百戦百勝する政治思想強軍の真面目を余すことなく誇示したのではないか」と報じ、金正恩党総書記を「わが人民の卓越した首領」と表現した[9]。

金正恩党総書記については先述のように「人民の偉大な首領」という表現が使われてきたが、金日成主席や金正日総書記に使われてきた「卓越した首領」という表現がこのころから金正恩党総書記に明示的に使われ始めた。金正恩が、金日成や金正日と同じ総書記、首領の地位に就いたことで、先代、先々代に使ってきた「卓越した首領」という表現を使い、三代の最高指導者の同格化がまた一つ進んだ形だ。

そして『労働新聞』は八月二二日に董泰官（トンテグァン）記者による「政論　卓越した首領がわれわれを導く」を掲載した。政論は「敬愛する金正恩同志、彼は、偉大な思想・理論の英才、天才的な戦略家、非凡な指導力と実力を完璧に体現した政治の巨匠であり、絶対的な権威と強大な力を持つ、現時代の最も傑出した偉人である。彼は、人類の正義と真理の最高の代表者であり、自主的人民の闘争進路を指し示し、その行路の上に百戦百勝の歴史だけを織り成して行く、革命の太陽、人民の卓越した首領である」と称えた[10]。

董泰官記者は、これまでも北朝鮮の理念的な方向性を「政論」で提示する役割を果たしているが、この政論で、金正恩党総書記に対し、「卓越した首領」の表現を公式化したといえる。

『労働新聞』は二〇二二年一二月に「卓越した首領の領導の下に民族史的出来事を刻んだ偉大な

勝利の年、二〇二二年」という連載を一二回にわたり掲載し、コロナ禍など未曾有の困難の中にあった二〇二二年を振り返ったが、そのタイトルは「卓越した首領」の指導を強調するものであった。[11]

新時代の党「五大建設方向」提示、「領導芸術」を削除

金正恩党総書記は、「打倒帝国主義同盟」（トゥドゥ〈ㅌ、ㄷ〉）結成九六周年にあたる二〇二二年一〇月一七日、朝鮮労働党の幹部養成機関、「党中央幹部学校」を訪問し、「新時代のわが党の建設方向と朝鮮労働党中央幹部学校の任務について」と題した「記念講義」を行った。講義は金正恩政権の過去一〇年間の党建設を振り返り、「新時代のわが党の建設方向」として「五大建設方向」を提示した。党機関紙『労働新聞』は一〇月一八日付で「主体の党建設史に特記すべき不滅の大綱」とタイトルを付け、講義内容を五ページにわたり報じ、この講義に対する党中央委員会の「感謝文」も掲載した。[12]

金正恩党総書記は講義で「わが党はこんにちまで、組織建設、思想建設、領導芸術建設を確実に実現することによって、全党を組織思想的に強化し、人民大衆を奮い立たせ、立ち塞がる激難を果敢に打開しながら革命と建設の各分野で偉大な勝利を収めた」と金日成時代、金正日時代の党建設の方向性を説明した。

その上で「わが党が去る一〇年間、党建設で貴重な成果を収めたが、さらに倍加した努力で全党の金日成・金正日主義化を新たな高い段階へといっそう力強く推し進めなければならない」と

強調し、「政治建設、組織建設、思想建設、規律建設、作風建設」を新時代の党の建設方向として明示し、「新たな五大建設方向、ここに新時代の要求に即して、わが党を政治的に円熟し、組織的に堅固であり、思想的に純潔で、規律において厳しく、作風において健全な党に強化発展させていくことのできる進路がある」とした。

すなわち、朝鮮労働党がこれまで党建設の大きな方針が①組織建設、②思想建設、③領導芸術建設であり、これを確実に実現することで党を強化してきたが、金正恩時代での新時代の要求に即した党の建設方向は「①政治建設、②組織建設、③思想建設、④規律建設、⑤作風建設」であるとした。

党の建設方向として「組織建設」と「思想建設」を残し、「領導芸術建設」の代わりに「政治建設」、「規律建設」、「作風建設」を新たな方向として提示した。

ここで注目すべきは金日成、金正日時代を象徴する政治指導方式である「領導芸術」を党の建設方向から削除したことだ。

「領導芸術」とは「人民大衆を組織動員する方法と手腕」(朝鮮語大辞典、一九九二年版)である。金日成主席は「領導芸術」について「領導芸術とは一言で言って、人々を動かす方法である。群衆の中に入り、彼らの意見を聞き、彼らの創発性を引き出し、仕事をするように積極的に鼓舞し、群衆を動かし、提起された問題を解いていくことが、まさに領導芸術である」(主体思想総書一〇 領導芸術)と規定した。

北朝鮮の百科事典『朝鮮大百科事典 簡略版』では、金日成主席に関して海外で「領導の天才」とか「領導の芸術家、金日成」という本が出版されたことが紹介されているが、「領導芸術」は金日成主席の指導方法として生まれた言葉だ。

党建設における「領導芸術建設」という方針は、最高指導者を含めて幹部たる者は大衆の中に入り、大衆の意見を聞き、大衆を動かさなければならないという幹部のあり方を党建設の重要な方向性とするものだ。しかも、それは金日成主席の指導スタイルを原点に置いた方針である。今回、それを削除したということは、最高指導者や幹部の姿勢を問うのではなく、党員をいかに金正恩党総書記に忠実な存在にするかという党の統制強化の動きと読み取れる。「領導芸術建設」の代わりに示された「政治建設」、「規律建設」、「作風建設」はいずれも党の統制強化の姿勢を示すものだ。

しかし、『労働新聞』は二〇二二年一〇月一九日付で「チュチェ革命の新時代わが党建設の独創的な進路」と題した論説を掲載した。

論説は、「わが党が去る一〇年間、党建設で貴重な成果を収めたが、さらに倍加した努力で全党の金日成・金正日主義化を新たな高い段階へといっそう力強く推し進めなければならない」と強調し、「政治建設、組織建設、思想建設、規律建設、作風建設を新時代のわが党の建設方向として明示した」とした。「新たな五大建設方向、ここに新時代の要求に即して、わが党を政治的に円熟し、組織的に堅固であり、思想的に純潔で、規律において厳しく、作風において健全な党に強化発展させていくことのできる進路がある」と強調した(13)。

この新たな五大建設方向の設定で「わが党を首領の党、組織的全一体、思想的純潔体、行動の統一体としてさらに強化発展させていくことができるようになった」とし、党を「首領の党」として組織的一体化を目指していくとした。

論説は「党内に正確かつ強力な規律制度を樹立し、わが党特有の共産主義的作風が引き続き受け継がれるようにすることに関する思想・理論は、党の健全な発展を促し、人民大衆第一主義政治を徹底して実現していくことができるようにする高貴な指針となる」とし、「新たな五大建設方向」が、人民大衆第一主義を実現する指針であるとした。

だが、大衆の中に入り、大衆の意見を聞き、大衆を動かすという「領導芸術」が削除され、党員が首領に盲目的忠誠を誓う統一体になることが「人民大衆第一主義」の基盤になるという論理構成にはかなり無理がある。人民も、党も、首領に忠誠を尽くす一つの生命体になるというのは金正日総書記が提唱した「社会政治的生命体論」そのものであった。それは「人民大衆第一主義」ではなく、「首領第一主義」であった。

金正恩党総書記が、「領導芸術」を消し、それを「政治」、「規律」、「作風」に差し替えたことは、党建設においても、自身が金日成主席や金正日総書記を乗り越えようという金正恩党総書記の意思表示のように見えた。

また、「規律」や「作風」を強調することは、党員の統制強化を図るための新たな攻勢であった。

金正恩党総書記が新しく提起した党の建設方向から「領導芸術」は消えたが、党機関紙『労働新聞』は一〇月二九日付で「『新時代五大党建設方向の解説』領導方法を絶え間なく発展させるのは政治建設の重要な要求」と題した論説を掲載した。この論説は「わが党の政治建設で重要な要求のひとつは、革命と建設に対する領導方法を不断に発展させることである。指導と大衆を正しく結合させるのは、党の政治的領導において常に必須の問題として提起される」とし、「領導方法を不断に発展させる」ことは、新たに建設方法に示された「政治建設」における「重要な要求」であるとした。この解説記事には「領導芸術」という言葉は使われず、「領導方法」という言葉を使い、「領導方法とは、党が対人活動を行う方法、人を動かす方法である。正しい領導方法によってのみ、群衆との連携をより緊密にし、彼らの革命的熱意と創造的積極性を奮い立たせて革命と建設を勝利に向けて前進させていくことができる」とした(14)。

それまで「領導芸術」という言葉を使っていたことを党幹部が対象となる「領導方法」に言い換え、その方法を、金正恩党総書記が提唱した「五大建設方向」の一つである「政治建設」の重要な部分であると強調したわけである。先代、先々代が使った「領導芸術」という言葉を「領導方法」と言い換えて、その手法は継承するが、それを金正恩党総書記が規定した「政治建設」という枠組みで続けていくことを示した解説であった。

「金正恩同志の革命思想」は「金日成・金正日主義」の「継承、深化、発展」である

『労働新聞』は二〇二一年一〇月二五日、「金正恩同志は卓越した思想・理論で革命を勝利へと導く偉大な首領である」と題した論説を、一面すべてを使って掲載した。

それまで『労働新聞』をはじめとする北朝鮮メディアは「全党と全社会を金日成・金正日主義

で一色化しよう」と言いながら、一方で「全党と全社会を金正恩同志の革命思想で一色化しよう」というスローガンを掲げてきた。「全党と全社会」を「金日成・金正日主義」で一色化するのか、「金正恩同志の革命思想」で一色化するのか、理解に苦しむ状況であった。ある意味で、思想分野における「金日成・金正日主義」と「金正日同志の革命思想」の「並進路線」のような印象を与えた。

しかし、『労働新聞』一〇月二五日論説はこの問題に回答を与えた。同論説は「金正恩同志の革命思想は、偉大な金日成・金正日主義の輝かしい継承であり、深化、発展である」と定義した。この定義により、「金正恩同志の革命思想」は「金日成・金正日主義」と対立するものでなく、それを「継承、深化、発展」させたものであるとし、その併存を可能にした。それは一方では、現段階では党の指導理念は「金日成・金正日主義」であるが、将来的にはそれを「深化、発展」させた「金正恩同志の革命思想」に置き換える可能性を示唆したとも言えた。しかし、この作業はまだ進行中だ[15]。

これはかつて、金正恩が「わが国家第一主義」を提唱した時に、金正日が提唱した「わが民族第一主義」との関係性をどうするかという問題に直面した時の経験を援用したようにも見えた。北朝鮮は「わが国家第一主義」は、「わが民族第一主義」を「昇華、発展」させたものであるとすることで、「わが民族第一主義」を否定せず、金正恩時代の指導理念を「わが民族第一主義」から「わが国家第一主義」に置き換えていった。

論説は「稀代の思想家・理論家である金正恩同志がいて、わが党と革命の指導思想である金日成・金正日主義がいっそう発展豊富化され、わが国は時代思想の祖国、尊厳高き政治軍事強国として、わが人民は百折不撓の革命的人民として万邦に威容をとどろかせている」とした。

論説は「総書記同志の指導に従って進軍してきた日々は、その一歩一歩が想像を絶するむごい挑戦と難関の連続であった」としながら、「増幅する脅威と封鎖の中で、国の尊厳と地位が民族史上最上の境地に上がり、自尊と繁栄の新時代、わが国家第一主義時代が誕生したのは歴史の奇跡である」と称えた。

金正恩の「モザイク壁画」が登場

『朝鮮中央テレビ』は二〇二二年一〇月一一日、咸鏡南道に建設された「連浦（ヨンポ）温室農場」の完工式が同月一〇日に行われたことを報じる中で、金正恩の「モザイク壁画」を放映した。モザイク壁画は連浦温室農場の着工式の際に鍬入れをする金正恩の姿をモザイク壁画で表現したものであった。この壁画への説明はなく、映像だけだった。[16]

北朝鮮では全国各地に金日成主席や金正日総書記、金正淑（キムジョンスク）のモザイク壁画が設置されていたが、これまで金正恩党総書記のモザイク壁画の存在が確認されたのはこれが初めてとみられた。金正恩政権が執権一〇年を迎え、金正恩への偶像化作業の一つとして製作されたとみられた。

『労働新聞』一二月三日付は一面でこの壁画についての記事を掲載し、「その方の聖なる姿を描いたモザイク壁画をわが人民が初めて目にした」と報じ、このモザイク壁画が金正恩党総書記を描いた最初のものであることを確認した。[17]

写真8　咸鏡南道に2022年10月に建設された「連浦温室農場」内に設けられた金正恩の初めてとみられた「モザイク壁画」（『労働新聞』2022年12月3日付）

写真9　平安北道の妙香山医療機器工場に設けられた金日成主席と金正日総書記の壁画（左）と金正恩党総書記の壁画（右）（『労働新聞』2023年6月12日付2面より）

『労働新聞』は同年一二月一二日付の「『卓越した首領の指導の下で民族史的出来事を刻み込んだ偉大な勝利の年二〇二二年』試練に打ち勝ちたゆみなく繰り広げられた壮大な建設大戦」と題した記事で「傑出した偉人の不滅の業績を子々孫々長く伝えるために、意味深い連浦地区に、総書記同志の偉大な姿を形象化したモザイク壁画を丁重に戴いた」とし、「偉大な党の指導に従っ

写真10　2023年9月4日から平壌で開催された「中央写真展覧会」で、金日成主席と金正日総書記の写真の間に掲示された金正恩党総書記の写真（『朝鮮中央通信』2023年9月4日＝共同）

て、最も厳しい試練期を一大高揚期へと転換させ、朝鮮式社会主義の全面的富興を象徴する変革的実体を次々と作り上げた、意義深い今年の誇るべき成果は、果たしていかに成し遂げられたかという問いに対する答えが、このモザイク壁画に厳かにこもっている」と、その意義を強調した[18]。

また、『労働新聞』は二〇二三年六月一二日、「偉大な愛の歴史、火のような献身の世界」と題した論説を掲載した。この論説記事は金正恩党総書記が二〇二二年一一月に平安北道（ピョンアンブクト）の妙香山（ミョヒャンサン）医療機器工場を訪問していたことを報じたものだったが、注目されたのは同記事に併用して掲載された写真であった。同紙に掲載された写真は左には金日成主席と金正日総書記の姿が、右側には金正恩党総書記

写真11　南浦市にあるクムソン・トラクター工場に設けられた金日成主席、金正日総書記、金正恩党総書記を描いた3つのモザイク壁画（『朝鮮中央テレビ』2023年9月30日20時ニュース）

写真12　平安南道陽徳温泉の文化休養所に設置された金正恩党総書記のモザイク壁画『朝鮮中央テレビ』（2023年10月23日17時ニュース）

の姿を描いており、金正恩党総書記を金日成主席、金正日総書記と並べて、同等の尊敬の対象とする意図があるとみられた[19]。

北朝鮮の建国七五周年を祝う行事の一環として二〇二三年九月四日から平壌で「中央写真展覧会」が開催されたが、この中で、金正恩党総書記の写真が金日成主席と金正日総書記の間に掲示されていたことが『朝鮮中央通信』配信の写真で明らかになった。北朝鮮は金日成主席と金正日総書記の写真を並べて掲示することが一般的で、金正恩党総書記の写真を二人の間に挟み、同列に掲示するのはこれまでは確認されていなかった[20]。

朝鮮中央テレビは二〇二三年九月三〇日、南浦（ナンポ）市にあるクムソン・トラクター工場を紹介しながら、トラクターとともに金日成主席、金正日総書記、金正恩党総書記を描いた三つのモザイク壁画を放送した。

『朝鮮中央テレビ』は二〇二三年一〇月二三日の報道で平安南道陽徳（ピョンアンナムドヤンドク）温泉の文化休養所に設置された金正恩党総書記のモザイク壁画を報じた。

北朝鮮では「モザイク壁画」は最高指導者の姿を表現するものとして創作されるが、二〇二二年一〇月に初めて金正恩党総書記のモザイク壁画が登場して以来、各地に金正恩党総書記のモザイク壁画がつくられていった。そして、その一方で、金正恩党総書記の写真やモザイク壁画などが金日成主席、金正日総書記と並んで設置されることが増え始めた。

こうした一連の動きは、金正恩党総書記を金日成主席、金正日総書記と同等の指導者として位置づけるものとみられ、金正恩の偶像化が推し進められた。

「金正恩同志の革命思想」の体系化

北朝鮮メディアでは金正恩政権の公式的なスタートから一〇周年の二〇二二年四月前後に、「金正恩同志の革命思想」を強調する論説が党機関紙『労働新聞』などに多数発表された。

金正恩は政権スタート時の二〇一二年四月六日に行った「四・六談話」で「朝鮮労働党の指導思想は、偉大な金日成・金正日主義である」とし、自身の指導理念として「金日成・金正日主義」を提示し、朝鮮労働党は「金日成・金正日主義党」であると定式化した。

さらに、朝鮮労働党は二〇一六年五月の第七回党大会での党規約改正で「朝鮮労働党は偉大な金日成・金正日主義を唯一の指導理念とする」と規定した。そして、二〇二一年一月の第八回党大会での規約改正でも「金日成・金正日主義は、主体思想に基づいて全一的に体系化された革命と建設の百科全書であり、人民大衆の自主性を実現するための実践闘争の中でその真理性と活力が検証された革命的で科学的な思想である」、「朝鮮労働党は、偉大な金日成・金正日主義を唯一の指導思想とする主体型の革命的党である」とし、「金日成・金正日主義」を唯一の指導理念としてきた。

二〇二一年に入って登場した「金正恩同志の革命思想」が「金日成・金正日主義」に取って代わるのではないかという見方も台頭した。しかし、状況はそのように一本調子では進んでいない。

前述したように、韓国の情報機関、国家情報院は二〇二一年一〇月二八日、国会情報委員会で、北朝鮮では党の会議室などから金日成主席や金正日総書記の写真を外し、北朝鮮内部で「金正恩

写真13　『朝鮮中央通信』が2023年1月19日に、各地の農村で完成した新居への入居の報道に関連して配信した写真。左に「偉大な金日成・金正日主義万歳！」、右に「わが党と、国家、武力の偉大な首班である金正恩同志万歳！」のスローガン（『朝鮮中央通信』ホームページより）

主義」という言葉が使われはじめている、と報告した[21]。しかし、本稿執筆時点までに、『労働新聞』など北朝鮮の公式メディアに「金正恩主義」という言葉は登場していない。

二〇二二年四月前後に急速に盛り上がった「金正恩同志の革命思想」キャンペーンはその後、やや沈静化したように見える。写真13では「偉大な金日成・金正日主義万歳！」とともに掲げられるスローガンが「金正恩同志の革命思想万歳！」から「わが党と、国家、武力の偉大な首班である金正恩同志万歳！」に代わっている。

金正恩党総書記も一〇月一八日に党中央幹部学校で行った記念講義で、「全党を金日成・金正日主義化するための一〇年間の闘争道程はわが党の存立と前途において最も重要で決定的な年代であった」と語り、自身のそれまでの執権一〇年は「全党を金日成・金正日主義化するた

写真14　2022年12月末に開かれた朝鮮労働党中央委員会第8期第6回全員会議で掲げられた「全党と全社会を金日成・金正日主義化しよう！」のスローガン（「労働新聞」2023年1月1日付より）

めの闘争道程」であったとした[22]。

講義では、自身の政権になって最初の重大な党機関会議であった二〇一二年四月の第四回党代表者会によって「革命偉業継承の歴史的課題が前面に提起されたことに応じて、継承性が徹底した党の指導思想と最高綱領を確定し、その実現を確信をもって導くことのできる新たな指導部を構成した」としながら、「わが党は新たなチュチェ一〇〇年代の初の出発線で金日成・金正日主義党建設偉業を揺るぎなく継承していける確固たる政治的・組織的・思想的保証を築くことになった」と規定した。

講義では二〇一六年五月の第七回党大会を「尊厳ある金日成・金正日主義党に建設されてきた戦闘的道程を誇らしく総括し、発展する革命の要求に即して党の革命的性格をいっそう強化し、指導的役割を絶えず強めるための闘争課題を提示した」と評価した。

二〇二一年一月の第八回党大会は「党の指導力と戦闘力を全面的に強化する上で新たな革命的転換をもたらした」とした。

二〇二二年一二月末に開かれた朝鮮労働党中央委員会第八期第六回全員会議（総会）の会場に掲げられたメインスローガンは「全党と全社会を金日成・金正日主義化しよう！」であり、「全党と全社会を金正恩同志の革命思想化しよう！」ではなかった[23]。

北朝鮮は二〇二一年一〇月に「金正恩同志の革命思想」は「金日成・金正日主義」を「継承、深化、発展」させたものであるという定義づけを行ったが、まだ「金正恩同志の革命思想」を「金日成・金正日主義」に置き換える段階ではないという認識とみられた。北朝鮮は「金日成・金正日主義」というテーゼを維持しながら、そのテーゼの中で「金正恩同志の革命思想」で全党、全社会の一色化を進めるという動きを強めている。これが将来、「金日成・金正日主義」を歴史化し、「金正恩同志の革命思想」もしくは「金正恩主義」に置き換わるのかどうかはまだ不透明だ。当面は二〇二六年初めにも開催されるとみられる第九回党大会に向けて、次第に「金正恩色」を強めていくものとみられる。

その置き換えを行うには「金正恩同志の革命思想」を体系化する必要があった。二〇二二年の『労働新聞』などに出た各種の論説は、金正恩党総書記がこの一〇年間に提起した様々な思想的な業績を列挙しながら、この体系化が今後の課題であることを示唆した。

李日煥（リイルファン）党書記は二〇二二年三月二八日から三〇日まで行われた朝鮮労働党第一回宣伝部門活動家講習会議での報告で、「敬愛する金正恩同志が示したわが革命の百年の大計の戦略と金正日愛国主義に関する思想、人民大衆第一主義政治とわが国家第一主義に関する思想、社会主義の全面的発展に関する思想をはじめとする独創的な思想・理論は朝鮮式社会主義を守り、新しい勝利を収めるための歴史的進軍へと全人民を奮い立たせる必勝の大綱、威力ある武器になった」とし、体系化の対象として①「わが革命の百年の大計の戦略」、②金正日愛国主義に関する思想、③人民大衆第一主義の思想、④わが国家第一主義に関する思想、⑤社会主義の全面的発展に関する思想―などを挙げた[24]。

『民主朝鮮』の二〇二二年四月二八日付の論説「金正恩同志の革命思想を満装塡して生き、闘うところに共和国の勝利的前進がある」は、この一〇年間の金正恩党総書記の思想的業績として①全社会の金日成・金正日主義化綱領、②金正日愛国主義に関する思想、③経済建設と核戦力建設を並進させる路線、③全民科学者化思想、④正面突破戦思想、⑤社会主義の全面的発展に関する思想、⑥新しい社会主義農村建設綱領、⑦新しい建設革命を起こす思想――などを挙げ、「数多くの思想・理論を提示して全人民の思想的・精神的糧に、愛国の信念と熱情を百倍にする闘争の原動力にした不滅のその業績」と称えた[25]。

『労働新聞』の一〇月二五日付論説「金正恩同志は卓越した思想・理論で革命を勝利へと導く偉大な首領である」は①金正日愛国主義、②党の唯一的指導体系に関する新たな定式化、③新時代五大党建設方向、④すべての革命陣地の三大革命化、⑤革命的党軍建設思想、⑥共産主義美徳、美風に対する定義、⑦科学で飛躍し、教育で未来を裏付けることに対する思想――を列挙し、「総書記同志の思想・理論が徹底的に具現されているわが革命の前途は限りなく明るく洋々としている」と称えた[26]。

さらに『労働新聞』の二〇二三年一月三〇日付論説「卓越した首領の絶対的な権威はわが人民

の最高尊厳であり、共和国の国威である」は金正恩党総書記が「早くに、わが党の指導思想である金日成・金正日主義は、本質上、人民大衆第一主義という独創的な定式化を下し、党と国家活動の全般に徹底的に具現するように」し、①わが国家第一主義思想、②前進途上に横たわったすべての困難を正面突破戦で切り抜ける思想、③朝鮮式社会主義の全面的発展に関する思想、④新時代党建設の五大路線、⑤新しい農村革命綱領、⑥革命家後進育成思想――など「党の強化、発展と文明富強な国家建設で提起される理論的・実践的問題に完璧な答えを示した」と評価した。[27]

党機関紙『労働新聞』は金正恩が当時の党の最高職責である党第一書記に就任して一一周年を迎えた二〇二三年四月一一日付で、「金正恩同志の思想と指導を体して偉大な党、チュチェ強国の威容を万邦により力強く轟かそう」と題した社説を掲載した。同社説も政権のスタート時に「全社会の金日成・金正日主義化」を党と政府の最高綱領として掲げたことを業績として評価した。二〇二三年四月の段階でも「全社会の金日成・金正日主義化」をテーゼとして掲げながら、人民に「金正恩同志の革命思想で一色化」を求めるという「並進路線」が続いている。[28]

二〇二四年一月五日には平壌の人民文化宮殿で「金正恩同志の革命思想」についての中央研究討論会が開かれた。二〇二二年一月に続くもので、朴泰成（パクテソン）党書記、崔善姫（チェソンヒ）外相、チュ・チャンイル党宣伝扇動部長、楊勝虎（ヤンスンホ）副首相、姜潤石（カンユンソク）最高人民会議常任委副委員長、朴（パク）ヨンイル朝鮮人民軍総政治局副局長が発表した。[29]さらに『労働新聞』は同一〇日付で、「金正恩同志の革命思想」に関する研究討論会が北朝鮮の各道でも開催されたと報じ、全国各地で研究討論会が組織されたことを確認した。[30]

「共産主義へ行こう」

北朝鮮では金正日政権の後半から「共産主義」に言及することを避ける傾向が強まっていた。冷戦体制の崩壊で社会主義は危機に瀕した。北朝鮮にとって当面の課題は社会主義を守ることであり、その次の段階である「共産主義」に言及することは現実からかけ離れたものとなりつつあった。さらに北朝鮮ではマルクス・レーニン主義といった国際的なイデオロギーではなく、チュチェ思想という自前のイデオロギーを強く打ち出すことで体制の維持を図ろうとした。イデオロギーの国内化、独自化を進めた。

こうした傾向は二〇〇九年四月の最高人民会議第一二期第一回会議で憲法を改正、二〇一〇年九月の第三回党代表者会で党規約改正で「共産主義」の記述を削除したことなどにも現れた。

金正恩政権になって二〇一六年六月に「党の唯一思想体系確立の十大原則」を「党の唯一領導体系確立の十大原則」に改訂した際にも「共産主義」という記述を削除した。

しかし、こうした潮流に大きな変化を与えたのが二〇一九年二月のハノイにおける米朝首脳会談の決裂であった。この会談が決裂し、何の成果もなく終わると、北朝鮮内部では社会主義路線への回帰の動きが強まっていった。

二〇二一年一月に開催された第八回党大会では党規約の改正が行われた。党規約の条文で、朝鮮労働党の最終目的が「人民の理想が完全に実現される共産主義社会を実現する」ことにあることが謳われ、「共産主義」が再び党規約に盛り込まれた。

党機関紙『労働新聞』は党大会後の二〇二一年三月一八日付一面トップで董泰官記者の政論「一人は全体のために、全体は一人のために！」を掲載した。[31] この「一人は全体のために、全体は一人のために！」というスローガンについて、金正恩党総書記が「今日の時代の要求にも合い、個人主義を壊してしまい、集団主義精神を植えつけ、共産主義社会へ進むためにこのスローガンを掲げていかなければならない」と教えたとした。

『労働新聞』は同年五月一二日付で「われわれが理想とする共産主義」という論説を開催した。[32] この論説は「共産主義はわが人民の最高理想」と言い切り、「敬愛する総書記同志（金正恩党総書記）は、私たちが理想する強国　共産主義社会は、すべての人民が健やかで快適で仲良く生きていく社会であることを明らかにしてくださり、集団主義に基づく私たちの社会では、自分より他の人を先に考えることを知ることが美徳であり、美風となるべきであり、この意味で、共産主義社会について表現するならば、すべての人々が喜びと悲しみを共に分かち合う社会といえると熱く語られた」と述べ、金正恩党総書記の共産主義への思いを紹介した。

『労働新聞』は同年五月一四日付で董泰官記者の政論「人民の忠僕の党」を掲載し、ここでも金正恩党総書記の「わが党が人民の忠僕の党として人民のために忠実に服務していく時に党の尊厳が高くなり、党の指導力がより強化され、人民の願いであり未来である共産主義理想が一日も早く実現されるだろう」と述べたと紹介した。[33] 同政論は「今日われわれの闘争と生活には共産主義理想への熱烈な愛と共に共産主義社会へ行こうというスローガンが全人民的な志向として力強く響いている」とし「共産主義社会へ行こう」と訴えた。

党規約に「共産主義」が盛り込まれ、党機関紙の論調は「共産主義へ行こう」という方向に向かった。

そして、この「共産主義へ行こう」というスローガンは二〇二三年になると党機関誌『労働新聞』に頻繁に登場するようになった。特に、二〇二三年の農業が豊作だったことを受け、同年一〇月中旬以降、特によく登場するようになった。

北朝鮮の祖国平和統一委員会が運営するサイト「わが民族同士」には同年一一月叙事詩「共産主義へ行こう！」が載り、豊作の稲穂を背景に理想社会、共産主義へ行こうと訴えた。

しかし、二〇二三年が豊作だったとはいえ、まだ食糧の自給自足すら実現していない中での「共産主義へ行こう！」というスローガンの登場は、金正恩政権の思想優先の方向性を示すものだが、危うい背伸びのようにも見えた。

註

(1)『労働新聞』2022・03・27「[사설] 당중앙의 혁명사상으로 튼튼히 무장하고 철저히 구현해나가자　당중앙의 사상은 우리 혁명의 영원한 지도적지침이며 백승의 기치이다。」

(2)『労働新聞』2022・03・29「경애하는 김정은동지께서 조선로동당 제1차 선전부문일군강습회 참가자들에게 강령적인 서한을 보내시였다」

(3)『労働新聞』2022・03・29「조선로동당 제1차 선전부문일군강습회 개강」

(4)『労働新聞』2022・03・31「사상제일주의기치높이 우리식사회주의의　위대한 새 승리를 앞당겨나가자　조선로동당제1차선전부문일군강습회 페강」

(5)『労働新聞』2022・04・04「당중앙의 혁명사상을 만장약할 때 못해낼 일이 없다 천만의 심장이 하나의 신

념으로 고동친다。」

(6)『労働新聞』2022・04・08「경애하는총비서동지의혁명사상은승리와 번영의 새시대를 펼치는 위대한 힘이다」

(7)『労働新聞』2022・04・11「위대한 김정은동지의 사상과 령도를 받들어 주체혁명위업을 끝까지 완성하자 중앙보고대회에서 한 조선로동당 중앙위원회 정치국 상무위원회 위원이며 조선민주주의인민공화국 국무위원회 제1부위원장이며 최고인민회의 상임위원회 위원장인 최룡해동지의 보고」

(8)『労働新聞』2022・04・19「〈사설〉당중앙의 혁명사상으로 전당과 온 사회를 일색화하기 위한 사상공세를 강력히 전개하자」

(9)『労働新聞』2022・08・20「위대한 인민의 어버이 계시기에 우리는 더없이 행복하고 조국은 언제나 굳건하다」

(10)『労働新聞』2022・08・22「[정론] 탁월한 수령께서 우리를 인도하신다」

(11)『労働新聞』2022・12・06「〈탁월한 수령의 령도밑에 민족사적사변들을 아로새긴 위대한 승리의 해 2022년〉주체혁명의 휘황한 앞길을 밝힌 불멸의 대강」から連載開始。

(12)『労働新聞』2022・10・18「주체의 혁명적당건설사에 특기할 불멸의 대강 경애하는 김정은동지께서 조선로동당 중앙간부학교를 방문하시고 기념강의를 하시였다」

(13)『労働新聞』2022・10・19「주체혁명의 새시대 우리 당건설의 독창적인 진로」

(14)『労働新聞』2022・10・29「새시대 5대당건설방향해설　령도방법을 부단히 발전시키는것은 정치건설의 중요한 요구」

(15)『労働新聞』2022・10・25「[론설] 경애하는 김정은동지는 탁월한 사상리론으로 혁명을 승리에로 이끄시는 위대한 수령이시다」

(16)『朝鮮中央テレビ』2022・10・11「20시 보도」

(17)『労働新聞』2022・12・03「련포、그 이름과 더불어 인민의 마음속에 빛나는 숭고한 영

(18)『労働新聞』2022・12・12「〈탁월한 수령의 령도밑에 민족사적사변들을 아로새긴 위대한 승리의 해 2022년〉〈기사와 사진〉시련을 이겨내며 줄기차게 벌어진 거창한 건설대전」

(19)『労働新聞』2022・06・12「위대한 사랑의 력사、불같은 헌신의 세계 묘향산의료기구공장에 깃든 절세위

인들의 불멸의 자욱을 더듬어」
(20)『朝鮮中央通信』2023・09・05「공화국창건 75돐경축 중앙사진전 개막」
(21)『聯合ニュース』2021・10・28「집권 10년 김정은、홀로서기 나섰나…북한내 '김정은주의' 등장」
(22)『労働新聞』2022・10・18「주체의 혁명적당건설사에 특기할 불멸의 대강 경애하는 김정은동지께서 조선로동당 중앙간부학교를 방문하시고 기념강의를 하시였다」
(23)『労働新聞』2023・01・01「〈위대한 우리 국가의 부강발전과 우리 인민의 복리를 위하여 더욱 힘차게 싸워나가자〉조선로동당 중앙위원회 제8기 제6차전원회의 확대회의에 관한 보도」
(24)『労働新聞』2022・03・29「조선로동당 제1차 선전부문일군강습회 개강」
(25)『民主朝鮮』2022・04・28「경애하는 김정은동지의 혁명사상으로 만장약하고 살며 투쟁하는 길에 공화국의 승리적전진이 있다」
(26)『労働新聞』2022・10・25「[론설] 경애하는 김정은동지는 탁월한 사상리론으로 혁명을 승리에로 이끄시는 위대한 수령이시다」
(27)『労働新聞』2023・01・30「탁월한 수령의 절대적인 권위는 우리 인민의 최고존엄이고 공화국의 국위이다」
(28)『労働新聞』2023・04・11「경애하는 김정은동지의 사상과 령도를 받들어　위대한 당、주체강국의 위용을 만방에 더욱 힘있게 떨치자」
(29)『労働新聞』2024・01・06「위대한 당중앙의 혁명사상과 령도는 전면적국가부흥의 새시대를 앞당겨오는 향도적기치이다　중앙연구토론회 진행」
(30)『労働新聞』2024・01・10「위대한 당중앙의 혁명사상과 불멸의 업적을 깊이 체득하고 전면적국가부흥의 새로운 승리의 력사를 창조해나가자　각 도들에서 연구토론회 진행」
(31)『労働新聞』2021・03・18「[정론] 하나는 전체를 위하여、전체는 하나를 위하여!」
(32)『労働新聞』2021・05・12「우리가 리상하는 공산주의」
(33)『労働新聞』2021・05・14「[정론] 인민의 심부름군당」

終　章

金正恩の指導理念を振り返る

金日成・金正日主義の矛盾

金正日（キムジョンイル）総書記が二〇一一年一二月一七日に死亡し、金正恩（キムジョンウン）時代が始まったが、二〇〇九年一月に後継者に内定していた金正恩の後継体制準備期間は三年に満たず、自己の時代の指導理念の準備ができていたとは思われない。もちろん、金日成主席の「主体（チュチェ）思想」も、金正日総書記の「先軍（ソングン）思想」もある日突然できたのでなく、長い歳月を掛けて形成されたものであり、金正恩も同じプロセスを歩むしかなかった。しかし、北朝鮮の最高指導者にとって、自身の「思想」はなければならないものであった。権力継承の開始は、新たな指導理念の模索の始まりであった。

金正日総書記の死亡直後の当面のスローガンは「遺訓貫徹（ユフン）」と「一心団結（イルシムタンギョル）」だった。

その後の、金正恩時代の指導理念は二〇一二年に入ると、金日成主席と金正日総書記の、先代、先々代の指導理念のコンテンツをとりあえず集約した「自主（チャジュ）、先軍、社会主義の道（サフェジュイ）」が指導理念として示された。金日成時代の「自主」、金正日時代の「先軍」、先代、先々代の共通の基盤であった「社会主義」という三つの概念を取りまとめることで金正恩時代はスタートした。金日成主席も金正日総書記も果たそうとして、果たせなかった「人民生活の向上」は理念集約からは脱落し、先の課題として先送りされた。

金正恩は二〇一二年四月六日の「四・六談話」で「朝鮮労働党の指導思想は、偉大な金日成・金正日主義である」とし、自身の指導理念として「金日成・金正日主義」を提示し、朝鮮労働党は「金日成・金正日主義党」であると定式化した。

しかし、「金日成・金正日主義」とは何かという問いに答えるだけの思想的な提示はなかった。金日成主義の思想的核心は「主体思想」であり、「金正日主義」の思想的核心は「先軍思想」であった。この先代と、先々代の時代の共通項は社会主義を堅持することであり、指導理念として「金日成・金正日主義」を定式化したが、思想的な中身としては「自主・先軍・社会主義の道」と大差はなかった。

また、金正恩政権は二〇一一年一二月に朝鮮人民軍最高司令官に就いたが、これには二つの意味があった。当時はまだ先軍時代であり、権力継承のためにはまず軍を掌握しなければならないという現実があった。一方で、この決定は国防委員会や党中央軍事委員会ではなく党中央委政治局の決定であった。金正恩時代が軍を中核とした権力ではなく、朝鮮労働党を中核とした社会主義国家本来の姿に戻るという党優位の方針を示した。

金正恩政権は党主導国家を目指すのであれば、「金日成・金正日主義」を標榜しながらも、その大きな思想的な中核理念であった「先軍」から、いかに離脱するかを模索しなければならなかった。金正恩政権のスタート以来の一〇年は「先軍からの離脱」の一〇年と言ってもよいが、それにもかかわらず「金日成・金正日主義」を指導理念に掲げることはある種の矛盾を内包していたというべきである。

しかし、金正日総書記の「訃告(ブゴ)」が「主体革命、先軍革命の道で一寸の譲歩も、一寸の揺らぎもないであろう」としている以上、スタート間もない金正恩政権にとっては「先軍」は「継承」するしかなかった。一方、「先軍」を乗り越えることが自身の課題となった。

また、「金日成・金正日主義」という言葉は金正恩時代になって生まれたものではない。それは金正恩自身が「四・六談話」で語っているように、「すでに以前からわが党員と人民は主席の革命思想と総書記の革命思想を結びつけて金日成・金正日主義と呼んでいた」のであった。それは、金正日総書記が生存中の二〇一一年七月に軍部隊を訪問した際の記録映像でも、軍部隊にすでに「全軍を金日成・金正日主義化しよう」というスローガンが掲げられていたことからも明らかだ。そう見れば、「金日成・金正日主義」は、金正恩が創出した指導理念というよりは、すでに金正日時代に準備された指導理念であった。金正恩はそれを「四・六談話」で明らかにしたのである。

人民大衆第一主義へ

一方「四・六談話」では金日成主席や金正日総書記が座右の銘とした「以民為天」で活動して行かねばならないと強調し、後の「人民大衆第一主義」の萌芽も示していた。

「四・六談話」はいわば「先軍」と「人民生活の向上」の並進(ビョンジン)路線を示した談話とも言えた。

金正恩の初めての肉声演説であった金日成主席の誕生一〇〇周年である二〇一二年四月一五日の閲兵式の演説では「偉大な金日成・金正日主義の旗印を高く掲げる」とし、「自主の道、先軍の道、社会主義の道」を示した。それが「金日成・金正日主義」の中身であった。

一方、「世界で一番良いわが人民、万難の試練を克服して党に忠実に従ってきたわが人民が、二度とベルトを締め上げずに（腹を空かせないように）済むようにし、社会主義の富貴栄華を思う存分享受するようにしようというのがわが党の確固たる決心である」と述べ、人民に「人民生活の向上」を約束した。

金正恩は二〇一二年四月に朝鮮労働党第一書記、国防委第一委員長という党と国家のトップに就いた。同五月ごろから北朝鮮メディアは金正恩が同三月の現地指導（ヒョンジチド）で口にした言葉を使い、「金正日愛国主義」のキャンペーンを始めた。

二〇一二年七月になると、金正恩は李雪主（リソルジュ）夫人と同伴で公開活動を行い、ファーストレディを公開した。また自らがつくった牡丹峰（モランボン）楽団の初公演では米国映画「ロッキー」の映画の場面や主題歌が演奏され、ディズニーのキャラクターが登場するなどし、留学もした若き指導者による「上からの文化小革命」が起こるのではという期待を持たせた。このころ、金正日総書記がかつて述べた「自分の地に足を付け、目は世界を見よ！」というスローガンに金正恩が度々言及し、「世界的趨勢」というスローガンも強調された。

金正恩は二〇一二年七月に軍の実力者である李英鎬（リヨンホ）総参謀長を粛清し、本格的な党優位の体制作りに着手した。李英鎬総参謀長包囲網は二〇一二年の第四回党代表者会当時から見え始めていたが、粛清という厳しい対応となった。

その後「七〇年代の時代精神」や「新雪をかき分ける精神」「白頭山大国」などの理念が強調されたが、これも金正恩時代の新たな指導理念を模索する動きであった。

金正恩は二〇一三年一月の「新年の辞」で「すべてを人民のために、すべてを人民大衆に依拠して！」というスローガンを提示した。

そして同年三月に開催した朝鮮労働党第四回細胞初期大会での演説で、「金日成・金正日主義は本質において人民大衆第一主義である」という自身の時代の新たなスローガンを提示した。それはまだ金正恩時代の中心的な指導理念の確立までは行かなかったが、自身の時代の指導理念の「種子」が提示されたと言えた。

この演説では「人民大衆第一主義」は、それ自体が深化されるというより、人民の利益を妨害する「勢道（セド）」「官僚主義」「不正腐敗」という幹部批判のテコの理論として提示された。この、幹部には厳しく、人民には愛をもって接するという「厳幹愛民」は次第に金正恩時代の中心的な理念になっていった。

そして「人民大衆第一主義」のルーツを金日成主席や金正日総書記の座右の銘「以民為天」に求め、「人民大衆第一主義」を正当化していった。

唯一的領導体系の確立を目指して

金正恩は二〇一三年六月に「党の唯一思想体系確立の十大原則」を「党の唯一的領導体系確立

の十大原則」に改正した。

金正日は一九七四年四月に「党の唯一思想体系確立の十大原則」を策定したが、これは「思想」統制こそが、自身の後継体制確立の道となると判断したからであった。金正日は主体思想の解釈権を独占し、主体思想を「革命的首領観」や「社会政治的生命体論」で統治理念化することで、自身の後継体制の確立を図った。

一方、金正恩は思想よりももっと直接的に自身の「領導体系」の確立を目指して十大原則を改正した。それまでの、全社会の金日成主義化を求めた「十大原則」を、全社会の金日成・金正日主義化に書き換えることを主眼にしながらも、「金正恩の唯一的領導体系」の確立を目指した。「党」や「領導者」という言葉を使い、自身の唯一的領導体系の確立を図ったのである。さらに「勢道」批判を強め、後に張成沢（チャンソンテク）粛清に使われた「同床異夢」や「陽奉陰違（面従腹背）」という言葉を挿入し、張成沢粛清の準備作業をしたとも見えた。

そして、金正恩は二〇一三年一二月に張成沢党行政部長を粛清した。李英鎬（リヨンホ）総参謀長と張成沢党行政部長の粛清により、軍と党の実力者を排除し、金正恩の唯一的領導体系の確立に向けて大きく進んだ。

金正恩は二〇一六年五月に三六年ぶりに党大会を開催した。その第七回党大会では「先軍政治は、わが党と人民が厳しい難局を克服して歴史の奇跡を創造するようにした勝利の宝剣であった」と総括し、「先軍政治」を「主体思想」と並べて評価し「勝利の宝剣」とした。この時点でも「わが国は今日、全社会が主体思想、先軍思想で一色化され」ていると総括した。

その翌月の二〇一六年六月二九日に最高人民会議第一三期第四回会議が開催され、憲法が改正された。憲法改正では「国防委員会」が「国務委員会」に改編された。それは単に委員会の名前が変更されただけではなく、金正日時代の先軍政治の中核機関であり、先軍政治を主導した「国防委員会」がその歴史的任務を終えたことを意味した。第七回党大会では依然として先軍政治の意義が強調されたが、先軍政治を主導した国防委員会が国務委員会に改編されたことで、金正恩政権の方向性は党主導の国家運営に大きく転換した。党規約などに「先軍」はまだ残っているが、事実上、「先軍時代」が終了したという意味を持った。

金正恩は二〇一四年の「新年の辞」では「人民大衆第一主義」という言葉を使わなかったが「(幹部は)人民の要求、大衆の声に限りなく誠実であるべきであり、常に人民のために献身する人民の真の忠僕として生き働かなければならない」とした。

二〇一五年の「新年の辞」では「母なる党の本性に合わせて党活動全般を人民大衆第一主義で一貫させて、全党に人民を尊重し、人民を愛し、人民に依拠する気風がみなぎり、党活動の主力が人民生活の向上に向けられるようにすべきである」と「新年の辞」にも「人民大衆第一主義」が登場した。

金正恩は二〇一六年五月の第七回党大会で「党活動全般に人民大衆第一主義を徹底的に具現しなければならない」と述べ、「人民大衆第一主義」を党の活動方針として定式化した。そして「勢道、官僚主義、不正腐敗」を「人民大衆第一主義」の「主敵」とした。

金正恩の「人民大衆第一主義」の特色は、第一に金日成時代、金正日時代と比べ、「人民生活の向上」の方向性を強く出している。しかし、実現はしていない。第二は幹部政策、民心離反防止対策として、「勢道、官僚主義、不正腐敗」との戦いや、幹部への「滅私服務」を要求している。第三は、「以民為天」などを引き合いに出しての「金日成、金正日時代からの継承」を強調した。第四は金正日時代の「仁徳政治」や「幅広政治」に比べると上から目線は弱くなり、人民と共にという姿勢を強めている点だ。第五に「人民大衆第一主義」を自らの時代の思想的な求心点とし、金正恩政権の親人民姓のアピールを強めている——などの特徴があるといえる。

わが国家第一主義と米朝首脳会談決裂

北朝鮮では二〇一七年一一月に「わが国家第一主義」というスローガンがメディアに登場した。経済建設と国防力強化での成果を背景につくられたスローガンだが、なぜか定式化されたのは金正恩の二〇一九年の「新年の辞」であった。一年以上の時間が必要だったのは、「わが国家第一主義」が、父、金正日総書記の「わが民族第一主義」と対立的な概念になるのではという憂慮があり、内部調整の必要があったとみられた。北朝鮮は「わが国家第一主義」は「わが民族第一主義」を昇華、発展したものと整理し、二〇一九年の「新年の辞」以降、金正恩時代を支える「人民大衆第一主義」と並ぶ指導理念として浮上した。「わが民族第一主義」を「わが国家第一主義」で上書きしたと言えた。これは、金正恩の父を越えるという「相克」の意識の反映とも言えた。

この背景には二〇一七年一一月の新型大陸間弾道ミサイル（ＩＣＢＭ）の発射成功による国家

核武力の完成と、社会主義強国を目指す経済建設により、北朝鮮が列強によって圧迫を受ける弱小国家から列強と対等に相対する「戦略国家」になったとする自負を背景にしているとみられた。

一方、それは「統一朝鮮」を志向する「一つの朝鮮」から、朝鮮民主主義人民共和国という国家を「第一」とする考えの強化という変化を生み出し、「二つの朝鮮」を容認する思考へと発展する要素を内包していた。

金正恩は二〇一七年一一月に米国へも届くICBMの発射実験をすると、二〇一八年から一転して国際社会との対話に打って出た。二〇一八年二月の平昌冬季五輪への参加を皮切りに、同年四月の板門店での文在寅（ムンジェイン）大統領との南北首脳会談、同年三月には自身の初の外国訪問として電撃的に中国を訪問し、習近平中国共産党総書記と伝統的な中朝友好を確認した。その上で同年六月のシンガポールで初の米朝首脳会談を開き、トランプ大統領と四項目からなる「米朝共同宣言」で合意した。しかし、この首脳外交は二〇一九年二月のハノイでの二回目の米朝首脳会談が何の合意もなく決裂すると、何の成果も生み出さず破綻してしまった。国際社会もまた北朝鮮を非核化に導く手段を失ってしまった。金正恩は「年末まで米国の勇断を待つ」としたが、米国の姿勢に大きな変化はなかった。

北朝鮮は二〇一九年一二月の朝鮮労働党中央委員会第七期第五回総会で自力更生による「正面突破戦」を決定した。「自力更生」は単なる経済路線でなく、政治路線にもなった。しかし、二〇二〇年になると新型コロナウイルスが世界的に猛威を振るい、北朝鮮は同年一月に事実上、国境を封鎖、国際社会から「国ごと隔離」をすることでコロナに対応した。

しかし、北朝鮮当局にとってはコロナ禍は、自力更生を実現する「絶好の好機」となった。人民生活は国連の経済制裁に加え、コロナ禍による中朝貿易の激減や水害などで大きな打撃を受けたが、北朝鮮当局にとっては他国に依拠せず、自らの道を歩みながら社会主義建設を行う好機となった。北朝鮮は経済政策を含めて、社会主義的な方向に回帰していき、金正恩政権初期にみせた市場経済的な要素を取り入れながら経済管理を行う路線は次第に後退していった。

「人民的首領」のもつ意味

朝鮮労働党は二〇二一年一月に第八回党大会を開催し、金正恩は父や祖父と同じ「党総書記」の座に就いた。これまで「永遠の国家主席」、「永遠の総書記」として空席にしていた「総書記」の座に就いたことは、金日成時代、金正日時代を歴史化し、金正恩政権の独り立ちを意味した。党規約でも、金日成主席や金正日総書記の固有名詞や業績が削除された。金正恩の名前も削除されたが、金正恩を意味する「党中央」が一七カ所も登場し、金正恩党総書記の権限が強化され、朝鮮労働党の金正恩による私党化が進んだ。

党規約の改正では「朝鮮労働党は先軍政治を社会主義基本政治方式として確立し、先軍の旗印の下で革命と建設を領導する」を「朝鮮労働党は人民大衆第一主義を社会主義基本政治方式とする」と改正し、基本政治方式を「先軍政治」から「人民大衆第一主義」に変更した。

金正恩は二〇一三年一月に党細胞初期大会で「金日成・金正日主義は本質において人民大衆第一主義である」という種子を提示したが、八年の歳月を掛けてようやく「人民大衆第一主義」を

「党の基本政治方式」にした。

党機関紙『労働新聞』と党理論誌『勤労者』は二〇二〇年一〇月三日共同論説を発表し、「最高領導者金正恩元帥はわが党を人民のために滅私奉仕する革命的党として絶えず強化、発展させていく人民の偉大な首領（スリヨン）である」とし、金正恩を「人民の偉大な首領」と呼称した。

また二〇二一年一月の第八回党大会で金正恩を党総書記に推す「推戴の辞」では「革命する党にとって党の首班は全党の組織的意志を体現し、代表する革命の最高首脳、指導の中心、団結の中心として首領の地位を占め、人民大衆の革命偉業、社会主義の偉業遂行で決定的役割を果たす」と述べ、朝鮮労働党の首班は「首領の地位」を占めるとした。

さらに北朝鮮メディアは二〇二一年五月ごろから金正恩を「首領」とする論説などを集中的に掲載した。ここで注目されるのは金正恩を単に「首領」とするのではなく、「人民的首領」とか「人民の首領」とし、「人民」と密接な「首領」という概念を提示したことであった。これはある意味では、金正日総書記が提示した「革命的首領観」を意識した表現とも取れた。金正恩の親人民性を強くアピールしようとの意図とみられた。

しかし、北朝鮮メディアはこれほどに人民のことを思ってくれる首領に対して、人民はこれに報恩しなければならないというキャンペーンを張った。

金正日総書記の「社会政治的生命体論」では、首領は「脳髄」であり、党は首領と人民大衆を結合させる「血管」や「神経」であり、人民大衆は「生命体」であるとされ、人民大衆、党、首領が統一体になって社会政治的生命体がつくられるとした。社会政治的生命体では構成員は、ブルジョワ社会のように権利と義務の関係ではなく、同志愛と革命的義理によって規定される。主体思想は、人間は主体性を持った存在とされたが、革命的首領観や社会政治的生命体論によって、人民は首領と党の指示に従うことでその生命体の能力を発揮できるとされ、人民の「主体性」が奪われてしまう。

金正恩時代の「人民的首領」も名称は「親人民的」ではあるが、人民を思う首領に人民が報恩しなければならないという論理により、統治理論に転化している。その枠組みにおいて「革命的首領観」と同じであり、外面を「人民的」というオブラートで包んでいるだけである。しかし、「人民大衆第一主義」は、首領への報恩論理を経ることによって、「首領に忠誠を誓う人民」という回路を経て、結局は「わが首領第一主義」に変質するプロセスを歩んでいるようにも見えた。

北朝鮮では「首領」は、新しい思想の創出を迫られる。金正恩が「首領」を名乗ったということは「人民大衆第一主義」という新しい思想の基盤ができたという自信の表れともいえた。

「わが国家第一主義」の統治理論化

北朝鮮は依然として「金日成・金正日主義」を指導理念と掲げているが、北朝鮮では二〇二一年に入ると「金日成・金正日主義万歳！」と並んで「金正恩同志の革命思想万歳！」という言葉がスローガンとして叫ばれ始めた。「金正恩同志の革命思想」が「金日成・金正日主義」と対になってスローガンとして掲げられたり、「金日成同志の革命思想」、「金正日同志の革命思想」、「金正恩同志の革命思想」が並列的に語られたりし始めた。

そして「全党と全社会を金正恩同志の革命思想で一色化しよう」とか「全軍を金正恩同志の革命思想で一色化しよう」というスローガンが登場し始めた。

十大原則や党規約では「金日成・金正日主義で一色化」することが求められているにもかかわらず、「金正恩同志の革命思想で一色化しよう」というスローガンが登場していることは、将来的には「金日成・金正日主義」が「金正恩同志の革命思想」に置き換わる可能性を示唆した。国家情報院は北朝鮮で「金正恩主義」という言葉が使われ始めているとしたが、北朝鮮メディアではまだ確認できない。代わりに登場しているのは「金正恩同志の革命思想」だ。これは「金正恩主義」を前面に押し出す場合は、「金日成・金正日主義」を否定したり、対峙的なものとして認識されたりする可能性もあるため、「金正恩同志の革命思想」というスローガンを前面に出しているのではと推論された。

『労働新聞』は二〇二二年一〇月二五日、「金正恩同志は卓越した思想・理論で革命を勝利へと導く偉大な首領である」と題した論説を掲載し、この論説は「金正恩同志の革命思想は、偉大な金日成・金正日主義の輝かしい継承であり、深化、発展である」と定義した。これにより、「金正恩同志の革命思想」は「金日成・金正日主義」と対立するものではなく、その「継承、深化、発展」したものであるという理論的整理が可能になった。

一方、金正恩党総書記は、二〇二一年一二月に行った党中央委員会第八期第四回総会で「わが国の社会主義農村問題の正しい解決のための差し当たっての事業について」と題した「歴史的な報告」を行った。これは当初「新しい社会主義農村建設綱領」と呼ばれたが、その後「農村革命綱領」と呼ばれた。それは一九六四年に金日成主席が発表した「わが国における社会主義農村問題に関するテーゼ」（社会主義農村テーゼ）をバージョンアップさせた「新農村テーゼ」となった。金正恩党総書記の、金日成主席すら乗り越えたいという意識の反映とみられた。

しかし、「新農村テーゼ」の核心は農業の生産向上よりは、思想、技術、文化の三大革命を農村に持ち込み、農民の思想改革をしようとする思想統制的な部分に重点が置かれた。そして、金正恩党総書記は戸数が限定的であるにしろ、全国の各農村の住宅を建設する事業を推し進めた。

一方で、各地の「協同農場」という名称から「協同」という名前を外したり、市場での穀物取引を統制し、主食の穀物を「糧穀販売所」で購入するよう求めたりするなど、農業政策の社会主義化が進んだ。

金正恩は二〇二〇年一〇月の党機関紙『労働新聞』と党理論誌『勤労者』の共同論説で「人民の偉大な首領」とされたが、これは「わが国家第一主義」などの理念のあり方にも大きな影響を与えた。党機関紙『労働新聞』は二〇二一年四月二日掲載の論説で「わが国家第一主義はすなわちわが首領第一主義である」とした。二〇一七年秋に経済的な成果と軍事的な成果を背景に登場した「わが国家第一主義」は、二〇一九年元日の金正恩の「新年の辞」で北朝鮮の指導理念として定立されるが、金正恩が首領になり、ついに「わが首領第一主義」と同様であると規定された。

金正恩政権は「人民大衆第一主義」と「わが国家第一主義」を指導理念の二本柱としながら、それを「金正恩同志の革命思想」として体系化しようとしている。しかし、金正恩党総書記が「首領」の地位に就き、絶対的な権力者の地位に就くことで、「人民大衆第一主義」も、「わが国家第一主義」も、首領である金正恩への忠誠に集約され、次第に「わが首領第一主義」という統治理論に誘導されつつある。

指導理念の変遷にまつわる三つの問題

この一〇年間の金正恩時代の指導理念の変遷について考えてみると、第一は、金正恩は「唯一的領導体制」の確立のために自らの指導理念を必要としたことを指摘せざるを得ない。北朝鮮の最高指導者は常に自身が構築した「思想」を要求されるという課題を担っている。

金正恩政権は金日成主席や金正日総書記の業績を「継承」することで政権をスタートさせた。それは世襲政権の宿命でもあった。しかし、金正恩の「唯一的領導体系」を確立するためには、政治的な自身の体制整備とともに、理念的な基盤強化が必要であった。朝鮮労働党の指導理念として「金日成・金正日主義」を定式化したが、それは父や祖父の指導理念である。それをいかに自分自身の時代の指導理念に変容させていくかがこの一〇年余の課題であった。金正恩政権は一〇年余の執権の中で、ようやく自分自身の指導理念の輪郭を形成しつつある。それは「人民大衆第一主義」と「わが国家第一主義」という形で整理されつつある。「人民大衆第一主義」という「親人民的」な理念を掲げることで自己の理念的な基盤をつくりつつある。しかし、その思想の中核を担うべき「人民生活の向上」は実現していない。また「わが国家第一主義」は経済発展と国防力強化を二つの基軸とした考え方だが、国防力の強化は大きな発展を見せたが、経済発展は停滞している。金正恩時代の指導理念が人民の支持を得るためにはやはり経済発展と人民生活の向上が不可欠だ。

第二は「統制の強化」と「親人民」の両立の問題だ。金正恩政権は二〇一二年の政権スタート時に市場経済的な要素をかなり取り入れた「われわれ式の経済管理方法の改善」を推し進めたり、国際社会との関係性に前向きな姿勢を見せたりしたが、二〇一九年のハノイ会談の決裂以降、統制的な動きを強め、社会主義的統制を強めている。一方で、社会主義の恩恵を受けずに育った「苦難の行軍世代」、「市場世代」の離反を防ごうと躍起だ。二〇二四年の時点では「親人民性」よりは「統制」を優先させている。これには経済制裁の長期化や、新型コロナへの防疫強化により統制に向かわざるを得ないという事情もある。そういう困難の中で、「人民大衆第一主義」の大きな要素である幹部には厳しく、人民には優しくという「厳幹愛民」路線を敷くことで、困難の中でも何とか成果を見いだそうとしている。

第三は、金正日時代の指導理念である「先軍」からの離脱問題だ。金正恩は一〇年の歳月を掛けて「先軍」からの離脱に成功した。金正日時代の末期からそのスタートは始まった。金正日総書記は後継体制を党主導にするために、党の幹部に軍の階級を与え、党幹部が背広を脱いで軍服を着て軍の統制に当たった。世界でも類を見ない手法であった。金正恩が政権をスタートさせた当時は明らかに先軍時代であったが、二〇一二年七月の李英鎬総参謀長の粛清で軍を抑え込み、その後の頻繁な軍幹部の異動で軍を自らの統制下に置くことに成功した。二〇一六年五月の第七回党大会では先軍思想を主体思想と並べ「勝利の宝剣」としたが、その翌月の最高人民会議で先軍政治を担った国防委員会を国務委員会に改編し、事実上、先軍時代を終わらせた。

しかし、それは核・ミサイル開発を放棄することではなかった。金正恩政権下では「軍による先軍」を「党による先軍」へと改編した。核・ミサイル開発を軍ではなく、党軍需工業部が主導した。そして二〇一三年三月の党中央委総会で経済建設と核・ミサイル開発を同時に進める「並進路線」を掲げた。北朝鮮は並進路線で二〇一七年一一月に新型ＩＣＢＭ「火星15」の試験発射を成功させ、国家核武力の完成を宣言した。そして二〇一八年に国際社会との対話局面に入ると二〇一八年四月の党中央委員会第七期第三回総会で「成功裏に並進路線を終了」させた。しかし、その後も「国防力の強化」という形で核・ミサイル開発を続けている。この一〇年を振り返れば「先軍の継承」→「党による軍統制強化」→「李英鎬軍総参謀長粛清」→「党による先軍」→「並進路線」→「国防力の強化」という流れで「先軍」を一九九〇年代後半の体制危機を乗り越えた「勝利の宝剣」として過去のものにし、その歴史化に成功したといえる。

北朝鮮という国家が党中心の国家として正常化しているのに、「主体思想」とともに、一九九〇年代後半の体制の危機を乗り越えるための非常時の思想である「先軍思想」を中核とする「金日成・金正日主義」を指導理念として掲げるのは。ある意味では不自然である。

今後は、「先軍思想」を否定するのでなく、非常時の思想として歴史化し、「金日成・金正日主義」を深化、発展させた「金正恩同志の革命思想」へと変化する可能性があるのではと推論する。

二つの「第一主義」間での揺らぎと、革命思想

「金正恩同志の革命思想」の中核は「人民大衆第一主義」と「わが国家第一主義」である。特に

「人民大衆第一主義」を前面に押し立てることにより、金正恩を単なる「首領」ではなく、「人民的首領」にし、先代と差別化を図り、父を乗り越える指導者になりたいという金正恩の強い願望がうかがえる。北朝鮮メディアは、金正恩時代の思想的業績を、金日成や金正日の思想的業績を「継承、発展させた」ものであるとする。しかし、金正恩党総書記の意思は「発展」というよりは、父や祖父を乗り越えたいという願望にあるようだ。その実態は「継承、発展」というよりは「継承、相克」と見える。

そして、北朝鮮の政策的な志向は、ある時は「人民大衆第一主義」が「わが国家第一主義」に優先するような印象を与え、ある時は「わが国家第一主義」が「人民大衆第一主義」に優先するような印象を与えるという重点を移行させるような揺らぎを見せている。

それは北朝鮮の政策課題において「経済建設」を優先するのか、「国防力強化」を優先するのかという問題と関連しているようにみえる。金正恩政権は基本的に、経済建設と核・ミサイル開発を同時に行う「並進路線」を標榜しながら、その時々で政策の重点が揺らぎを見せてきた。この指導理念と政策課題の「揺らぎ」は密接に絡み合いながら、「金正恩同志の革命思想」の体系化が進行中だ。

しかし、北朝鮮はまだ公式的には「金日成・金正日主義」を党の指導理念として掲げている。「金正恩同志の革命思想」が党の公式的な指導理念に置き換わるにはまだ時間が必要だろう。そうなれば党規約や十大原則も改正しなければならない。二〇二二年一月の金正恩同志の革命思想についての中央研究討論会でも金正恩の業績を「偉大な首領さま（金日成主席）と偉大な将軍さま（金正日総書記）の革命思想を金日成・金正日主義と定式化」し、「全社会の金日成・金正日主義化をわが党と共和国政府の最高の綱領に、社会主義国家建設の総体的方向、総体的目標と打ち出すことによってチュチェ革命偉業の終局的達成を目指す進路を明示した」とし、「金日成・金正日主義化」の定式化を金正恩の最大の業績としている。「金正恩同志の革命思想」への置き換え作業はまだ現在進行形であり、始まったばかりだ。

「金正恩同志の革命思想」を、より深い内容を持った思想へと体系化する作業はまだ不十分である。この一〇年間に提唱してきた様々な思想や路線、それを金正恩時代の中核思想である人民大衆第一主義とわが国家第一主義、経済建設、国防力の強化に、どのように関連させ、どのように位置づけ、親人民的な思想として深化、体系化させるかという作業にはまだ時間がかかるだろう。

「南北はもはや同胞ではなく、敵対的二国間関係」

金正恩党総書記は二〇二三年一二月の党中央委員会第八期第九回総会での報告で「対南部門の根本的な方向転換」を示した。韓国との関係について「北南関係は、これ以上、同族関係、同質関係ではない敵対的な二国間関係、戦争中にある両交戦国関係に完全に固着された。これが、こんにちの北と南の関係を見せる現住所と言える」と言い切った。さらに「長きにわたる北南関係を振り返りながら、わが党が下した総体的な結論は、一つの民族、一つの国家、二つの体制に基づいたわれわれの祖国統一路線と克明に相反する『吸収統一』『体制統一』を国策と定めた大韓民国の連中とは、いつになっても統一が実現しないということである」とし、韓国との平和統一は不可能であるとした。

南北関係を「もはや同族関係」ではないとし、「敵対的な二国間関係」「交戦国関係」と「公式化」することは、北朝鮮のこれまでの統一政策、南北政策を根本的に変更するものであった。また、金正恩党総書記は「万一の場合、発生しうる核危機事態に迅速に対応し、有事の際に核戦力を含む全ての物理的手段と力量を動員して南朝鮮の全領土を平定するための大事変の準備に引き続き拍車をかけていくべきである」と語り、有事を前提としながらも、核兵器を使って武力統一する準備をすべきであるとした。

さらに、金正恩党総書記は二〇二四年一月一五日の最高人民会議第一四期一〇回会議での施政演説で、憲法を改正し、韓国を「第一の敵対国、不変の主敵」と明記すべきだと言明した。同会議は北朝鮮の対南団体である祖国平和統一委員会など三組織を廃止することを決定した。

北朝鮮が韓国を同胞でなく「敵対的な二国間関係」、「交戦国関係」と公式化したことは一九九二年二月に発効した「南北基本合意書」にある「双方の間の関係が国と国との関係ではない、統一を志向する過程で暫定的に形成される特殊な関係である」とした合意を否定するものである。

この「方針転換」は、金日成主席の提唱した「高麗民主連邦共和国」提案や、金正日総書記が金大中大統領との首脳会談での「南側の連合制案と北側のゆるやかな段階での連邦制案が、互いに共通性があると認め、今後、この方向で統一を志向していくことにした」といった合意など、金日成時代や金正日時代の提案や南北間の合意の前提を崩すものである。

金正恩党総書記は「われわれの体制と政権を崩壊させるという傀儡（かいらい）の凶悪な野望は『民主』を

標榜しても、『保守』の仮面をかぶっていても少しも異なるものがなかった」としており、今回の南北関係の「根本的方向転換」は尹錫悦保守政権だけを対象にしたものではなく、韓国で進歩政権が再び誕生しても本質的に同じであるとしている。

金正恩政権が「二つの朝鮮」の傾向を強めていることは本書でも繰り返し指摘してきた。「わが国家第一主義」にはそういう傾向が内包されているし、北朝鮮が韓国を攻撃対象にする戦術核兵器の開発を決定したことは、すでに韓国を「同胞」と考えない姿勢を示すものであった。

金正恩党総書記は、北朝鮮の核兵器を含む軍事力が「いわゆる一方的な『武力統一』のための先制攻撃手段ではない」とするが、「朝鮮半島で戦争が起こる場合には、大韓民国を完全に占領、平定、収復し、共和国領域に編入させる」と言及、武力統一路線の可能性を示唆した。

北朝鮮が韓国との対決姿勢を強め、核兵器の使用も辞さないという姿勢を強めるのか、長い目で見れば「二つの朝鮮」の平和共存になるのかはまだ見通せない。しかし、金正恩政権は核兵器を背景に、極めて危険な道を歩んでいるように見える。核兵器を使用することは、金正恩政権の崩壊を招くことになるだろう。この南北関係の「根本的な方向転換」は、他の指導理念のあり方にも今後、深刻な影響を及ぼすであろう。

人民生活の向上という見果てぬ夢

そして、「金正恩同志の革命思想」の体言化を現実にするには「人民生活の向上」が前提となる。

金日成主席は亡くなる前の一九九二年の「新年の辞」で、「すべての人民が等しく白米の飯と肉のスープを食べ、絹の服を着て、瓦屋根の家に住もうというわが人民の世紀的念願を実現することは、社会主義建設において差し迫ってわれわれが達成すべき重要な目標である」と述べ、「差し迫ってわれわれが達成すべき重要な目標」と設定した。

これを受け、一九九二年八月七日付『民主朝鮮』は、中央人民委員会の「農業生産と人民消費品生産を決定的に増やし、住宅建設を力強く推進することに関する決定」は「わが党は、近い数年内に全人民が白米の飯を食べ肉のスープを飲み、絹の服を着て、瓦屋根の家に住むようにさせるという目標を実現するという栄えある課題を提示した」とした。

金日成主席は一九九三年の「新年の辞」でも「すべての人が白い米の飯を食べ肉のスープを飲み、絹の服を着て、瓦葺きの家に住むというわが人民の願望を実現することは、社会主義建設の重要な目標である」と、この「見果てぬ夢」の実現を繰り返し訴えた。

しかし、二代目の金正日総書記も、亡くなる直前に金日成主席と同じように嘆いた。党機関紙『労働新聞』二〇一〇年二月一日付の政論では、金正日総書記が「私は、わが人民がまだトウモロコシ飯を食べていることに一番胸が痛む。今、私がやらねばならないことは世の中で最も立派なわが人民に白米を食べさせ、麦でつくったパンやククス（麺）を思いきり食べさせることだ。われわれみんなが首領様（故金日成主席）の前で確認した誓いを守り、わが人民を、トウモロコシ飯を知らない人民として世の中に推し立てよう」と語った。しかし、金正日総書記は翌年の二〇一一年一二月に亡くなり、北朝鮮住民の「トウモロコシ飯」はなおも続いた。

金正恩党総書記は二〇二一年一二月の党中央委員会第八期第四回総会で「人民に白米と小麦粉を保障して食生活を文化的に改善することのできる条件を整えなければならない」と訴え、祖父、父の願いであった北朝鮮住民の主食を「トウモロコシ飯」から「白米やパン、麺（ククス）」に転換するとした。金正恩党総書記がこの総会で「新農村テーゼ」を発表したのは、この父も祖父も実現できなかった「夢」を実現するためであり、それこそが父や祖父を乗り越えることだという自覚があったからだろう。

『労働新聞』は二〇二三年一月一〇日付の「偉大な党がわれわれを領導する」と題した「政論」で金正恩党総書記の言葉を紹介した。それは「自身には常に二つの愛しさがあるが、一つは、わが人民が世に羨むものもなく豊かに暮らす共産主義理想郷を一日も早く見たいということであり、もう一つは、睡眠である、睡眠こそ本当に恋しいと心の中に沸き上がる思いを吐露したわれわれの総書記同志、まさしく、人民の願うすべての夢と理想を一刻も早く成就しようとする熱望が心の中に溢れ、その実現のために一分一秒を捧げていく精力と熱情も想像を絶する偉大な慈父の為民献身の世界は天も感服する熱烈さと崇高さの絶頂を成している」というものであった。

北朝鮮は憲法から「共産主義」を削除したが、金正恩が党総書記、首領の地位に就いたころから理想としての共産主義社会への言及が増え始めた。金正恩党総書記は二〇二三年九月二八日の最高人民会議第一四期第九回会議での演説で「共和国政府は、国の紀綱を確立し、全社会に立派な共産主義的国風を樹立し、すべての部門、すべての分野で発展志向的な創造方式、革命的な活動気風が満ち溢れるようにすることを片時もおろそかにしてはならない闘争課題に堅持しなければばならない」と語った。

しかし、北朝鮮の最高指導者に求められているのは、社会主義の先にある、理想郷としての共産主義社会を語るよりは、社会主義国家をつくり七五年の歳月を経ても、まだ住民に「白い飯」を提供できていない現実を直視することだ。北朝鮮の金日成、金正日、金正恩の三代の最高指導者は「以民為天」（民をもって天となす）を座右の銘としているとするが、「民以食為天」（民は食をもって天となす）という言葉にも思いをはせるべきではないか。北朝鮮の人たちが求めているのは核・ミサイルの全面的な高度化よりも「白い飯と肉のスープと絹の服と瓦葺きの家」である。世襲三代目の最高指導者に歴史的役割があるとすれば、それは「人民生活の向上」であり、それが実現されてこそ、金正恩は「人民的首領」の地位が得られる。「金正恩同志の革命思想」が北朝鮮の指導理念になるためには、北朝鮮人民が「生活が良くなった」と実感できる程度の「人民生活の向上」が必要となるだろう。

あとがき

僕は二〇一二年に通信社を定年退社するまで、地方勤務の九年間を除き、記者生活三七年間の大半を朝鮮半島取材で過ごしてきた。しかし、最初から北朝鮮取材に関心を持っていたわけではない。最初の関心は韓国だった。

一九八七年一二月「一盧三金」の戦いといわれた大統領選挙が盧泰愚候補の勝利に終わった時に、ソウルの仁寺洞にあった民正党本部で当選演説をする盧泰愚候補を取材した。投票、開票から徹夜しての早朝取材だった。それまでの取材現場でよく一緒になったAP通信の先輩カメラマンが、軍人出身の盧泰愚候補が当選したのを見ながら「われわれは催涙弾の中で取材を続けて来たけど、何だったのかねえ」とつぶやいた。僕も同じ思いで空しくなった。だが、一方で「もう韓国で、クーデターは起きないな」という思いで自分を慰めた。そして「民主化された韓国で外国メディアが果たす役割は小さくなるなあ」と思い、次の取材対象は北朝鮮だと思い始めた。

通信社を辞めてからは、ジャーナリストとして北朝鮮を見る一方で、研究者として北朝鮮を見るように努めた。研究者として日本の北朝鮮研究を見てみると、国際関係論の中での北朝鮮研究が主流で、北朝鮮の国内政治や権力構造、イデオロギーの研究者はあまり多くないように感じた。僕はむしろ、そこを勉強したいと思った。

二〇二〇年に新型コロナウイルスが世界を襲った。そんな時に、韓国の慶南大学の極東問題研究所から統一部の支援事業でフェローを募集するから来ないかと誘われた。コロナで家の中に閉じこもっているのだから、韓国へ行った方が面白いかなと思った。記者をやっていたためか、どうしても、毎日起きる現象に関心も時間も奪われ、深く研究するということが欠けているという反省もあった。ソウルへ行って、金正恩時代の一〇年を自分なりに検証しようと思った。しかし、実際に研究を始めると、一年や二年では全体像を書くことは無理だと悟り、まずは金正恩時代のイデオロギー、指導理念を研究しようと思った。

冒頭に書いたように、北朝鮮は思想の国である。北朝鮮が何を考えているのかを内在的に理解するには、彼らの思想を知る必要がある。それは彼らの思想に同調するということではない。なぜ、彼らはそういう思想や理念を必要とし、なぜそういう方向に歩まざるを得ないのかを考えることに意味があるのではないか。

金正恩政権がスタートした時、こんな若い最高指導者が祖父や父のような絶対的な権力者になれるのだろうかと思ったが、それは誤りだった。驚くべきスピードで唯一的領導体系という名の個人独裁体制を固めていった。一方でまだ二〇代のスイス留学を経験した最高指導者が「自分の地に足をつけ、目は世界を見よ！」というスローガンを叫び、限定的ながらも市場経済的な要素を取り入れた「われわれ式の経済管理方法の改善」を進める姿を見て「北朝鮮も変わるのか？」という期待を持った。二〇一八年からの首脳外交を中心とした対話戦略にも大きな期待を掛けた。しかし、二〇一九年二月のハノイの米朝首脳会談の決裂は、外交だけでなく北朝鮮の内政やイデオロギーにも大きな影響を与えた。その後の世界的な新型コロナウイルス禍をむしろ国内統制や自力更生の絶好の機会とし、社会主義的路線への回帰が目立っている。

本書は世襲政権として「金日成・金正日主義」という指導理念を掲げた金正恩政権が、自身の時代の理念をつくるための模索の過程を追ったものだ。金正恩政権は「人民大衆第一主義」と「わが国家第一主義」という二つの指導理念を軸に自らの時代の「革命思想」をつくる過程にある。まだ体系化の途中にあり、これがどう変容、発展していくかは引き続きフォローする必要がある。しかし、北朝鮮において、金正恩政権に歴史的な課題があるとすれば、それは祖父も父も成し得なかった「人民生活の向上」を実現することだろう。

北朝鮮は核・ミサイルの全面的な高度化に邁進しているが、それにも限界がある。「核・ミサイル」という武器は威嚇のカードにはなり得ても、実際には使用できないカードだ。使用すればそれは北朝鮮の体制崩壊を招くことは必至で、どこかのタイミングで国際社会との対話に入らざるを得ない。北朝鮮のような国では、そのプロセスにおいてもそれを支える思想、理念が必要になってくる。現在のように、掲げた理念が統治のための道具になるのではなく、北朝鮮の人々の「人民生活の向上」へと導くようなものになることを願いたい。そこまでウォッチを続けたいと思っているのだが、それは「かなわぬ夢」なのだろうか。

本書の執筆に当たってはソウルでの研究を助けてくれた慶南大学極東問題研究所のみなさんにお礼を申し上げたい。また、本書の出版を引き受けて下さった筑摩書房の松田健編集長に心から感謝申し上げたい。

参考文献・資料

【北朝鮮】

『労働新聞』

『民主朝鮮』

『朝鮮中央通信』

『朝鮮中央テレビ』「17時ニュース」、「20時ニュース」

『朝鮮大百科事典簡略版』（２００４）

【韓国】

『연합뉴스』

『북한대사전』（북한연구소、１９９９）

『북한지식사전』（통일부 국립통일교육원、２０２１）

『「김정은주의」인가？「김정은사상」인가？』（통일연구원、２０２１）

『북한 민족제일주의 담론의 변화：조선민족제일주의에서 우리 국가제일주의로』（김보민、현대북한연구、제24권 1호、２０２１）

『김정은 정권의 통치이념 변화 동향 분석』（김원식・이기동、국가안보전략연구원、２０２０）

『북한의 사상과 인민대중제일주의 연구』（김효은、통일정책연구제30권 1호、２０２１）

『김정은위원장의 3중전략：인민대중제일주의、자위력 강화、대화의 3중주』（박종철、「정세와 정책」２０２１년 11월호）

『김정은 시대 통치 이데올로기와 국가전략』（안경모、경남대 극동문제연구소와 프리드리히나우만재단 공동주최 국제학술회의（２０２１년11월 2일）발표논문）

『김정은 시대 주요 전략 정책용어 분석』（홍민・강채연・박소혜・권주현、통일연구원、２０２１）

【日本】

『北朝鮮政策動向』(ラヂオプレス)
『北朝鮮——社会主義と伝統の共鳴』(鐸木昌之著、東京大学出版会、一九九二)
『北朝鮮　首領制の形成と変容——金日成、金正日から金正恩へ』(鐸木昌之著、明石書店、二〇一四)

北朝鮮の主な歩み

1945・8・15	日本が敗戦、朝鮮解放
9・19	金日成ら88特別旅団パルチザン部隊が元山港へ到着
10・10	朝鮮共産党北部朝鮮分局を設立
10・14	平壌市で群衆大会、金日成が演説
1946・8・28	北朝鮮労働党結成大会（〜30）（朝鮮共産党北部朝鮮分局と朝鮮新民党が合同）
1948・3・27	北朝鮮労働党第2回大会開催（〜30）
8・15	大韓民国政府樹立
9・2	最高人民会議（〜9）、朝鮮民主主義人民共和国憲法採択、首相に金日成を選任
9・9	朝鮮民主主義人民共和国政府を樹立
1949・6・30	南朝鮮労働党と北朝鮮労働党の合同大会開催、朝鮮労働党を結成（〜7・1、委員長に金日成）
1950・6・25	朝鮮戦争勃発
1953・7・27	朝鮮戦争の休戦協定に調印
1956・4・23	朝鮮労働党第3回大会（〜29）
1961・9・11	朝鮮労働党第4回大会（〜18）
1965・4・10	金日成首相、インドネシア訪問（〜21）、金正日も同行
1970・11・2	朝鮮労働党第5回大会（〜13）、金日成首相を総書記に再選
1972・7・4	南北共同声明発表。「祖国統一に関する三大原則」で合意
12・25	最高人民会議第5期第1回会議（〜28）。朝鮮民主主義人民共和国社会主義憲法採択。金日成を国家主席に選出
1973・9・4	朝鮮労働党中央委員会第5期第7回総会（〜17）、金正日を党中央委書記に選出
1974・2・11	朝鮮労働党中央委員会第5期第8回総会開催（〜13）。金正日を「主体偉業の偉大な継承者」として推戴し、党中央委政治委員に選出
1976・8・18	板門店ポプラ事件
1980・10・10	朝鮮労働党第6回大会開催（〜14）。金日成総書記、「高麗民主連邦共和国」

	構想を提案、経済建設の80年代十大展望目標提示。金日成主席の息子金正日が初めて公式に登場
1990・9・24	自民（金丸信・元副総理）、社会（田辺誠副委員長）両党代表団が訪朝（～28）3党共同宣言発表（28）
9・30	韓国とソ連、国交樹立
1991・9・17	南北朝鮮が国連に同時加盟
12・24	朝鮮労働党中央委員会第6期第19回総会、金正日書記を最高司令官に推戴
1992・8・24	中国と韓国が国交樹立
1993・3・8	金正日朝鮮人民軍最高司令官、「チームスピリット93」に対応して「準戦時状態」を宣布
1994・6・15	カーター元米大統領一行が訪朝（～18）
6・28	南北首脳会談の予備接触、首脳会談の7月25～27日、平壌開催で合意
7・8	金日成主席が死去
10・21	米朝基本合意文（ジュネーブ合意）に署名
1998・9・5	最高人民会議第10期第1回会議開催。憲法を修正、国家主席制度を廃止。金正日は「国家の最高職責」の国防委員長に
2000・6・13	金正日総書記と金大中大統領が史上初の南北首脳会談（～15）開催
6・14	南北首脳が南北共同宣言に調印（15日付）
10・8	趙明禄国防委第一副委員長、金正日総書記の特使として訪米（～12）。ワシントン入り（9）し、クリントン米大統領と会談（10）、米朝共同コミュニケを発表（12）、オルブライト米国務長官の訪朝で合意
10・23	オルブライト米国務長官一行が訪朝（～25）
12・28	クリントン米大統領、北朝鮮を訪問することを断念したとの声明発表
2001・1・15	金正日総書記、中国を非公式訪問（～20）
5・1	金正日総書記の長男、金正男とみられる男性ら4人が成田空港で拘束
7・26	金正日総書記、特別列車でロシアを訪問（～8・18）
8・4	金正日総書記、モスクワでプーチン大統領と会談し、「朝ロモスクワ宣言」調印
9・3	江沢民中国国家主席が訪朝（～5）。金正日総書記と会談

2002・1・29	ブッシュ米大統領が北朝鮮、イラン、イラクを「悪の枢軸」と名指しで批判
9・17	小泉純一郎首相が訪朝し、金正日総書記と会談。金総書記は拉致が北朝鮮の特殊機関の犯行だと認め、謝罪。日朝平壌宣言を発表
2003・1・10	北朝鮮政府がNPTからの脱退を表明する声明を発表
2004・5・22	小泉純一郎首相が訪朝し、金正日総書記と会談。拉致被害者家族5人の帰国、安否不明の10人に対する再調査などで合意し、国交正常化交渉再開で一致
2006・10・9	北朝鮮第1回核実験
2007・10・2	金正日総書記と盧武鉉大統領による第2回南北首脳会談
2008・8	金正日総書記の健康悪化
2009・1	聯合ニュース、金正日総書記が金正恩を後継に決定と報道
5・25	北朝鮮、2度目の核実験
11・30	北朝鮮、通貨交換とデノミを実施するが、失敗
2010・9・27	金正日軍最高司令官、金慶喜、金正恩、崔龍海ら6人に「大将」の軍事称号授与
9・28	朝鮮労働党第3回党代表者会開催。金総書記の三男の金正恩、党中央軍事委員会副委員長に就任、事実上の「後継者」に
9・30	朝鮮中央通信、金正日総書記が党代表者会の参加者とともに撮した写真を配信
10・1	朝鮮中央通信が金総書記の三男の漢字表記は「金正恩」であると東京の朝鮮通信に回答
11・23	北朝鮮による、韓国の延坪島への砲撃
2011・10・8	金正日総書記、主体革命偉業の継承について談話（12・15にも）
12・17	金正日総書記死去
12・19	金正日総書記の死去発表。党中央委など5機関の訃告発表
12・30	朝鮮労働党政治局会議、金正恩を最高司令官に「高く奉じる」
2012・1・1	『労働新聞』、『朝鮮人民軍』、『青年前衛』の3紙共同社説が発表され、遺訓貫徹、一心団結、自主・先軍・社会主義を訴える
2・29	米朝が寧辺のウラン濃縮施設の一時停止と北朝鮮への栄養食品支援などで合意

4・6 党中央委責任幹部に対して「金正日同志を永遠の総書記にいただいてチュチェ革命偉業を完成しよう」と題した談話
4・11 朝鮮労働党第4回党代表者会、党規約を改正し、金正恩を党第一書記に推戴
4・13 最高人民会議第12期第5回会議、憲法を改正、金正恩を国防委員会第一委員長に推戴
4・15 金日成主席誕生100周年の閲兵式で初の演説「先軍の旗をより高く掲げ、最後の勝利をめざして力強くたたかっていこう」
7・6 金正恩、夫人とともに自らが創設した「牡丹峰楽団」の初コンサート観覧
7・15 李英鎬軍総参謀長を「すべての職責から解任」
7・16 党中央軍事委と国防委が玄永哲に次帥の称号授与。玄永哲は軍総参謀長就任
7・17 党中央委、党中央軍事委、国防委などが金正恩へ「共和国元帥」称号授与
8・3 『労働新聞』、金正恩の談話「金正日愛国主義を具現して富強な祖国の建設を推し進めよう」掲載
12・12 人工衛星「光明星3号」2号機の打ち上げに成功

2013・1・1 金正恩党第一書記が19年ぶりに「新年の辞」発表、「宇宙を征服したその精神、その気迫で経済強国建設の転換的局面を開こう」と訴え
1・28 朝鮮労働党第4回細胞書記大会（〜29）を開催し、金正恩党第一書記が「金日成・金正日主義は本質において人民大衆第一主義である」と言及
2・12 第3回核実験
3・31 朝鮮労働党中央委員会3月総会を開催、「経済建設」と「核兵器開発」を並行して推進する新しい戦略的路線である「並進路線」打ち出す
6・19 「党の唯一思想体系確立の十大原則」を「党の唯一的領導体系確立の十大原則」に改定
12・8 党中央委員会政治局拡大会議、張成沢党行政部長をすべての職責から解任し、党から除名
12・12 張成沢党行政部長の死刑執行
12・31 馬息嶺スキー場開場
2014・1・1 金正恩党第一書記、「新年の辞」を発表し「わが党は昨年党内に潜んでいた宗派という汚物を排除」と言明

3・9　最高人民会議第13期代議員選挙実施。金正恩が第111号白頭山選挙区で当選

4・9　最高人民会議第13期第1回会議開催、金正恩を国防委第一委員長に推戴

5・26　スウェーデンのストックホルムで日朝外務省局長級協議（～28）、日朝双方が「すべての日本人に関する再調査を行う」などの「ストックホルム合意」発表（29）

9・25　最高人民会議第13期第2回会議開催、12年制義務教育の実施を討議

2015・1・1　金正恩党第一書記、「新年の辞」で「人民大衆第一主義」に言及

10・10　金正恩党第一書記、党創建70周年の軍事パレードで演説

2016・1・6　第4回核実験

5・6　朝鮮労働党第7回党大会（～9）、金正恩を党委員長に推戴、党規約を改正し、党書記局を党政務局に改編。国家経済発展5カ年戦略を決定。金正恩は「党活動全般に人民大衆第一主義を徹底的に具現しなければならない」と言明

6・29　最高人民会議第13期第4回会議、憲法を改正し「国防委員会」を「国務委員会」に改編し、金正恩は国務委員長に。先軍政治の核心組織であった国防委員会は歴史的役割を終了

9・9　第5回核実験

2017・2・13　マレーシアのクアラルンプール空港内で金正男、暗殺

9・3　第6回核実験

11・29　新型大陸間弾道ミサイル（ICBM）「火星15」の発射に成功「国家核武力の完成」を宣言

2018・2　韓国の平昌冬季五輪に参加

3・8　トランプ米大統領、韓国特使団に米朝首脳会談提案の受け入れ表明

3・25　金正恩党委員長、訪中（～28）し、習近平総書記と会談、伝統的中朝友好を確認

4・20　党中央委員会第7期第3回総会、「並進路線」を勝利のうちに終了し、核実験、ICBMの発射実験の中止決定

4・27　金正恩国務委員長、韓国の文在寅大統領と首脳会談、「板門店宣言」発表

5・7　金正恩党委員長、訪中（～8）し、大連で習近平総書記と首脳会談

6・12　史上初の米朝首脳会談、「米朝共同声

明」発表

6・19 金正恩党委員長、訪中（〜20）し、習近平総書記と北京で首脳会談

9・18 南北首脳会談（〜20）、「9月平壌共同宣言」を発表。付属文書として「南北軍事合意書」も発表

2019・1・1 金正恩党委員長「新年の辞」を発表し「わが国家第一主義」を定式化。核兵器の製造、実験、使用、拡散をしないと表明

1・7 金正恩党委員長、訪中（〜10）し、北京で習近平総書記と首脳会談

2・27 ハノイで第2回米朝首脳会談（〜28）を行うが、何の合意もなく決裂

4・11 最高人民会議第14期第1回会議（〜12）で、金正恩を国務委員長に再選、憲法を改正

4・24 金正恩党委員長、ロシア訪問（〜27）、ウラジオストクで露朝首脳会談（25）

6・20 習近平総書記（国家主席）、北朝鮮を国家訪問（〜21）

6・30 米朝首脳が板門店で対面、実務協議再開で合意

8・29 最高人民会議第14期第2回会議、憲法を改正

10・5 スウェーデンのストックホルムで米朝が実務協議を行うが、北朝鮮は決裂と発表

12・28 朝鮮労働党中央委員会第7期第5回総会（〜31）、金正恩党委員長、「自力更生による正面突破戦」訴え

2020・1下旬 コロナで国境封鎖

6・16 開城の南北連絡事務所を爆破

10・3 党機関紙『労働新聞』と党機関誌『勤労者』が共同論説を発表、金正恩を「人民の偉大な首領」と表現

2021・1・5 朝鮮労働党第8回党大会開催（〜12）。金正恩を党総書記に推戴。党規約を改正。国家経済発展5カ年計画、国防発展5カ年計画を決定

2・8 朝鮮労働党中央委第8期第2回総会開催（〜11）、金正恩党総書記が内閣の5カ年計画を批判

6・15 朝鮮労働党中央委第8期第3回総会開催（〜18）、金正恩党総書記、「食糧事情は切迫」と言明

12・27 朝鮮労働党中央委第8期第4回総会開催（〜31）、金正恩党総書記が後に新農村テーゼとされる「われわれ式社会

主義農村発展の偉大な新時代を開こう」と題した報告

2022・5・12 朝鮮労働党第8期第8回政治局会議開催。平壌でオミクロン株感染者が発生したとし「最大非常防疫体系」移行を決定

8・10 金正恩党総書記、全国非常防疫総括会議でコロナに「勝利」を宣言

9・7 最高人民会議第14期第7回会議で法令「核武力政策について」を採択し、金正恩党総書記は「核は絶対に放棄できず」と表明

10 咸鏡南道の連浦温室農場に金正恩の初めてのモザイク壁画を設置

10・17 金正恩党総書記、党中央幹部学校を訪問、講演し、党の「新たな5大建設方向」を提示

12・26 朝鮮労働党中央委第8期第6回総会拡大会議（～31）、金正恩党総書記が核兵器を幾何級数的に増やすと表明

2023・2・26 朝鮮労働党中央委第8期第7回総会拡大会議を開催（～3・1）で農業問題を討議

4・13 固体燃料型の新型ICBM「火星18」の初の発射実験に成功

6・16 党中央委第8期第8回総会拡大会議を開催（～18）、金正恩党総書記が出席するが「司会」も「指導」もせず発言なし

7・25 「祖国解放戦争勝利」70周年で軍事パレード。中国、ロシア代表団も参加

9・12 金正恩党総書記、ロシア訪問（～18）、ボストーチヌイ宇宙基地でプーチン大統領と首脳会談

11・21 北朝鮮、軍事偵察衛星「万里鏡1号」の打ち上げ成功

12・26 朝鮮労働党中央委第8期第9回総会開催（～30）

本書は韓国の統一部が支援し、慶南大極東問題研究所が運営した「2021年北韓・統一学学術交流支援事業：北韓・統一学研究フェローシップ」に参加した平井久志招請研究員（研究期間、二〇二一・三・一〜二〇二二・二・二八）が同期間に「金正恩政権の指導理念の変遷」に関して研究した結果をまとめたものである。これを二〇二三年七月に韓国の出版社「한울아카데미」から出版した。日本での出版に当たり、その後の状況の推移を含め、第9章、第10章、第13章、第14章を加筆し、さらに全体を補筆したものである。

平井久志　ひらい・ひさし

一九五二年香川県生まれ。早稲田大学法学部卒業後、共同通信社に入社。外信部、ソウル支局長、北京特派員、編集委員兼論説委員などを経て二〇一二年定年退社。現在、共同通信客員論説委員。著書に『ソウル打令――反日と嫌韓の谷間で』（徳間文庫、一九九八年）、『なぜ北朝鮮は孤立するのか――金正日破局へ向かう「先軍体制」』（新潮選書、二〇一〇年）、『北朝鮮の指導体制と後継――金正日から金正恩へ』（岩波現代文庫、二〇一一年）、『朝鮮半島危機から対話へ』（共著、岩波書店、二〇一八年）、『激動の朝鮮半島を読みとく』（共著、慶應義塾大学出版会、二〇二三年）など。

筑摩選書　0274

金正恩（キムジョンウン）の革命思想（かくめいしそう）
北朝鮮（きたちょうせん）における指導理念（しどうりねん）の変遷（へんせん）

二〇二四年二月一五日　初版第一刷発行

著　者　平井久志（ひらいひさし）

発行者　喜入冬子

発行所　株式会社筑摩書房
東京都台東区蔵前二-五-三　郵便番号　一一一-八七五五
電話番号　〇三-五六八七-二六〇一（代表）

装幀者　神田昇和

印刷 製本　中央精版印刷株式会社

ISBN978-4-480-01793-2　C0331

筑摩選書 0045

北朝鮮建国神話の崩壊
金日成と「特別狙撃旅団」

金 賛汀

捏造され続けてきた北朝鮮建国者・金日成の抗日時代。関係者の証言から明るみに出た歴史の姿とは。北朝鮮現代史の虚構を突き崩す著者畢生のノンフィクション。

筑摩選書 0168

ルポ プーチンの戦争
「皇帝」はなぜウクライナを狙ったのか

真野森作

戦争が続くウクライナの現実。訓練された謎の覆面部隊、撃墜された民間航空機、クリミア半島のロシア編入……。何が起こっているか。ロシアの狙いは何なのか。

筑摩選書 0175

林彪事件と習近平
中国の権力闘争、その深層

古谷浩一

世界を驚かせた林彪事件。毛沢東暗殺計画の発覚後、林彪は亡命を図るが、搭乗機は墜落。その真相に迫る。習近平の強権政治の深層をも浮かび上がらせた渾身作！

筑摩選書 0214

中国共産党、その百年

石川禎浩

創立百周年を迎える中国共産党。いかにして超巨大政権党となったのか、この組織の中核的属性はどのように形作られたのか、多角的に浮き彫りにした最良の通史！

筑摩選書 0228

中庸民主主義
ミーノクラシーの政治思想

崔 相龍
小倉紀蔵 訳

儒学とギリシア哲学に共通する中庸の政治哲学を現代に活かすべく「中庸民主主義」を提唱。元駐日韓国大使の政治学者が、分断の進む世界を変革する方策を考える。

筑摩選書 0241

基地はなぜ沖縄でなければいけないのか

川名晋史

沖縄に米軍基地が集中し、その状態が続くのはなぜか？この問題の解決策とは？ 基地問題の「解決」をめぐり論争が続く今、基地研究の成果を世に問う渾身の書！